文眞堂現代経営学選集Ⅱ [9]

経営学と文明の転換

——知識経営論の系譜とその批判的研究——

藤沼　司 著

文眞堂

はしがき

　本書は，筆者の博士学位請求論文「知識経営論の系譜とその批判的研究」(2008年3月　明治大学) に加筆修正し，補論を加えたものである。

　このような形で本書が上梓できたのは，博士後期課程で指導してくださった小笠原英司先生のおかげである。先生がそのような機会を整えてくださってから少なからぬ月日が経ってしまった。そうなってしまったのは，まずは筆者の怠惰に責めを負わすべきではあるが，ここで一言だけ申し開きをさせていただきたい。というのは，本書をまとめるにあたって全体を検討してみると，学位取得当時と現在では問題意識に変化が生じており，問題の焦点化にも変化があり，当時の表現や論理展開の仕方にも違和感があることに気づいた。そこをどうするかで悩み，どこまで修正するかの判断に迷い，作業を進めることができなくなってしまったということがある。しかし，どこかでけじめをつけねばならない。そこで，問題意識や思考の深化があったのは学位請求論文があったからこそ，と前向きに捉え，それ以後の変化は今後の研究の糧とすることとして，当該論文のもともとの姿をかなりの程度残すことについて自分自身を納得させたのである。

　しかしそうは言っても，研究を始めて以来，筆者には「経営学とは何か，また，何でありうるか」という非常に素朴ではあるが，手強い問いが，連綿と流れ続けている。こうした問いに至る個人史を，少しばかり記したい。

　筆者はもともと，哲学的に考えること／起源を遡って考えることに興味があり，大学 (学部) では経済学を学ぶつもりであった[1]。それは，経済活動という，人間にとって不可欠な活動の側面から「人間とは何か」という疑問に接

---

1) もともとは哲学に興味があったのだが，進路選択にあたり亡父・貞夫から「何をやってもいいが，将来食っていけないようではダメだ」というアドバイスに，「食いっぱぐれがない＝これからの社会にとって必要不可欠なこと」と解釈し，思案の末，経済学を学ぶことに定めた。入口は何であっても，考え抜けば哲学に行き着くだろうという楽観的な思いもあった。

近したいと考えていたからである。大学進学の際に経営学は，社会諸科学の一分野として一瞬脳裏を過ぎったが，瞬く間に消え去った。その理由は，「経営学＝企業経営の学＝金儲けの学」という自身の勝手なイメージがあり，「そんな学問」に魅力を感じなかった，というところにある。そこで，やはり「経世済民」の経済学だろうと思いを定めた。

　しかし，実際に経済学を学びはじめてみると――いま，当時を思い起こしているのだから，思わぬ記憶の改竄（認知バイアス）もあるかもしれないが――，真正面から「人間とは何か」が論じられることはほとんどなく――いまから思えば，社会諸科学の中でも経済学は特に通常科学化が進んでいたからであろうか――，しかもそこで前提とされていた人間観に筆者は魅力を感じることができなかった。その中で大学1年目の後期には，何となく，学習意欲を失いかけていた。

　そうこうするうちに，専門ゼミナールの選択の時期が来た。所属していた武蔵大学経済学部は，当時，経済学科と経営学科から構成されていた。筆者は当然，経済学科に所属しており，専門ゼミナールも経済学科所属教員のゼミを選択するつもりであった。当初念頭にあったのは，経済学史や経済思想史のゼミであったが，学科を越えたゼミの履修も，制度的に可能であった。というわけで，経営学科所属教員のゼミ紹介の資料にも，目を通してみた。軽い気持ちで読み始めたのだが，ある資料に筆者の目は釘付けになった。それが村田晴夫先生のゼミであり，紹介文中にあった「組織倫理学の構想」という字句であった。筆者が学生時代を過ごした1990年代前半は，バブル経済がはじけていく時期でもあった。そうした状況にあって，政治倫理にはじまり，環境倫理，生命倫理等々，「リンリリンリ」と騒々しい時代だったと記憶している。そこではじめて目にした「組織倫理学の構想」というテーマに惹かれ，ゼミ紹介の情報のみを頼りに，村田晴夫ゼミを希望し，所属を許されたのである。

　村田ゼミで触れた「経営学」は，想像を超えて哲学的であり，毎回新たな人間仮説と出会えたかのような感があった。明示的に「人間とは何か」を問うてきた経営学のあり方に，自身のそれまでの経営学に対するイメージがいかに片寄ったものであったかを自覚させられた。その中でも，バーナード理論，特にバーナードの人間観は魅力的であり，それとの出会いは，大変衝撃的でもあっ

た。本書でもその一端を示すことになるが，その人間論の多面性，深さ，つまり理論的豊かさに可能性を見出し魅了された。

その後，村田先生は桃山学院大学に異動されたが，その後を追う形で，大学院修士課程でも引き続き御指導いただいた。学部，大学院修士課程を通じて——現在においても，であるが——，村田先生からは，筆者自身の研究の基盤となっているバーナード理論を中心に，物事を徹底的・根本的・論理的に，つまり哲学的に問うことの重要性を，またそのように問うにあたっては狭い専門分野に留まらず，理系文系を問わずに広い視野を持つことの必要性を，そして「学問を生きる」という研究者の態度の重要性を，先生御自身の立ち居振る舞いを通じて，学ばせていただいた。

この期間を通じて筆者は，「人間にとって協働とは何か」「人間にとって組織とは何か，経営とは何か」，「経営学とは何か」を問うことの意義を明確化させてきた。桃山学院大学では，創設間もない小規模な大学院であったが故に，筆者なりの「経営学との向き合い方」（哲学的経営学研究の可能性と必要性）を育んでいく過程を，暖かく，そして時には厳しく見守っていただいた。特に，谷口照三先生，面地豊先生には，たいへんお世話になった。しかしそれは同時に，哲学的経営学研究とは異なる，本書で言うところの「経営学の主潮流」（科学的経営学研究）を意識しはじめることにもなった——それを明確に意識するのはもう少し後になるが——。

当時，桃山学院大学大学院には修士課程しか設置されていなかった。同課程修了後，後期課程に筆者を受け入れてくださったのは，「経営学的経営哲学研究」の構想・展開を進めていらっしゃった，明治大学の小笠原英司先生であった。明治大学は，私立大学としては日本で初めて「経営学部」を設置し（1953年），通常科目として日本で初めて「経営哲学」を開講した大学でもある。そのような歴史を有する大学院では，様々な分野の研究者（教員のみならず大学院生も含めて）と接点を持つ機会を得た。これは修士課程の時とは大きな違いであり，科学的経営学研究を標榜する多くの研究者たちとの議論は，非常に刺激的であった。多様な他者との出会いが，自己理解を促す契機となった。

こうした環境の中で，バーナード理論と向き合いながら「哲学的に経営学と向き合う態度」を育みつつあった筆者は，改めてその意味を問う必要に迫られ

た。小笠原先生に「テイラーの科学的管理に当たってみなさい」との指導を受けたのは，そのような時である。バーナードとの対比でテイラーの検討を始めてすぐに，テイラーが科学的経営学研究の嚆矢に位置づけられうること，そこにある「管理の科学化」の功罪，時代背景としての伝統的労働慣行から近代的工場労働が要請する新たな労働慣行への変容過程，プレ・モダン（伝統的社会）からモダン（近代社会）への変容過程（近代化過程）における経営実践および経営学の果たした役割等々の問題が浮かび上がってきた。その後の研究は，こうした問題意識をもって，経営学の史的展開過程を追うこととなった。その一連の研究成果をまとめ，上梓することになったのが，本書である。

　また，小笠原先生は御自身の研究を，「経営学的」経営哲学研究と表されて，「経営学的」を強調される。ややもすれば浮ついた議論をしがちである──哲学的に考えているつもりで，単に「具体性を置き違えて」抽象的に考えているだけの──筆者に，「経営」という，言い換えれば「人間協働」という基盤にしっかりと腰を据えて議論することの重要性と意義を，折に触れ，御指導くださった。

　人間協働とは，われわれの「生活」そのものである。人間協働という生活は，それとして営む上でさまざまな局面・諸要素──例えば，宗教，心理，政治，法律，経済，人間関係，文化，技術，健康（栄養・衛生），気候・風土，等々──が非常に複雑に作用し合っており，「生活する」すなわち「経営する」という主体的行為にとっては，そうしたさまざまな局面・諸要素に気を配り折り合いをつけながら，なんとかやっていかざるをえない。

　「なんとかやっていく」ことが「経営する manage」ことの原義であるが，人間の歴史とは，畢竟，さまざまな局面・諸要素とどのように折り合いをつけながら，自らの目的の実現を目指すかという経営の工夫の歴史，人間協働の工夫・精緻化の歴史である。経営学とは，最広義には「人間協働の学」である。学問の基盤は生活世界（協働する世界）にあり，人間協働の特定の局面・要素に注目し抽象化することで，さまざまな研究領域が成立してくる。したがって「人間協働の学としての経営学」は，先行する諸学の知見を取り入れる「学際的な学」──この表現には，先行する，特定の局面・要素に焦点化した諸学の知見を，後続する経営学が取り入れるという構図，が含意されている──とい

うよりも，むしろ先行する専門分化した諸学を「経営する」という行為主体の立場から改めて再布置化・統合する「人間の生きる営みの全体性」にもっとも肉薄しうる学であると言える。

　しかし経営学の主潮流は，その成立時期も関係してか，20世紀以降の現代社会を象徴する「企業」に代表される「経済的」人間協働（営利組織体）を研究対象に据える，「企業経営の学」としての経営学を標榜する傾向がある。「科学的」経営学研究は，対象を限定し，より詳細に分析（分解）することで，その鋭さを増すことができる。しかしそれは，「人間協働の経済的人間協働への矮小化」をもたらす危険性を孕んでいる。人間協働の「経済的」側面を過度に強調することは，「生活」における経済的側面の過度な強調（「生活の部分化」）をもたらし，ひいては「個人の部分化」をもたらす。「協働の学としての経営学」の立場からは，「生活の全体性」をいかにして回復させるか（生活の全体化）という問いが出てくる。小笠原先生には，「生活の全体化」に関して，理論的にも実践的にも，大いに御指導いただいている。単位取得退学以後こんにちまで，小笠原先生が主宰する現代経営哲学研究会のみなさんにも，公私にわたり，貴重なアドバイスをいただいている。

　また，博士学位請求論文の作成過程では，副査として，高橋俊夫先生および高橋正泰先生にも，御指導いただいた。記して感謝申し上げたい。また博士後期課程の3年間，山田雄一先生には正規の演習のみならず，その後の懇親会においても，社会人としての立ち居振る舞いも含めて御指導いただいた。記して謝意を表したい。

　また，初めて専任の職を得た愛知産業大学においては，個人と組織との関係について具体的に考える機会を得た。より具体的な基盤に立って思考する，重要な契機となったことに感謝したい。

　現在の職場である青森公立大学には，博士学位取得直後に着任した当初，学長でもいらした佐々木恒男先生をはじめ，村田晴夫先生，吉原正彦先生が在職なさっていた。経営（学）を根本から徹底的に思考するという雰囲気があり，「社会人大学院生」の気分で，改めて自身の研究を反省し，新たな冒険に向かうことができた。それを契機として，「環境経営論」がある。これはいわゆる「自然環境」への配慮を志向する「環境」経営論ではない。人間協働を取り巻

く多様な「環境」——それをここでは自然環境，社会環境，人間環境と呼んでおく——との調和を志向しつつ，組織の共通目的の実現を目指す経営論，多様な環境に活かさされつつ生きる経営の有り方を問うものである。この問いは，本書で主張する科学的経営学研究（知識経営論）が孕む問題性への具体的応答につながり，バーナード理論（四重経済論）の具体化として現れてくると，筆者は考えている。

　その後，村田先生と入れ替わる形で，藤井一弘先生が着任され，それ以来，さまざまなことについて話をさせていただいている。本書の上梓にあたっても，非常に有益なコメントを多数いただいた。即答できるものは本書に反映させたが，多くの問題が今後の課題となっている。今後の進展を期したい。

　本書の出版に関して，公益財団法人北野生涯教育振興会から生涯教育研究助成金の交付を受けた。交付から実際の出版に至るまで，辛抱強くその実現を待っていただいたことに改めて感謝申し上げる。

　最後に，出版情勢の厳しい中，本書の出版を快く引き受けてくださった前野隆氏，前野眞司氏をはじめ，株式会社文眞堂のみなさまに対して心から御礼申し上げたい。

　筆者が本書を上梓できるまでには，これまで挙げさせていただいた方々に賜った学恩や御厚誼，御支援の他にも，苦学生時代を支えてもらった友人たち——柿沼唯喜，小森洋幸，町田好弘，髙橋幸生，宮崎剛の諸氏——からの有形無形の支援を忘れることはできない。約束を果たすまでに，かなりの時間を要してしまったが，改めてここに感謝の意を示したい。

　本研究は，文部科学省科学研究費補助金（若手研究（B）（18730263））による研究成果の一部である。

八甲田の麓，津軽富士を遥かに望む研究室にて

藤　沼　　　司

目　　次

はしがき ……………………………………………………………………… i
序　章　経営学の文明論的視点 ………………………………………… 1
　第1節　本研究の目的および方法 …………………………………… 1
　第2節　文化と文明
　　　　　──その共通性と差異── ………………………………… 3
　第3節　文明化の起動力としての組織化能力
　　　　　──人為の組織的展開力── ………………………………… 7
　第4節　現代文明と経営学 …………………………………………… 9
　第5節　経営学の文明論的視点 ……………………………………… 11

第1部　経営学の底流

第1章　科学的管理の現代的意義
　　　　　──「知識社会」としての現代社会の源流── ………… 18

　序　問題の所在 ……………………………………………………… 18
　第1節　「成行管理」の内実と時代背景
　　　　　──伝統的労働慣行と近代的工場制度── ……………… 19
　　(1)　科学的管理の時代背景 ……………………………………… 19
　　(2)　「労働者統制」の内実 ……………………………………… 20
　第2節　テイラーの応答とその文明論的基盤
　　　　　──テイラー文明論に拠りつつ── …………………… 22
　　(1)　精神革命論とテイラーの文明論的背景 …………………… 22
　　(2)　科学的管理の文明論的意味 ………………………………… 24
　第3節　科学的管理の諸相とその射程

　　　　　　　──「経験から科学へ」の奔流── ………………………… *26*
　(1)　科学的管理の諸相 ……………………………………………… *26*
　(2)　「経験から科学へ」の奔流 ……………………………………… *28*
　章結　まとめと課題 ………………………………………………… *30*

第2章　フォレット経営思想の現代的意義
　　　　　──「組織社会」における管理── ……………………… *33*

　序　問題の所在 ……………………………………………………… *33*
　第1節　フォレット経営思想の時代背景
　　　　　　──「組織社会」の到来とその問題性── ……………… *34*
　(1)　管理基盤の＜経験から科学へ＞の転回の意義
　　　　　　──＜管理＝組織原理の官僚制化＞── ……………… *34*
　(2)　「組織社会」の到来とその問題性
　　　　　　──時代の要請としての管理の意味── ……………… *35*
　第2節　フォレット経営思想の歴史的位置
　　　　　　──経営学の分岐点に立って── ……………………… *36*
　(1)　フォレット経営思想の文明論的背景
　　　　　　──「建設的対立」の言説から── …………………… *36*
　(2)　科学的管理の進展とその問題性
　　　　　　──フォレット人間論の観点から── ………………… *38*
　(3)　組織社会におけるプロフェッションと管理 ………………… *41*
　第3節　フォレット経営思想の現代的意義
　　　　　　──「開かれた協働」のために── …………………… *43*
　(1)　官僚制とプロフェッション
　　　　　　──＜仕事の原理＞の相克── ………………………… *43*
　(2)　＜官僚制問題＞の現代性 ……………………………………… *45*
　(3)　「仕事の脱魔術化」の現代的位相
　　　　　　──「閉じられたプロフェッション」の危険性── … *47*
　章結　まとめと課題 ………………………………………………… *49*

第3章　メイヨー文明論の現代的意義
──「知識経営」の台頭── …………54

 序　問題の所在 …………54
 第1節　メイヨー文明論の思想基盤
   ──W.ジェイムズ知識論を手がかりにして── …………54
  (1)　現代哲学としてのプラグマティズム …………54
  (2)　W.ジェイムズの「根本的経験論」
   ──その基本概念── …………56
  (3)　W.ジェイムズの真理観
   ──＜概念＞の真理化のために── …………59
  (4)　プラグマティズムにおける真・美・善 …………61
 第2節　「知識経営」化進展の意味
   ──メイヨー文明論の検討── …………62
  (1)　メイヨー文明論の概観
   ──2つの社会原理と2つの技能── …………62
  (2)　メイヨーの研究態度の特徴 …………65
 第3節　「知識経営」の問題性
   ──経営学の＜問いの原型＞を求めて── …………67
  (1)　「知識経営」化進展の意味とその帰結
   ──メイヨー文明論の再構成── …………67
  (2)　組織における真・美・善
   ──「閉じられた人間協働」── …………69
 章結　まとめと課題 …………71

第4章　サイモン理論の現代的意義
──近代経営学のひとつの帰結── …………74

 序　問題の所在 …………74
 第1節　サイモンの問題意識
   ──既存理論の科学的精緻化のために── …………75

- (1) サイモンによる経済学批判
  ――経済人仮説から管理人仮説へ―― ……………………… *75*
- (2) サイモンによる管理過程学派批判
  ――管理科学の構想―― ………………………………………… *77*
- (3) 方法論的基盤としての論理実証主義
  ――価値と事実との峻別―― …………………………………… *79*

第2節 サイモン理論の概観
  ――管理科学の特徴とその基盤―― ………………………………… *80*
- (1) 「管理人」の認知特性
  ――＜世界＞の主体的再構成と多様な＜意味世界＞の
  可能性 ………………………………………………………… *81*
- (2) 「管理人」の行動特性
  ――認知された＜意味世界＞の真理化過程 ………………… *82*
- (3) 管理科学の提唱
  ――組織の意味と管理の役割―― ……………………………… *84*

第3節 サイモン理論の現代的意義
  ――経営学の主潮流の形成とその問題性―― ……………………… *87*
- (1) サイモン理論の歴史的位置・その1
  ――諸学説の受容とその科学的精緻化―― …………………… *87*
- (2) サイモン理論の歴史的位置・その2
  ――諸学説との非連続性―― …………………………………… *88*
- (3) 近代経営学の陥穽
  ――ひとつの帰結としての「閉じられた人間協働」―― … *89*

章結 まとめと課題 ……………………………………………………… *93*

第2部　経営学の課題

第5章　人間協働の存在原理
　　　――分析枠組みとしてのバーナード理論―― ……………………… *99*

　序　問題の所在 ……………………………………………………… *99*

第 1 節　バーナード理論の基本問題
　　　　　　　──全体と個との統合── ………………………………… *101*
　　(1) バーナード理論の世界観と方法
　　　　　　　──垂直同型性と有機体論的システム論── …………… *101*
　　(2) バーナード理論に見る文明論的視点
　　　　　　　──歴史の動因としての起動力── ……………………… *103*
　　第 2 節　バーナード組織論の概観
　　　　　　　──組織化の過程── ……………………………………… *106*
　　(1) 組織現象に見る 3 つの位相
　　　　　　　──＜諸力の三様態＞と＜組織場＞── ………………… *106*
　　(2) 組織化の 3 つの位相
　　　　　　　──協働システムの道徳的制度化── …………………… *109*
　　(3) 起動力の 2 側面
　　　　　　　──目的性と道徳的基盤── ……………………………… *111*
　　第 3 節　人間協働におけるコンフリクトの不可避性と
　　　　　　　人間の"art"の役割 ……………………………………… *113*
　　(1) 複雑な道徳的システムとしての起動力
　　　　　　　──道徳的複雑さとコンフリクト── …………………… *113*
　　(2) 「起動力の革新」の 2 つの契機
　　　　　　　──道徳性と目的性── …………………………………… *116*
　　(3) バーナード理論の哲学的基盤
　　　　　　　──ホワイトヘッド「有機体の哲学」との関連で── … *118*
　　章結　まとめと課題 ………………………………………………… *122*

補論Ⅰ　文明の転換期における経営学の役割
　　　──ホワイトヘッドの文明論と関連づけて── ……………… *127*

　　序　問題の所在 ……………………………………………………… *127*
　　第 1 節　文明化と人間協働
　　　　　　　──＜状況の人為化＞と＜art としての管理＞── ……… *128*
　　第 2 節　ホワイトヘッド文明論

　　　　　　　　──＜art＞を中心に── ………………………130
　　第3節　「協働の学としての経営学」の主潮流
　　　　　　　　──現代経営学の文明論的諸課題の生成── ……………130
　　第4節　＜artとしての管理＞の役割
　　　　　　　　──ホワイトヘッドの文明論と関連づけて── ………132
　　章結　むすびにかえて …………………………………………………133

第6章　現代経営学の底流と課題
──全体と個のバランスの変容── ……………………………135

　　序　問題の所在 ……………………………………………………………135
　　第1節　科学的管理の進展と組織社会の出現 …………………………136
　　　(1)　科学的管理の進展に伴う組織の官僚制化
　　　　　　　　──非公式組織の変容── …………………………………136
　　　(2)　科学的管理の進展に伴う「仕事の脱魔術化」 ………………137
　　第2節　「知識経営」化の意味
　　　　　　　　──協働システムにおける知の変容と道徳的基盤の
　　　　　　　　動揺── …………………………………………………139
　　　(1)　公式組織の科学化とそれに伴う道徳的基盤の変容 …………139
　　　(2)　＜組織の意味＞の優越と＜組織の不寛容＞の生成
　　　　　　　　──近代経営学のひとつの帰結── ……………………141
　　第3節　「知識創造経営」論の位置
　　　　　　　　──知の創造を超えて── ………………………………143
　　　(1)　「知識創造経営」論の位置
　　　　　　　　──メイヨー「知識経営」論との異同── ……………143
　　　(2)　知識創造経営論による「知識経営の問題性」の深化 ………145
　　章結　まとめと課題 ……………………………………………………147

第7章　バーナード「創造的管理論」の現代的意義
──寛容の確保を目指して── ……………………………………150

　　序　問題の所在 ……………………………………………………………150

第1節　権限受容から責任受容への展開 ……………………………*151*
　第2節　組織の道徳的基盤
　　　　　——共通感覚論を視座として—— ……………………*154*
　第3節　バーナード権威理論の現代的意義 …………………………*158*
　章結　「開かれた権威」のために ……………………………………*165*

終　章　岐路に立つ現代文明と経営学の役割 ………………………*170*

　第1節　要約と結論 ……………………………………………………*170*
　第2節　今後の課題
　　　　　——経営哲学研究に向けて—— ……………………………*174*

補論Ⅱ　「経営の発展」と文明化
　　　　　——「協働の学としての経営学」再考—— ………………*177*

　　序　問題の所在 ………………………………………………………*177*
　第1節　バーナードの「協働」文明論 ………………………………*178*
　　(1)　変化し続ける社会的世界における起動力と art の役割 ……*178*
　　(2)　バーナード「協働」文明論の哲学的基盤
　　　　　——ホワイトヘッドとの関連で—— ………………………*179*
　　(3)　「協働」文明論における＜art としての管理＞の意義 ………*180*
　第2節　概念枠組みとしての協働システム
　　　　　——四重経済との関連で—— ………………………………*181*
　　(1)　四重経済に見る「全体と個のバランス」問題と責任 ………*181*
　　(2)　「経営の発展」としての「新たな道徳性の創造」 ……………*183*
　　(3)　四重経済に見る「能率優位」と「道徳的基盤の拡がり」の
　　　　意味 …………………………………………………………………*184*
　第3節　現代経営学および現代経営の陥穽
　　　　　——3つのジレンマとの関連で—— ………………………*185*
　　(1)　背景としての経済的力の権威化とその問題性 ………………*185*
　　(2)　市場経済化の過程における社会や起動力の変容 ……………*187*
　　(3)　全体と個のバランスの問題

　　　　　　　　──メイヨー文明論との関連で── ……………………*188*
　　　(4) 権威の確立と維持の問題
　　　　　　　　──「オーソリティのジレンマ」との関連で── …………*189*
　　　(5) 寛容の確保の問題
　　　　　　　　──多様性をめぐる議論の底流── ……………………*191*
　　章結　むすびにかえて
　　　　　　　　──「協働の学としての経営学」の意義と可能性── ……*192*

初出一覧 ………………………………………………………………………………*197*
参考文献 ………………………………………………………………………………*199*
事項索引 ………………………………………………………………………………*210*
人名索引 ………………………………………………………………………………*219*

図表 1-1　科学的管理の把握の仕方とその理論的射程…………………………*28*
図表 5-1　村田晴夫〔1984〕54頁 ………………………………………………*101*
図表 5-2　＜諸力の様態＞の3つの位相 …………………………………………*108*
図表 5-3　＜諸力の三様態＞と＜組織場＞との関係 ……………………………*108*
図表補Ⅰ-1　人間協働と諸環境 ……………………………………………………*129*
図表 6-1　小笠原英司〔2004〕186頁………………………………………………*145*
図表補Ⅱ-1　諸環境（状況）と協働システム ……………………………………*182*

序章
経営学の文明論的視点

第1節　本研究の目的および方法

　経営哲学研究の開拓者の一人である村田晴夫は，現代経営学の文明論的課題を，① 自然環境破壊に関わる環境問題，② 多様な文化価値理念の調和ある発展を目指す文化多元性の問題，③ 諸個人の＜生＞の充実を目指す人間性の問題，の3点に集約している（村田〔1995a〕54頁）。

　第1の「現代経営と環境問題」については，ここで多くを説明する必要はなかろう。環境破壊の原因は，生態系の自浄能力の限界を遥かに超えた，大量生産－大量消費－大量廃棄というわれわれ人間の諸活動の総体である。この過程において中核的な役割を果たしているのが，企業や家庭，行政といった組織体の諸活動である。多様な組織体の活動には，生態系との調和が要請される。

　第2の「文化多元性の問題」は，組織体は多様な民族，多様な宗教，したがって多様な価値観を有する人々が協働する場である，という事実から要請される。各種組織体の活動に見られるグローバル化の進展や人々の価値観の多様化によって，組織体における多様な文化価値理念の調和と協働との同時的発展を目指す必要が，ますます高まってきている。この問題を微視的に見れば，特定組織体内部で人々が有する多様な価値観を調和させることと協働の確保の同時達成という問題を意味する。しかしこれを巨視的に見れば，特定組織体の外部に広がる多様な文化価値理念との調和と協働の確保の同時達成という問題を意味するであろう。組織体には，多様な文化価値理念との調和が要請されるのである。

　第3の「人間性の問題」は，組織体との関わりにおいて，いかにして諸個人が＜生＞の充実を果たして行くのかという問題を内包する。それは例えば，

「従業員満足」や「顧客満足」，あるいは「株主満足」といった表現に含まれる，組織貢献者の満足の問題である。その他の組織体——例えば，行政機関や医療機関，教育機関，家庭など——においても，組織貢献者の満足が問題となる。組織体には，諸個人の＜生＞の充実との調和が要請されている。

本研究の目的は，現代経営学が抱える，かかる文明論的課題を本書の主題として受けとめ，その克服の方途を探ることにある。もとよりこれらの諸課題は，環境問題であれ，文化多元性の問題であれ，そして人間性の問題であれ，いずれもその具体的克服が困難であるばかりではなく，それぞれに固有の問題性を有している。しかし，こうした諸課題の根底には，それらを生起させる何らかの「共通の問題性」が潜んでいるのではなかろうか。その「共通の問題性」が，様々な現象として具体化して，上記の諸課題として顕在化していると考えられまいか。こうした見地から，本書は，かかる諸課題を個別に検討するよりも，むしろこれら諸課題に共通する問題性に目を向けることで，諸課題への原理的応答を目指そうとするものである。

本書では，経営実践と経営学との対応関係および時代区分を踏まえて，経営学の史的展開過程を通観する[1]。現代経営学の文明論的諸課題は，何も突如として現れてきたものではなく，歴史的に生成されてきたものである。現代経営学をおよそ100年に亘る経営学の史的展開過程の中に位置づけることで，現代経営学の諸課題に潜在する「共通の問題性」が何であり，またそれがどのように歴史的に生成されてきたのかを検討する。その上で，「共通の問題性」に対して経営学がどのように応答していく必要があるのか，その解決の方途を探る。これが，本書の課題である。

本書では，こうした目的を果たすために，数多ある経営学説の中から，特に現代経営学に多大な影響を及ぼした近代経営学の展開に注目する[2]。それは，近代経営学の中にこそ，現代経営学が抱える文明論的諸課題を生起させる「共通の問題性」が孕まれていると思われるからである。

ところで，近代経営学に胚胎し現代経営学において顕在化してくる文明論的諸課題は，もとより実践的諸課題である。それに対して学説史研究という接近方法がどこまで有効かが問題になろう。「観察（現実）の理論負荷性（theory-ladenness）」を念頭に置けば，そもそも理論は，当該主体を特定の注意・関

心へと促し，潜在的な意味の多様性を孕む＜世界＞のある側面を抽象化・純化して，特定の＜この世界＞として再構成する作用を持つ。またそのことが，特定の＜この世界＞内部での，当該主体の行動（実践）の方向性を規定し，そうした諸行動（実践）を通じて当該理論が真理化あるいは無効化される，という一連の相補的・相互修正的プロセスを経る。すなわち，理論と行動（実践）とは相互規定的関係にある。それゆえ，当該理論が内包する問題を論じることを介して，実践が内包する問題に接近することも可能となろう。

筆者は，現代経営学（理論）が抱える文明論的諸課題の考察を介して，現代経営（実践）が抱える文明論的諸課題へと接近することも可能であろうと考える。もっと積極的に言えば，学説研究を介することで，「具体性置き違いの誤謬」（A. N. ホワイトヘッド）という危険性を孕みながらも，彼（女）らの注意・関心（意図）や時代精神を垣間見ることもでき，複雑な様相を示す現象に潜む重要な要素を抉り出すことも可能となるのではなかろうか。

したがって本書では特に，F. W. テイラー（Frederick Winslow Taylor, 1856-1915）の科学的管理（scientific management）に始まり，M. P. フォレット（Mary Parker Follett, 1868-1933），G. E. メイヨー（George Elton Mayo, 1880-1949），C. I. バーナード（Chester Irving Barnard, 1886-1961），そしてH. A. サイモン（Herbert Alexander Simon, 1916-2001）の諸学説を検討する。その理由は，これらの諸学説の考察を通じて現代経営学の主潮流の特徴を明確に浮かび上がらせることができると考えるからである。したがって本書では学説史アプローチを通じて，各学説の意図や諸理論間の連続性／非連続性といった通時的な変遷過程を追い，そこに見られる事態の含意を探る。そのことを通じて，現代経営学が抱える文明論的諸課題を生起させる近代経営学が孕む「共通の問題性」を析出することを目指す。

第2節　文化と文明
──その共通性と差異──

前節末尾で述べた目的のためにまず，本書で用いる「文明」あるいは「文明

論」という表現の意味内容について述べ，そのうえで次節において文明と経営（学）がどのような関係にあるのかについて，予め瞥見を示すことにする。

「文明」を論じる際，そこでは必ず「文化」との関連性を論じる必要が出てくる。まず両概念を，語源をさかのぼって検討することからはじめる。伊東俊太郎〔1985〕や村上陽一郎〔1994〕がこうしたアプローチから「文化」や「文明」について論じているので，両者を参照しながら検討する。

「文明」という言葉の語源となったヨーロッパ語の≪civilization≫は，18世紀に造られた語である。ここで≪civil≫という語は，ラテン語の≪civis≫もしくは≪civitas≫から派生した語で，それらは「市民」あるいは「都市」と関わり合いのある語であって，したがって≪civilization≫を直訳すれば「市民化」あるいは「都市化」となる。村上によれば，そこで究極的に象徴されていることは，「自然」に対置される「人為」である（村上〔1994〕76頁）。また，「文化」のヨーロッパ語である≪culture≫の語源は本来「農耕」である。そして「農耕」は「自然に対する人為の働き掛け」そのものであった。語源的に見て，「文明」と「文化」との間には「自然」に対置される「人為」という意味の連続性を見出すことができる。ただしこうした観点から，「文化」と「文明」との間の差異も浮かび上がってくる。それは，「農耕」という「文化」の形態は，「人為による自然への介入」としては，きわめて不徹底に感じられるという理由に由来する（村上〔1994〕77頁）。「農耕は半ば以上自然によって管理されているではないか。どれほど育種学が進歩し，人為淘汰が行われても，穀物や野菜は自然の掣肘の外にはない。土地も気候も，人間に支配され，管理される部分は少ない」のである（村上〔1994〕77頁）。だからこそ「文明」は，「人為によるより徹底した自然の管理」あるいは「自然の徹底的人為化」という価値理念をもっており，「人間は自然から自立する，自立した上で自然を管理し，支配し，征服する。それを『善』と判断するのが『文明』のイデオロギーであるということができるだろう」（村上〔1994〕78頁）[3]。

ここから，「文化」と「文明」についてのひとつの考え方が出てくる。それは，「文化と文明は本質的に連続したものであり，文明は文化の特別発展した高度の拡大された形態であるとするものである。したがって最初の原初的な状態は"文化"であり，それがある高みにまで発展して，広範囲に組織化され制

度化されたものになると"文明"になるという考え方である」（伊東〔1985〕13頁）。こうした「人為によるより徹底した自然の管理」あるいは「自然の徹底的人為化」を志向する「文明」には，二重の意味での「攻撃性」があると，村上は指摘する。その第1は「自然に対する攻撃性」であり，第2は「普遍化へ向かう攻撃性」である。第1の意味の攻撃性は，すでに述べたとおり，「文明」が「自然の徹底的人為化」を志向するということである。それに対し第2の意味の攻撃性は，特定のひとつの「文化」が他の諸「文化」に対して攻撃的な姿勢を示すことを意味する。言い換えれば，「一つの『文化』が，そうした普遍化への意志を持ち，その意志を実行に移すだけの装置を備え，そして事実，多くの異なった文化を，自分の文化的な価値のなかで統一する形で支配し統治したときに，その状態に対して付される術語」（村上〔1994〕83-84頁）が「文明」であると，村上は主張する[4]。

　こうした「文明」の「普遍化へ向かう攻撃性」に注目するとき，もうひとつの「文化」と「文明」についての考え方が出てくる。それは，「精神文化」と「物質文明」というように，これらを連続的に捉えるのではなくて，むしろ対立的に把握する立場である。この立場からすれば，「文化」とは心の内部に基盤をもつものであるのに対して，「文明」の目指すものは物質的条件の改善，生活の便宜や快適さである。それは前者が精神的・内面的なものであり，後者は物質的・外面的なものであると，両者を二項対立的に把握する。「そこから"文化"には中心があって，そこに凝集していくような性質があるのに対して，"文明"は拡散し拡大していく性質をもっている」という把握も出てくる（伊東〔1985〕17頁）。言い換えれば，「文化」は精神的，内面的，求心的，民族的，そして魂の問題であり，それは哲学や宗教が深めていくものであるのに対して，「文明」は物質的条件の改善発展であり，外面的，遠心的，普遍的であり，そして生活の便利さを求めていくもので，それを進めるのは科学技術である，という二項対立的把握をもたらす（伊東〔1985〕17頁）。

　以上のような「文化」と「文明」に対するふたつの考え方を踏まえ，本書ではふたつの立場をともに受け入れる方向を模索する。そうした観点からすれば，川勝平太の「文明にはかならず求心力と遠心力がある。…（中略）…文明の基礎として文化がある。」（川勝〔2002〕19-20頁），「文化が他地域に普及する

遠心力をもったとき，その文化は文明になる。」（川勝〔2002〕20頁）という指摘は，示唆に富む[5]。それは，文化と文明との関係を，一面では「自然の人為化」という連続性において捉え，他面では二項対立的把握をも受容するからである。

　まず，文化と文明の共通点は「自然の人為化」（自然に対する攻撃性）という点にあるが，その「自然の人為化」のパタンは文化ごとに多様でありうる。言い換えれば，文化ごとに固有の「生活様式 way of life」がありうる。なぜなら「文化は，それを構成する人間集団の性格，あるいは自然風土との関係などによって，多様化し，個別化する傾向にある」からである（村上〔1994〕82頁）。当該「生活様式」が共有される限りにおいて，その範囲内において人間集団の凝集力が高まり中心性が生じるが，そこに文化の求心力を見出すことができる。さらに，こうした多様な文化の中から，特定の文化が他の諸文化に対して「普遍化へ向かう攻撃性」を発揮し，実際に普及していく過程で「文明」が成立してくる。こうした特定の文化が普遍性を獲得しつつある過程に，文化の遠心力を見出すことができる。川勝は，「文化の求心力とは他地域から憧れられること，文化の遠心力とは他地域に影響を与えることである」と言い，「文明とは，他地域から憧れられ，広まっていく文化である」と定義する（川勝〔2002〕20頁）。ただし村上が指摘するように，特定の文化と諸他の文化とが完全に同一化することなどあり得ず，それは諸文化の相違をある程度均し，かつ社会的組織力によって，その状態を強制的にある程度の時間維持することが精一杯なのである（村上〔1994〕90-91頁）。すなわち，「文化は人々の暮らしがあるところに遍在するだけでなく，持続する。一方，文明は（偏在し）興亡する」のである（川勝〔2002〕19頁；括弧内は筆者による）。

　以上のことを踏まえ本書においては，文化と文明とを単に二項対立的に捉えるのではなく，「自然の人為化」という基本的性向を前提として，文化は主観的・価値的な非合理的実質であって，それを核心として客観的・合理的な形式にまとめられたものが文明であって，文化と文明をひとつのまとまりある全体として理解し，それを単に「文明」と呼ぶこととする。

第3節　文明化の起動力としての組織化能力
——人為の組織的展開力——

　次に，文明と経営（学）がどのような関係にあるのかについて，瞥見を示すことにする。経営学の主たる研究対象は，株式会社に代表される営利組織体である。その意味で，経営学が対象とするタイム・スパンは主として18世紀後半，あるいは長くとっても16世紀以降と言えよう。しかし経営学の今日的展開を鳥瞰すれば，経営学の対象は営利組織体のみならず，なんらかの共通目的の達成を目指す人間協働一般——営利および非営利組織体——であると言える。こうした人間協働は，人類の歴史とともに見出される現象である。確かに，20世紀以降の「組織（中心）社会」と言われるときの人間協働と，それ以前の人間協働との間には重要な非連続性がある。「組織（中心）社会」における人間協働が，規模の点でも組織＝管理の原理の点でも，格段に複雑化・高度化してきていることは，近・現代史の諸研究から既に明らかであろう。

　しかしここでは，そうした非連続性に目を向ける前に，人類史に通時的に見出される人間協働の一般性に注目してみよう。人間協働一般を射程に収め，壮大な理論体系を構想したのが，バーナードであった。バーナードの言説は，より一般的に「文明と経営」という視点——「組織生成史観」とでも言おうか——の可能性を示唆している（詳細は第5章で論じる）[6]。

　バーナードは，主著『経営者の役割』（1938）に先立つ論稿「社会進歩における不変のジレンマ」（1936）——以下「ジレンマ」論稿と表記する——において，自身の文明論を展開している。そこでは，「自然の人為化」を促す歴史の動因（人為）として個人および人間協働という「起動力 powers」が据えられている。

　バーナードは，われわれの生きる「社会的世界を，生きた，動的な，つねに変化している人間世界」（Barnard〔1936, 1986〕p. 28, 40頁）と把握し，そこには放っておけば矛盾・対立する諸力（forces）が渦巻いているものと措定する[7]。そして人間には，個人としてあるいは人間協働として，そうした諸力

を相互に矛盾・対立させるのではなくて，むしろ相互に補完・強化し合うように（再）調整する「諸力の組織化能力」の発揮が期待され，こうした諸力に対する不断の（再）調整過程は，人間が背負わざるをえない運命であるという（Barnard〔1936, 1986〕p. 30, 42 頁）。

さらにバーナードは，およそ文明の程度は相反する諸力の（再）調整能力たる組織化能力（＝人間の art）の程度に依存すると言う（Barnard〔1937, 1986〕p. 78, 113 頁）。ただし，社会進歩のために組織化能力を発揮するには，3 つの不断のジレンマが存在すると言う。それは，① 全体と個のバランスの問題，② 権威の確立と維持の問題，③ 寛容の確保の問題，である（Barnard〔1936, 1986〕p. 30, 43 頁）。

この 3 つのジレンマは密接な関連をもっている。相反する諸力を（再）調整する組織化能力を発揮するには，全体と個のバランスを確保する必要がある。しかしこのバランスは，「それは社会全体と個人とのいずれについても主観的であるから，この割合がどうかということを科学は語りえないと信じる。それは哲学と宗教の問題である」（Barnard〔1938, 1968〕p. 296, 309 頁）。したがって全体と個のバランスの問題は，どこまでいっても客観的・科学的に確定することができず，絶えず主観的要素が入り込んでこざるを得ないのである。そこで全体と個のバランスをめぐって，人々の間での主観的権威の確立とその維持という問題が生じてくる。人々によって，特定の全体と個のバランスが受容される必要がある。しかしこのことは，多様な主観的権威が確立・維持される可能性を含意している。そこで，多様な諸権威間において互いを排除し合うのではなく，むしろ互いを認め合うという寛容の確保が問題となるのである。この寛容の確保の問題は，諸権威間の調和と当該権威の確保・維持というより高度化された全体と個のバランスの問題へと，向上の螺旋を描く。

われわれは，以上の 3 つのジレンマを現代経営学が抱える文明論的諸課題を分析する観点と見なしたうえで，こうした諸観点が近代経営学の生成・発展過程を通じてどのように展開していったのかを学史的に考察する必要があると考えている。

第4節　現代文明と経営学

　翻って，現代社会における人間協働はどのような特徴を有しているのであろうか。
　現代社会が「知識社会 knowledge society」（Drucker〔1969, 1992〕）あるいは「脱工業社会 post-industrial society」（Bell〔1973〕）と呼ばれるようになって久しい。その特徴は，どのような知識を生産し，またどのようにそうした知識を利用するのかという「知識の生産性 productivity of knowledge」が競争力の源泉になってくる，という点にある。こうした知識社会の源流としてP. F. ドラッカー（Peter Ferdinand Drucker, 1909-2005）は，テイラーの科学的管理を位置づける。こうした主張の背景に，ドラッカーは「知識」の意味と機能の歴史的な変遷という事態を見出し，この点についてドラッカーは，文明論的な観点から言及している。齋藤貞之によるドラッカー知識社会論の要約を参考にしよう（齋藤〔1998〕）。
　本来「知識」とは，自己の存在，つまり「being」を知ることであり，知識の目的は「自己認識 self-knowledge」にあった。それは，自己の知的，道徳的，精神的成長のためのものであり，その成果はあくまでも内的なものであった。決して知識は何かを行うための能力（ability to do）を，つまり「有用性 utility」を意味してはいなかった。有用性・実用性を得るために知り，学ぶことは，「技能 skill」と呼ばれ，ギリシャ語で言う「テクネー techné」だった。テクネーは，その適用がつねに特定の範囲に限定され，一般法則を伴わないがゆえに言葉や文字では説明できるものではなく，徒弟制度を通じて，経験を通してのみ学ぶことができるものであり，したがってそれは秘伝（mysteries）として伝えられる技能であった。
　ところが18世紀に入り，こうした「知識」観に劇的な変化が生じてくる。それが，「テクノロジー technology」の発明である。それは，「秘伝的な技能（the mystery of a craft skill）である『テクネー techné』に，組織的，体系的，目的的な知識を表す接尾語『ロジー（-logy）』を付けた言葉」

(Drucker〔1993〕pp. 27-28, 63 頁）であり，「技能の科学技術への転換」という事態を意味する。ここには，知識観の「教養としての知識」観から実利的な有用性を生み出す「手段としての知識」観への変容という事態がある。

ドラッカーは，「知識」の実利的世界への目的的・体系的適用範囲がどのような対象に向けられるかによって人類の歴史を 3 段階に分けられるとし，知識文明史を示す。第 1 段階は，18 世紀の 100 年間に生じたものであり，知識が道具，工程，製品に目的的・体系的に適用されることで，「産業革命 the industrial revolution」がもたらされたという。第 2 段階は，1880 年頃にはじまり，第 2 次大戦の終わり頃を頂点として，知識が「仕事 work」に適用され，「生産性革命 the productivity revolution」がもたらされたという。第 3 段階は現在進行形であるが，第 2 次大戦後，知識が「知識」そのものに対して適用されるに至り，それが「マネジメント革命 the management revolution」をもたらしたという。「知識の知識への適用」が為されることで，計画的・体系的なイノベーションも可能となる。「テクネーとしての専門知識，成果を生み出すための既存知識を，目的的・組織的に適用し，いかにして最善の成果をあげるかを見出す知識，これが『マネジメント』であるとドラッカーはとらえる」（齋藤〔1998〕86 頁）。

齋藤が指摘するように，「このドラッカーの発展段階的な『知識』文明史は，そのまま現代の経営学発展史にも適用できる。現在，経営学はドラッカーの言う第三段階の『知識の知識への適用』をよりいっそう精緻化する社会科学として進みつつある。コンティンジェンシー理論，自己組織化論，知識創造論など，知識の知識への組織的・目的的適用としてとらえ直すこともできよう」（齋藤〔1998〕86-87 頁）。

ドラッカーは，テイラーの科学的管理によって，今日その姿を現しつつある知識社会への，最も重要な一歩が踏み出されたと言う（Drucker〔1969, 1992〕p. 271, 296 頁）。テイラーが格闘したものは「組織的怠業 systematic soldiering」であり，その克服のために科学的管理を形成・発展させた。その核心は，当時の熟練労働者が有する，作業の細部に関わる言語化困難な要素を多分に含んだ熟練の技（技能）を，客観的に言語化可能な科学的知識に転換する，という＜知＞の在り様の転換（知識の仕事への適用）であった。テイラー

は科学的知識に基づいて，労働過程を管理すること（作業の科学化）を目指した。つまりテイラーは，仕事に適用するための「手段としての知識」の確立を求めたのである。こうしたテイラーの科学的管理の中に，ドラッカーは知識社会へと通じる＜知＞の意味の根本的変化を見出したのである。

こうしたドラッカーの知識社会論から，「知識社会」としての現代社会の形成・発展における経営（学）の役割という視点を，より踏み込んで言うならば，現代文明の形成における経営（学）の役割という文明論的視点を引き出すことができよう。ただしドラッカーは，「知識」について厳密な定義を行っていない。本書では「正当化された真なる信念 justified true belief」という標準的な「知識」の定義を採用する。その際問題になることは「知識」の「正当化の過程」にあるが，それについては行論を通じて——主として第3章において——本書の立場を明らかにしていく。

第5節　経営学の文明論的視点

ドラッカーによれば，「知識の知識への適用」を目指して経営学は展開してきた。その端緒がテイラーに見出され，そこに「知識社会」としての現代社会の源流を求めることができる。しかし，経営学研究の「知識の知識への適用」を目指した潮流に対する反省もある。経営学にとって組織研究はその基礎理論を構成する。その組織研究の分野（組織論）において，従来の組織研究が，組織の論理を探求し，目的合理的な存在として組織を捉え，組織における「知」（真）の領域に研究を集中してきたが，その結果として組織における「情」（美）や「意」（善）の領域を看過したという反省が出てきている（組織学会編〔2000〕）。ドラッカーが指摘するように，知識社会の源流に経営学の嚆矢をなすテイラーの科学的管理が位置づけられ，テイラー以来の経営学が「手段としての知識」観に立脚するという特徴を有するとすれば，それはどういう意味をもつのであろうか。

ここに，現代文明および経営学の「知」（真）に偏重した展開は，どのような意味を有するのか，という文明論的問いが生じてくる。この問いに応えるた

めに，本書では，A. N. ホワイトヘッド（Alfred North Whitehead, 1861-1947）の「有機体の哲学 the philosophy of organism」に注目する。それは，ホワイトヘッドが展開する文明論において，真・美・善は密接不可分なものとして統合的に取り扱われつつ，展開されているからである（第5章において詳論する）。ホワイトヘッドは世界の「文明化 civilization」のプロセスを，真理（truth），美（beauty），芸術（art），冒険（adventure），平安（peace），によって特徴づける（Whitehead〔1933, 1967〕p. 274, 378 頁）。

ドラッカーによれば，「知識の知識への適用」のさらなる精緻化過程にある経営学の主潮流が，「知識社会」としての現代社会の形成・発展にひとつの重要な役割を果たしている。こうした潮流の特徴は，組織における「知」（真）の領域に研究を集中・偏重させたものであり，そこで得られた「手段としての知識」を目的的・組織的に適用して最善の成果をあげようとしている点にある。こうした「知」の探究に，すなわち真理の探究に傾斜した経営学，およびその経営実践への適用を通じて形成されつつある知識社会とは，どのような特徴を備えたものであろうか。こうした事態は，知（真）・情（美）・意（善）の観点から見て，人間協働や現代社会に対してどのような影響を及ぼしているのであろうか。ホワイトヘッドの文明論は，こうした事態の文明論的意味を明らかにするための有効な視角を提供するものと思われる。

本書では，現代経営学が抱える文明論的諸課題の「共通の問題性」を明らかにし，その解決の方途を探ることを課題としている。そのために，現代経営学の主潮流の形成に多大な影響を及ぼした広義の近代経営学の主要学説を検討する。テイラーの科学的管理は，労使双方の「対立から協調へ」の転換を目指し，管理基盤の「経験から科学へ」の転換を通じて，「個々の作業の科学化」を果たし，生産性の飛躍的向上を達成させた。それに続くフォレットは，「作業の科学化」にとどまらず，「管理全般の科学化」の必要性を指摘した。ただし同時に，フォレットは科学的管理が内包する問題性を感じ取り，「管理全般の科学化」とともに「科学的管理の哲学」の必要性をも主張する。フォレットの経営思想を理論的に継承・発展させていったのがバーナードであるが，経営学の主潮流はフォレット＝バーナードの系譜とは異なり，むしろ「管理全般の科学化」を徹底化する方向であった。そうした事態を文明論的視角から批判し

たのがメイヨーであった。しかし，メイヨーの批判がかき消されるかのように，サイモンによって経営学の科学的精緻化の傾向は決定的となる。サイモン理論をもって，経営学のさらなる科学的精緻化の追求を特徴とする現代経営学の主潮流が形成・発展されていくこととなる。

本書は 2 部構成をとる。

第 1 部（第 1 章〜第 4 章）では，経営学の主潮流となっていく科学的精緻化の過程を，諸学説の史的展開過程——テイラー，フォレット，メイヨー，サイモンの言説——に沿いながら考察する。その際，彼らが「管理全般の科学化」の進行をどのように評価していたのかということに注目する。そうした考察を通じて，「管理全般の科学化」の進行という事態が孕む問題性の把握を目指す。

第 2 部（第 5 章〜第 7 章）では，諸学説の史的展開過程の通観で見出された問題性を，バーナード理論を分析枠組みとして改めて考察し，経営学の主潮流に孕まれる問題性の再構成を目指す。またそのことを通じて，現代経営学が抱える文明論的諸課題の解決の方途を探る。

注
1) 本書では，「近代」と「現代」を小笠原英司の区分に倣う。小笠原は，まずテイラー・システム以降 1940 年代までを「近代経営」とし，次に 1950 年代以降現在までを戦後経営としての「現代経営」とし，現代の特に 90 年代から今日までを狭義の「現代経営」と区分する（小笠原〔2003〕4 頁）。およそ経営学が経営実践からの要請を反映していると考えられるとすれば，便宜的に経営学の史的展開（経営学史）を，上記の経営史の時代区分に対応させて理解することも許されよう。
2) ここでいう「近代経営学」とは，経営学において通説となっている，いわゆる「バーナード＝サイモン理論」をもって始まる諸学説に限定しない。小笠原の区分法に倣い，生成期以来 1940 年代までの経営学を広義の「近代経営学」として，本書の主たる対象とする。
3) 村上は，「文明」概念が「自然を管理し，支配し，征服する」という価値理念を有すると指摘する。村上は，人間が自然から自立しようとすることの重要な結果として 2 つの事態を指摘する（村上〔1994〕78-80 頁）。その第 1 は，自然についての学問的知識を利用して，人間が自然を支配し，制御し，管理するという目標の達成を目指すようになったことである。またその第 2 は，「人為」の世界の中に残ってしまった「自然」の問題，すなわち「自然的存在」としての人間（ヒト）の人間による支配を要求するようになるということである。
4) 村上は，「普遍化への意志を実行に移す装置」として，軍隊や警察のような権力の施行を円滑にするための統治制度や，あるいは自らの文化的価値を布教し教化するための教育制度などを重要な要素として含む社会制度や機構を想定している（村上〔1994〕83 頁）。
5) 川勝は，西洋社会に成立してきた文明を，それらが依拠してきた価値（真・善・美）の観点から整理し，今後のありうべき文明について言及している（川勝〔2002〕27-40 頁）。川勝によれば，西洋社会における価値の力点は，「真→善→美」へと移行してきており，地球環境問題に直面している現代社会においてはますます「美」という価値に立脚した文明（＝「美の文明」）の重要

性が高まると指摘する。その理由として川勝は，① 地球環境保全とは「地球を汚さない」ということであり，この「汚さない」ということは「美」という価値に立脚しているということ，② 地球と結びつく価値は真でも善でもなく美にあるということ——「地球は真であるか」や「地球は善であるか」という問いは意味をなさないのに対して「地球は美しいか」という問いは意味をもつから——，を挙げる。

6) バーナード理論が歴史性を有していないと批判されることがある。筆者はその点に関して，歴史性を有していないからこそ，バーナード理論は人間協働の通時的分析枠組みとしての可能性を秘めているのではないかと考える。その可能性の一端として，公式組織の基本要素——共通目的，コミュニケーション，貢献意欲——を例にとって述べれば，以下のような論点が直ちに出てこよう。例えば，「どのような過程・手続きを経て，どのような共通目的が設定されるのか」，「どのようなコミュニケーションの経路を媒介して，どのようなコミュニケーションが為されるのか」，「どのような誘因を用いて，どのようにして人々の貢献が引き出されるのか」といった諸点を通時的に分析することで，それぞれの人間協働の非連続性（歴史性や固有性）を明確に浮かび上がらせることも可能であろう。

7) ここでいう「諸力」(forces) をバーナードは，「ジレンマ」論稿の段階では「社会的諸力」(social forces) と呼んでいるが，1938年の主著との一貫性を重んじ，「諸力」という表記に統一する。また，「ジレンマ」論稿の中でバーナードは，諸力として，① 宇宙の物理的諸力 (the physical forces of the universe)，② 人間の生物的諸力 (the forces of human biology)，③ 経済的諸力 (economic forces)，④ 宗教的または精神的諸力 (religious or spiritual forces)，⑤ 民族的諸力 (racial forces)，⑥ 政治的諸力 (political forces)，を指摘している。1936年の段階で指摘されている諸力は，主著『経営者の役割』の段階で，物的要因，生物的要因，個人的要因，社会的要因へと再構成されている。残った経済的，宗教的，民族的および政治的諸力は，人間有機体間の相互作用である「適応的行動の意図と意味に対する一連の応答」としての社会的要因にまとめられる。この「意図と意味の一連の応答」としての人間有機体間の相互作用が積み重ねられるその中から，様々な機能が，つまり，宗教的，政治的，経済的，あるいはその他の諸機能が分化・発展してくる（Barnard〔1958, 1986〕p. 162 も参照のこと）。

第1部
経営学の底流

　現代社会はしばしば「知識社会」と呼ばれる。それは，社会が工業社会段階から脱工業社会段階に入り，個別企業や各産業および諸国の国際競争力の源泉が，肉体労働に基礎を置いていた段階から，知識労働にその基礎を移しつつあるからである。「知識社会」としての現代社会においては，「知識の生産性」こそが中心的課題となりつつある。こうした状況を反映して，経営学においても「知識創造の経営」の必要性が認識され，その方向への理論的精緻化とその経営実践への適用が目指されている。

　ただし，ここで注意すべきことがある。それは，D. ベル（Daniel Bell, 1919-2011）や P. F. ドラッカーが指摘するように，「知識」の意味が歴史的に変化してきている，ということである。そうした変化なるものの中味は，ベルによれば，経験主義に対する理論の優位ならびに抽象的なシンボル体系への知識の集成（〈理論的〉知識の中心性）であり，ドラッカーによれば，「教養としての知識」観から「手段としての知識」観への移行である。

　さらに A. N. ホワイトヘッドも言う。「19世紀の最大の発明は，発明法の発明であった。…中略…われわれの時代を理解するためには，鉄道，電信，ラジオ，紡績機械，合成染料，などのような変化を形作る個々のものをことごとく無視してさしつかえない。われわれは方法そのものに注意を集中しなければならない。この方法こそ真に新しいもので，古い文明の基礎を破壊した。…中略…この変化全体は新しい科学知識（the new scientific information）から生じた。原理よりも成果から考えられた科学は，利用できる着想を蓄えた，人目につく倉庫である。…中略…新たな方法に含まれた一つの要素はまさに，もろもろの科学的着想と最後の産物との間の間隙を埋めにかかる方法の発見である」（Whitehead〔1925, 1967〕p. 96, 133-134頁）と。

ベルやドラッカー，ホワイトヘッドの指摘からわれわれが受け止めるべきことは，「知識社会」としての現代社会の特徴である。原理よりも成果に重点を置く「手段としての抽象的・科学的知識」の形成・発展によって，計画的に組織された発明やイノベーションが可能となってきたが，その深層においてこうした「知識」観の歴史的変遷過程で古い文明の基礎が破壊されたということである。

　ドラッカーは，知識社会における＜知＞の意味の根本的変化によって，「価値やビジョンや信条にかかわる基本的な問題，すなわち，社会をつなぎ，人生に意味を与えるものすべてに関わる問題」（Drucker〔1993〕p. 47, 95頁）が惹起される，と問題提起している。しかし彼は，なぜそのような＜知＞の意味の根本的変化が，人間の＜生＞に関わる基本問題を惹起するか，その原理的関連性を明確にしていない。

　しかしながらドラッカーは，こうした人間の＜生＞や文明の在り様に関わる文明論的問題を，経営学の立場から検討するにあたって重要な指摘をしている。ドラッカーは，F. W. テイラーの科学的管理によって，今日その姿を現わしつつある知識社会への，最も重要な一歩が踏み出されたと言う（Drucker〔1969, 1992〕p. 271, 296頁）。ドラッカーは，知識社会への潮流にとって，テイラーの科学的管理がその源流を成すことを見出す。すでに述べたように科学的管理の核心は，熟練労働者が有する作業に関わる行動知を，客観的・科学的知識に転換する，という＜知＞の在り様の転換であった。それゆえドラッカーは，テイラーの科学的管理の中に知識社会への源流を見出したのである。

　しかし，経営学のその後の史的展開過程を通観するとき，経営学はテイラーの科学的管理による「作業の科学化」に留まらなかった。こうした「知識」観の歴史的変遷に応答し，あるいはそうした流れを促進するかのように，佐々木恒男も指摘する通り，従来の企業者の個人的な経験や勘に依存した経営・管理を脱却して，「科学的で合理的な経営や管理の専門的な知識が求められるようになり，このような社会的要請に応えるべく登場してきたもの，それが経営学である」（佐々木恒男編著〔1999〕i頁）。経営学はその後，「管理全般の科学化」へと進展していった。

　「知識」観の歴史的変容および知識の重要性の増大という事態を踏まえる時，

次のような問題を設定できまいか。すなわちそれは，こうした「知識」観の変容に呼応し，あるいはそうした流れを促進するかのように展開してきた経営学の特徴とは何か，そうした時代的要請に呼応した経営学の展開がわれわれの＜生＞や社会に与えた影響は何か，ということである。こうした知識論の観点から経営学の展開過程を展望すると，何が見えてくるであろうか。こうした一連の問いが本書の基本的な問題関心である。

第1章
科学的管理の現代的意義
――「知識社会」としての現代社会の源流――

序　問題の所在

　本章では，ドラッカーの問題提起を受け止め，知識社会において，なぜ人間の＜生＞に関わる基本問題が生じるのか，その源流に位置づけられるF. W. テイラーの「科学的管理」に遡って検討する。それは科学的管理自体に，上述の基本問題を惹起させる問題の原型が胚胎していると思われるからである。すなわちテイラーが活躍した，19世紀末から20世紀初頭にかけての世紀転換期は，科学・技術の発展とその象徴としての"機械"の労働過程への大規模な導入，大量生産体制や大企業体制の確立とそれに伴う官僚制組織の進展，新しい「中間階級」すなわち専門的・管理的職業の拡大，いわゆる「新移民」（南・東欧系移民）の増大による不熟練賃労働者の大量発生や文化の多元化等，今日見られる諸傾向の原型が形成された時代であった。本章では，科学的管理が展開する深層で何が生じたか，そこに潜む事態を明らかにし，科学的管理と知識社会，そして人間の＜生＞に関わる基本問題との間の原理的関連性の解明を目指す。まず，テイラーの科学的管理とはいったい何か，その本質を明らかにする必要があるが，そのために，彼の問題意識およびその起源を，当時の彼の置かれていた歴史的文脈の中で探求しよう。

第1節 「成行管理」の内実と時代背景
──伝統的労働慣行と近代的工場制度──

(1) 科学的管理の時代背景

　はじめに，科学的管理形成の背景として指摘されてきた「組織的怠業」の概念を検討する。テイラーは，「怠業」には2種類あると言う。それは，「自然的怠業 natural soldiering」と「組織的怠業」である。前者は，人間の生得的な性向に基づくものであり，他方後者は，当人の置かれた社会的環境に配慮した結果として生ずるものである。テイラーによれば，「労使ともに迷惑している最大の害悪は組織的怠業である」（Taylor〔1947〕p. 20, 237頁）。しかし雇主は，工員による組織的怠業の存在を疑いながらも，その存在の確証を得るに至らないことが多い。それは，ほとんどすべての工員が日常的に，「仕事をのろのろしながら，しかも相当の速さでやっているように雇主 employer に思わせる方法」（Taylor〔1947〕p. 21, 238頁）を採用していたからである。雇主は，工員が最大の作業速度で仕事を行っているのか，あるいは怠けているのか，それを「判断する基準」を持ち合わせていなかった。仮に雇主がそうした「判断基準」を持っていたとしても，それは雇主の個人的経験や思いつきに基づくものであった。

　こうした組織的怠業は，出来高払制度の下において特に顕著となっていたが，テイラーはその根本原因を，次のように分析する。それは，「すべての使用者 all employers は日給でも出来高払でも，工員の一日の収入は，せいぜいこのくらいでよいという高を頭から決めてしまうからである。すると工員のほうでも自分の収入はだいたい幾らであるか見当をつけてしまう。もし今までよりももっと仕事ができるということが使用者のほうにわかれば，早晩何とかしてそれだけの仕事をさせた上，賃金のほうは増さずにおくことを工夫するに相違ないことが分かる」（Taylor〔1947〕pp. 21-22, 238頁）。すなわち，労働者がどんなに努力して出来高を増加させたとしても，その出来高がある一定水準，すなわち使用者が労働者たちが稼ぐ「べきである」と考える上限にまで上

昇すると，使用者が工賃単価を切下げてしまうのである。こうしたことが繰り返されれば，労働者による出来高増大への努力は，結局労働強化を意味するのみとなるのである。実際，労働者は使用者による工賃単価切り下げを経験したし，絶えずそうした危険にさらされていた。

「組織的怠業」には，使用者による際限のない工賃単価切り下げに対する，労働者の対抗手段としての側面がある。ここで指摘すべきことは，工賃単価切り下げおよびその対抗措置としての組織的怠業は，使用者の「恣意性」に起因するということである。しかしおよそ「恣意性」というものは，使用者側にのみ存在するものではなく，同様に労働者側にも存在するとテイラーは見ていた。テイラーが「組織的怠業」というとき，それは工賃単価切り下げに対する労働者の対抗手段という，消極的な意味合い以上のものを含んでいる。この側面こそが，「労働者統制 worker's control」と呼ばれる「組織的怠業」の核心を成すものである。

(2) 「労働者統制」の内実

労働者統制とは，熟練労働者が使用者よりも優っていた，彼らの有する「作業の細部に関する知識」と作業速度や製品の品質，その他の労働過程に関する「労働慣行」によって，作業現場を実質的に支配していた事態を意味する。しかしそれは，労働者による労働過程の"自主管理"を意味するものではない。19世紀後半という時期は，労働の資本の下への実質的包摂の度合いが強まっていく時代であった。あくまでも労働者統制は，内部請負制度，下位請負制度，万能職長制，補助工制度等の，主として19世紀末に特有の労働制度の枠内で現象した。すなわち労働者統制は，「労働者が労働過程を支配するという性格を有しながらも，同時に企業家の代わりに管理を請け負うという矛盾した性格を帯びていた」（中川〔1992〕40頁）。つまり労働者統制とは，間接的な管理制度であった。

D. クロースン（Dan Clawson）は，19世紀末に特有の労働制度を，「クラフト生産制度 craft system of production」として一括して把握する。「労働者統制」と関連づけて「クラフト生産制度」の特徴として重要なことは，「職長（foremen）や内部請負人（inside contractors）ではなくて，労働者

(workers) が正式には監督者の責任であった決定の多くをおこなったということ」(Clawson〔1980〕p. 132, 138頁) である。すなわち，19世紀の職長や内部請負人は，生産過程におけるすべての側面に対する統制権をもっていたが，実際彼らが，その決定権のすべてを行使することはまれであった。つまり職長や内部請負人は，労働者たちの提案に対して，ただ承認と保証とを与えることが多かった。逆に言えば，各労働者が実質的には，作業過程における計画と執行の両者を行っていたのである。

「機械」が大規模に導入され工場労働の機械化が進展する中で，熟練労働者は依然として，製作図面の理解，機械の段取り，取付具・工具の準備および機械の修理等に，大いに彼らの経験的知識を利用・発揮した。中川誠士は，「19世紀末の作業現場を理解する上で把握されねばならない最も基本的な論点は，熟練労働者が作業過程の細部を支配したことであり，…中略…これが19世紀末の『労働者統制』のいわば本質であった」（中川〔1992〕41-42頁）と指摘する。労働者統制とは，労働速度の問題であれ，製品の品質の問題その他であれ，熟練労働者が作業過程の細部までを規定し，その結果「生産高の制限」を行っていた事態を指す。それが当時の労働慣行であった。テイラーも，自らのミッドベール・スチール会社の機械工場での体験を通じて，労働者統制の存在を，また，生産高制限の存在を理解していた（Taylor〔1947〕pp. 48-49, 260-261頁）。テイラーはここに，労働者側に固有の「恣意性」を見て取る。

この生産高制限は，「管理者にとっては克服すべき『怠業』であったが，労働者にとっては作業現場の自治の中で形成されてきた作業ペースや賃金についての『慣行』を守るための当然の行為であった」（中川〔1992〕66頁）し，こうした「慣行 custom」は労働者間で共有され，「労働者がなすべきこと，してはならないこと，労働者が受けるべきもの，受けてはならないもの，を規制する非常に重要な力（force）であった」（Clawson〔1980〕p. 145, 152頁）。しかしだからといって，「労働者たちが一枚岩であった」（Clawson〔1980〕p. 145, 152頁）わけでは決してない。

労働者統制の中核を担うものは，「技能」を有する熟練労働者であった。それゆえ，請負人とその他の熟練労働者，あるいは熟練労働者と当時大量に移住してきた半・不熟練の新移民との間に，様々な利害対立が潜んでいた。こうし

た対立は，工場内部にとどまるものではなく，もっと広い社会的・文化的文脈において捉えられるべき問題である[1]。

第2節　テイラーの応答とその文明論的基盤
――テイラー文明論に拠りつつ――

(1) 精神革命論とテイラーの文明論的背景

　テイラーは，組織的怠業の中に，使用者側に起因する使用者の恣意性と，労働者側に起因する労働者の恣意性とを同時に見出す。この恣意性とは，およそ彼ら双方の経験や慣習に基づいて見出された，「妥当と思われる作業に関わる基準」であった。テイラーは，こうした労使双方の恣意性に基づく対立が，結局は労使双方にとっておよび国家にとって害悪である，と考えた。

　それゆえテイラーは，労使双方の「恣意性」を排除するために，精神的態度の革命を唱える。これこそが科学的管理の本質であると，テイラーは言う。それはひとつに，「(労使間での) 反対と闘争とにかえて，友情的協働 (friendly cooperation) と助け合い (mutual helpfulness) (Taylor〔1947〕p. 30, 354頁) という「対立から協調へ」の精神的態度の革命であり，もうひとつは，「(労使双方とも) 古い個人的な意見や判断を捨てて，正確な科学的研究と知識とをもって，これにかえることの必要を認めること」(Taylor〔1947〕p. 31, 355頁) という「経験から科学へ」の精神的態度の革命である。テイラーは，「対立から協調へ」と「経験から科学へ」という精神革命論を科学的管理の本質と考えた。

　テイラーはこうした精神的態度の革命を，「信念 conviction」であり，「原理 principle」と呼ぶ。この科学的管理の原理は，宗教の原理や人々の日常の行為を支配する原理と同様に，われわれの中に深く根を下ろした，最も確固不動の原理であると言う (Taylor〔1947〕p. 257, 518頁)。この科学的管理の本質を成す根本原理は，「ある広大な一般原理，一定の哲学から成って」(Taylor〔1947〕p. 28, 243頁) おり，それゆえ科学的管理は「全文明社会 (the civilized world) を通じて，一般に実施されるようになると (テイラー本人は)

深く確信している」(Taylor〔1947〕p. 29, 244頁。括弧内は筆者による)。だから，たとえ科学的管理に対して，「どんな反対がどこからこようと，どんな階級から反対されようと，また全世界が反対しようと，必ず行なわれるであろう」(Taylor〔1947〕p. 16, 345頁)と，テイラーは言う。その理由は，産業の歴史を見れば，「真に労力を省く装置(truly labor-saving device)であるならば，必ず行なわれるようになる」(Taylor〔1947〕p. 15, 345頁)からであり，まさに科学的管理こそは「労力を省く装置」だからである。

テイラーは人類の歴史を通じて，恣意的で非合理的な要素は排除され，科学的で合理的な原理が全世界に浸透して行くと考える。まさにそうした原理こそ，テイラーにとって科学的管理であった。テイラーは，およそ経営管理というものを人類史の展開過程に位置づけつつ検討するという，一種の文明論的視点あるいは歴史観を有していたと言える。なぜテイラーが科学的管理を展開するに至ったのか，その意図を明確にするには，科学的管理をこうした文明論的文脈の中に位置づけることが有効であると考えられる。そこで，さらにテイラーの文明論を見るために，彼の基本的な管理観を知る上で貴重な資料である，テイラーの講演原稿(「管理の土台としての法対個人的意見」Law vs. Private Opinion as a Basis of Management)を，中川誠士の紹介に拠りつつ概観する(中川〔1992〕232-241頁。1914年10月12日，YMCAにおけるテイラーの講演)。それは，そこにテイラーの文明論が展開されており，彼が科学的管理を展開するに至った文明論的背景あるいは歴史観が，明確に浮かび上がってくると考えられるからである。

テイラーは，われわれ人間は2種類の「法」の下で暮らしているという。第1の法は，われわれの誰もがその「法」の形成過程において一定の役割を果たしうるようなものである。その端的な例が，「法律」である。第2の法は，専門家(experts)によってのみはじめて「発見」され，明確に表現されうる「法」である。その端的な例が，「自然科学的法則」である。しかし，われわれの生活がこうした2種類の「法」の下に支配されているとはいえ，人類の歴史を見れば，その程度は大いに変化してきている。歴史上第2の法は，自然科学の発達をまってはじめて，大量に発見されうる法であった。それ以前の永きにわたっては，第1の法が支配的であった。この第1の法も，歴史的に変化して

きている。ほんの数百年前までは，世界の労働の大部分は，実際のところ，奴隷によって，つまりその行動が彼らの主人によって完全に支配され統制されている人々によって行われていた。しかしながら当時でさえも，社会の大多数の奴隷は，彼らの主人の恣意的な規則や意見に服従していたけれども，主人との関係を調整する法典も一般的に存在した。このように人類の歴史を見てくると，「文明の発達度は，個々の人間の恣意的意思決定に対立するものとしての，明確に規定され記述された法による統制において形成されてきた進歩によって最も正確に計測される」（中川〔1992〕233頁）と，テイラーは言う。しかしそうはいっても，第1の法はその形成に関してわれわれが発言する資格を有するものであり，テイラーにとって第1の法は，個人的意見の延長線上に形成される，換言すれば人々の恣意性が入り込む余地を残す法を意味した。

これとは対照的に，最近の200年間に急速に形成されてきた異質な第2の法がある。それは，物質的事実に基づき，かつ決して意見の問題ではないような大量の法，つまり数学や天文学や物理学や化学や工学の法則のようなものとしての法である。こうした大量に「発見」されつつあった第2の法，すなわち自然科学的法則によって企業も管理されるべきであり，それが歴史必然的な流れであるとテイラーは考えていた。テイラーは，第2の法である自然科学的法則を第1の法に基づいた従来の労働慣行に代わる新たな「規則」たらしめようと考えた。

(2) 科学的管理の文明論的意味

以上，中川に拠りながら，テイラーの管理観を文明論的文脈から概観した。テイラーの基本的な問題関心は，人類史の必然として，いかにして管理における「恣意性」を排除し，「客観的な基準」すなわち「1日の公正な課業 task」を設定するか，であった。テイラーはこの観点から，いかに従来の作業現場が労使双方の経験や直感すなわち「個人的意見」および「慣行」に依存し規定されてきたか，を問題にする。第2の法としての自然科学的法則が大いに発達し，その象徴のような「機械」の導入が大規模に進展しつつあった当時，作業現場も，個人的意見や慣行といった第1の法による支配に代わって，第2の法である自然科学的法則の支配が必要である，とテイラーには思われた。テイ

ラーは，ここに管理の問題を見出したのである。まさに科学的管理による管理の基盤の「科学化」こそが，科学的管理の核心である。管理の基盤を「科学化」することによって，労使の，ひいては国家の繁栄が達成されるとテイラーは考えたのである。

　テイラーは組織的怠業を克服するために，管理の基盤の科学化を目指した。テイラーは「科学」を，「任意の種類の分類された，または組織された知識」(Taylor〔1947〕p.41, 361頁) の意味で用い，科学的管理者の義務が，労働者の頭の中や熟練の中に潜んでいた経験的知識を「一つところに集めて，これを記録し，これを図示し，多くの場合には，最後にこれを法則または規則として，更に数学的な方式にすること」(Taylor〔1947〕p.40, 361頁) であると言う。すなわちテイラーは，労働者が有する「作業に関わる経験的知識の科学的知識への転換」を推進し，また，それに基づいて「従来の労働慣行」に代わる「科学的規則」の確立をも目指したのである。そのために採用された方法が，時間研究であった。

　それは，一流の労働者が一日に為しうる仕事量を決定するための，ストップ・ウォッチによる仕事の計測であった。その過程で，仕事を諸要素に分け，各要素時間を個別に計測した。頻度の高い重要な要素は，可能な限り多くの一流工員を対象として計測し，それを平均した。時間研究を行い，それに基づいて作業過程を計画・統制する主体が「計画室」となった。労働者は，計画室の計画・統制に基づいて仕事を執行するのみに特化された。これが「計画と執行との分離」である。

　テイラーは労働過程からあるいはおよそ管理から，いかにして「恣意性」を排除するかという課題に直面していた。もっと正確に言えば，彼の有する文明論的背景あるいは歴史観からすれば，当時の「成行管理 drifting management」は第1の法に分類されるものであり，したがって必然的に第2の法に転換されるべきものとして，問題化したのである[2]。テイラーが，管理の基盤の「科学化」(経験から科学へ) を通じて労使の協調的協働 (対立から協調へ) の実現を目指した点に科学的管理の本質があるというのは，彼の文明論的文脈にあてはめれば，至極当然であった。

第3節　科学的管理の諸相とその射程
――「経験から科学へ」の奔流――

(1) 科学的管理の諸相

こうした科学的管理の展開過程は，今日まで様々な視角から検討されてきたし，また今後も検討されるであろう[3]。しかし本章では，知識社会においては人間の＜生＞に関わる基本問題が生じるというドラッカーの問題提起との関連で，次の点に焦点を絞る。

科学的管理の核心は，＜知＞の変容，すなわち作業に関わる知識の在り様の「経験から科学」への転換にある。こうした＜知＞の変容に伴って，労働者統制の解体，労働慣行の科学化，作業過程における「計画と執行との分離」といった諸現象が生じた。はたして，科学的管理の進展とドラッカーの問題提起との間にはどのような関係があるのか。これが，本章の残された課題である。

こうした問いに応えるために，まず確認すべきことは，テイラーの科学的管理をどのように把握するか，である。「科学的管理とは何であるか。さまざまに論じられているが，定説はない」と三戸公が述べているが（三戸〔2002〕29頁），科学的管理をどのように把握するか，それ次第で科学的管理の理論的射程が変わってくる。三戸は科学的管理に関わる従来の議論を，3つに大別する（三戸〔2002〕）。それは科学的管理の本質を，① 技術体系としてのテイラー・システムと把握するもの，② テイラー・システムの指導原理としてのテイラリズムと把握するもの，③ テイラー自身が主張した精神革命論と把握するもの，である。それぞれの理解に伴って科学的管理の理論的射程が伸縮する。

まず，技術体系としてのテイラー・システムと把握する立場は，科学的管理の本質を，時間研究に基づく「課業管理 task management」によって達成された「個々の作業の科学化」と見なす。しかし「個々の作業の科学化」として科学的管理を把握するならば，それはベルトコンベア・システムによって個々の作業が連結されたフォード・システムによって過去のものとなる。フォード・システムは，個々の作業間に潜んでいるムダを省き「生産過程全体の科学

化」を可能にした。フォード・システムによって,「個々の作業の科学化」は「生産過程全体の科学化」へと乗り越えられたことになる。

次に,テイラー・システムの指導原理としてのテイラリズムと把握する立場は,科学的管理の本質を,それぞれの職務が内包する計画機能と執行機能との人格的担い手の分裂を意味する「計画と執行との分離」と見なす。その代表格はドラッカーやH. ブレイヴァマン（Harry Braverman, 1920-1976）である[4]。この観点からは,フォード・システムによって「個々の作業の科学化」は「生産過程全体の科学化」として超克されたように見えるが,しかしその深層において「計画と執行との分離」が依然として継続しているという理解がもたらされる。したがって,「労働の非人間化」をもたらす「計画と執行との分離」を克服し「労働の人間化」を実現させるためには,「計画と執行との再結合」が要請される。それを可能にするものがドラッカーの唱えた「目標管理 management by objective, MBO」ということになる。ドラッカーの「目標管理」によって,「計画と執行との分離」は「計画と執行との再結合」へと乗り越えられ,科学的管理は過去のものとなる。

最後に,テイラー自身が主張した精神革命論を科学的管理の本質と把握する立場は,「経験から科学へ」と「対立から協調へ」の二本柱に着目する。この立場に立って三戸は,「テイラー・システムにしろ,テイラリズムにしろ,いずれも科学的管理の1形態であり1段階であると把握されるものとなる」（三戸〔2002〕45頁）と言う。およそ100年の経営学の史的展開過程を通観するとき,経営学は一面において,作業の科学に始まり,その後人間関係の科学,組織の科学,組織と環境との相関的把握の科学へと,今日までその研究対象を拡大させつつ発展してきた,と見ることができる。換言すれば,テイラーが提起した「経験から科学へ」という精神革命は,今日までその対象を拡大しつつ継承されてきた。しかし他面において,「管理の世界の住人たちは,その後ひたすら≪経験から科学へ≫の世界を走り続け現在に及んでいる。≪経験から科学へ≫の第2の柱は巨大なものとなり,第1の柱である≪心からなる兄弟のような協働≫（対立から協調へ）はほとんど見捨てられ取り上げられることなく現在に至り,2本の柱によってのみ支えることが可能である科学的管理という建造物は1本の柱のみの巨大化というアンバランスによって倒壊寸前となって

いるのである」（三戸〔2002〕51頁，括弧内は筆者による）。その後の経営学は，「対立から協調へ」を看過しながら，「経験から科学へ」に傾斜しつつ展開していったのである。換言すれば経営学は，その研究対象を拡大させつつ，管理全般に関わる科学的知識を集成してきたのである。こうした事態を本書では「管理全般の科学化」と呼ぶこととする。

科学的管理の本質を精神革命論として把握する立場からは，たとえ目標管理によって「計画と執行との分離」が「計画と執行との再結合」として超克されたように見えようとも，その深層においては「対立から協調へ」が看過され「経験から科学へ」に偏重しつつ，経営学がますます発展してきているという理解がもたらされる。

(2) 「経験から科学へ」の奔流

このように，科学的管理の本質をどのように把握するか，その把握の仕方を3つに大別し，それぞれの特徴およびそれに伴う科学的管理の理論的射程の相違を検討してきた。それを図表1-1としてまとめた。本書では，前節においてテイラーの文明論を下敷きに科学的管理を検討したが，その観点からすれば，三戸のように科学的管理の本質を精神革命論として把握する必要があろう。

三戸は精神革命論の二本柱である「対立から協調へ」および「経験から科学へ」を，人間主義ないし人間中心主義および機能主義と読み替えている（三戸〔2002〕53頁）。そして，「対立から協調へ」が看過され「経験から科学へ」に偏重しつつ展開してきた経営学が，人間の学であることを忘れ，組織を中心に据え，組織目的の達成という目的的結果を追求するあまり，その随伴的結果に

把握の仕方	～1910年代	1910年代～	1950年代～
テイラー・システム	個々の作業の科学化　→	生産過程全体の科学化 （フォード・システム）	
テイラリズム	計画と執行との分離	→	計画と執行との再結合 （目標管理）
精神革命論	経験から科学へ ───────────────────────────────→ 対立から協調へ ……… ？？？ ……… ？？？ ……… ？？？ ………		

図表1-1　科学的管理の把握の仕方とその理論的射程

大きな問題を抱えることになったところに，経営学の基本問題を三戸は見出す（三戸〔1994〕〔2002〕などを参照）。三戸は「アメリカ経営学の流れを主流と本流に分け，機能主義の流れが多数者なるが故にこれを主流と呼び，テイラーの二本柱の統合に立つ系譜としてフォレット，バーナード，ドラッカーの流れを本流と呼ん」でいる（三戸〔2002〕53頁脚注12。三戸〔1988〕も参照）。この分類を用いれば，テイラー以降の経営学の主潮流は，組織目的の効果的達成を目指し，その手段としての管理全般に関わる科学的知識の集成に偏重しつつ展開してきたと見ることができる。こうした「主流」を本書では「管理全般の科学化」の系譜として把握する。こうした経営学の主潮流が知識社会の形成に繋がってくるのである。こうした事態に，三戸もドラッカーも独自の視点から，その問題性に言及している。三戸は自身の問題意識を「随伴的結果」論として展開する（三戸〔1994〕）。三戸の問題提起をどのように受け止めるかは本書第2部に譲る。ここでは，ドラッカーが指摘した知識社会における人間の＜生＞の問題について検討する。

　ドラッカーによれば知識社会とは，どのような知識を創造するか，どのように知識を適用するかといった「知識の生産性」が，換言すれば「手段としての知識」が，決定的に重要になってくる社会である。テイラーの科学的管理は，「知識」の意味を「手段」へと根本的に変化させた。ここに，知識社会に固有の根本問題が潜む。「知識」は，何らかの目的・目標を達成するための手段と化した。「知識そのものは，中立的であるとしても，知識をもってなすことは，中立的ではありえない」（Drucker〔1969, 1992〕p. 365, 397-398頁）。知識社会においては，「手段としての知識」の背後にある目的・目標が重要な意味を有するようになってくる。

　ドラッカーは言う。どのような知識を創造するかという「優先順位の問題」や，どのように知識を適用するかという「制約条件の問題」に関して，「これらの決定は，科学や事実によって行うことはできない。価値観にもとづく意思決定として，著しく主観的な評価によって行わざるをえない。言いかえるならば，科学的な判断ではありえず，政策上の判断たらざるをえない」（Drucker〔1969, 1992〕p. 367, 399頁）と。このようにドラッカーは，知識社会に固有の「知識の生産性に関する政策上の判断・政治的決定」の重要性を指摘する。知

識社会では,「知識そのものの目的,方向づけ,さらにはその意味について問題を提起する」(Drucker〔1969, 1992〕p. 370, 403 頁)のである。このようにして,科学的管理に伴う＜知＞の意味の根本的変化によって,それを源流とする知識社会における「価値やビジョンや信条にかかわる基本的な問題,すなわち,社会をつなぎ,人生に意味を与えるものすべてに関わる問題」(Drucker〔1993〕p. 47, 95 頁)が,すなわち知識社会に固有の「知識の生産性に関する政治的決定」という価値判断に関わる問題が惹起されるてくることとなる。

以下の諸章において,テイラー以降の主要学説の概観を通じて,ドラッカーの問題提起がどのように展開していくのかを考察する。

章結　まとめと課題

ドラッカーによれば,「知識社会」たる現代社会には人間の＜生＞に関わる基本問題が潜んでいる。そうであるならば,ドラッカーによって知識社会の源流に位置づけられたテイラーの科学的管理にも,その基本問題の萌芽が潜んでいるのではないか。こうした問題意識から,科学的管理をどのように把握するかを検討することが本章の課題であった。

本章では,テイラーが生きた時代背景を踏まえ,彼が何を問題化したのかを確認した。テイラーの問題関心・意図は,労使の対立を克服し,両者の協調的協働を実現させることであった。その障害となるものをテイラーは,労使双方が生産過程に各々の思惑・恣意性を持ち込んでくることにある,と見て取った。テイラーは科学的管理を確立するために,時間研究を通じて,労働者統制を可能ならしめていた熟練工が有する「作業に関わる主観的・経験的知識」を徹底的に客観的・科学的知識へと変換し,そうして集成された知識を計画室において一元管理していった。この過程で,労働は変容し,「計画と執行との分離」が進展していった[5]。

本章では,こうしたテイラーの問題意識の背景として彼が有する文明論・歴史観に着目した。その観点からすれば,人類史を鳥瞰すると,われわれの生活を支配する原理から恣意的で非合理的な要素は排除され,科学的で合理的な原

理が浸透していく過程が見てとれる。ここで「科学的で合理的な原理」とは，自然科学の発達をまって「発見」されつつあった物質的事実に基づき，かつ決して「意見」を介在させない自然科学的法則である。テイラーは，労使対立の激しい生産過程も自然科学的法則によって支配・秩序化されることで，労使の協調的協働が実現可能であると考えた。それゆえテイラーは，科学的管理の本質を「対立から協調へ」と「経験から科学へ」を二本柱とする「精神革命論」を唱えたのである。

三戸公は精神革命論に注目し，経営学のその後の展開を「経験から科学へ」に偏重しつつ展開する「主流」と，二本柱の統合を目指す「本流」とに整理する。ここにドラッカーの問題提起も関連してくる。ドラッカーによれば，知識社会の形成・発展とともに展開してきた経営学は，テイラーによる「知識の仕事への適用」を超えて，「知識の知識への適用」へと偏重する形で展開してきている。ここには「対立から協調へ」の視点が欠落している。だからこそドラッカーは，「知識社会」としての現代社会は，「どのような知識を創造し，なんのために活用するのか」という「知識の生産性に関する政治的決定」という固有の問題に直面すると述べている。テイラーの場合は，曲がりなりにも「対立から協調へ」を実現させるという理念・目的があった。しかし「対立から協調へ」を忘れ，「経験から科学へ」にばかり注目する「主流」派経営学は，組織目的の効果的な達成を目指し，「手段としての科学的知識」の目的的・組織的・体系的集成およびその活用を求め展開してきていると捉えることができよう。しかし「経験から科学へ」にばかり注目する「単眼的管理」のゆえに，人間協働が大規模化するにしたがって，その「随伴的結果」も大規模化し，それが環境破壊にまでつながる事態を惹起すると，三戸は問題提起する[6]。

本書では以下の諸章において，テイラー以降，経営学がどのような展開を遂げるのか，通時的に考察していく。ドラッカーや三戸の問題提起を受けとめれば，「経験から科学へ」を指向して，「知識の知識への適用」をひたすらに追求する経営学の展開の意味を考察する，ということになる。

注
1) ガットマン（Herbert George Gutman, 1928-1985）は，19世紀後半から20世紀初頭のアメリカにおいて，繰り返しアメリカ特有の緊張関係が生じたと言う。それは，はじめて「工場制度」

に出会ったアメリカ生まれおよび移民の男女労働者，つまり「第1世代工場労働者」と「近代化しつつあった工場制度」との間に生じた緊張関係である。その原因は，農業的・村落的な前工業的文化の中で育った第1世代工場労働者と，規則的な工場労働を要求する工場制度との間の「行動様式」に関わる緊張関係である。アメリカには，絶えず大量の移民が移住してきており，こうした移民は多様な前工業的・前近代的文化に根差した「労働慣行」を有していた。そうした労働慣行に共通の特徴は，工場の生産工程が要求する毎日の規則的労働に不適合な点である。アメリカ特有の緊張関係とは，絶えず流入してくる前工業的文化を有する労働者を，工場に適する工業的労働者に仕立てるという，一種の文化的緊張であった。(Gutman〔1976〕を参照)

　テイラーの科学的管理の成立過程を検討する際には，工場内部にとどまらず，こうした社会的・文化的文脈からの考察も必要であろう。

2) このことは，当時の「常識的な労働慣行」を「怠業」とテイラーが名指したことにもうかがえる。当時，多く労働者にとって問題と思われていなかった「自明の」事態を，テイラーは問題化したのである。

3) 高橋俊夫は，多様な科学的管理研究・理解を整理し，その一端として11の研究動向にまとめあげている。それは具体的には，①労働強化説，②労働者作業の「総合的管理」説，③「作業の科学」説，④「課業管理」説，⑤「課業的」管理システム説，⑥「課業管理と組織原理」補完関係説，⑦「標準化原理」説，⑧「互換的な標準化」説，⑨「精神革命」論と科学性（調査と知識），⑩「経営共同体」説，⑪「工場管理機構の合理化」説，である（高橋〔2006〕5-6頁）。

4) Drucker〔1955〕やBraverman〔1974〕を参照のこと。ドラッカーとブレイヴァマンの科学的管理の理解は「計画と執行との分離」という点で共通しているが，ドラッカーが「計画と執行との統合」の可能性を見出す一方で，ブレイヴァマンが資本主義社会下での「計画と執行との統合」の不可能性を主張している点で異なる。

5) 科学的管理の進展に伴う「労働」の変容を，「テイラーの3S」と呼んで表現することがある。ここで「3S」とは，①単純化（simplification），②専門化（specialization），③標準化（standardization）の頭文字をとったものである。科学的管理の進展によって，労働の在り様が単純化，専門化，標準化していったのである。こうした労働の変容という事態を受けて，その後「労働の非人間化・機械化」が問題化していく。

6) 三戸は，「経験から科学へ」のみに注目する「単眼的管理」に比して，「対立から協調へ」と「経験から科学へ」との統合を目指す管理を「複眼的管理」と呼び，経営学の「複眼的管理」への革命を唱える（三戸〔1994〕）。

第 2 章

フォレット経営思想の現代的意義
――「組織社会」における管理――

序　問題の所在

　本章の課題は，M.P.フォレットの経営思想を手がかりに，現代経営（学）の特徴をどのように把握することができるか，そしてまた現代経営学の課題とその解決の方途を検討することにある。

　フォレット経営思想は，経営学説史上ユニークな位置を占めている。フォレットは一方でF.W.テイラーの科学的管理を高く評価し，「作業の科学化」を超えて「管理全般の科学化」――フォレットは「協働の科学」と呼ぶ――を目指すべきと主張している。しかし他方でフォレットは，テイラーの科学的管理が孕む問題性を見出し，「管理全般の科学化」とともに「科学的管理の哲学」の必要性をも主張している。

　今日から顧みればフォレットは，当時の社会がまさに「組織の時代」あるいは「組織社会」として姿を現しつつあったその生成の現場において，新たに現れつつあった組織と個人の関係を根本から問い，管理の意味を問題化した人物のひとりとして位置づけることができる。フォレットは，後にメイヨーが「知識経営 intelligent management」として文明論的に批判した「管理全般の科学化」への道とは異なる経営学および経営実践の展開の可能性を示した最初の人物であったと言えよう。フォレットはまさに時代の分岐点に立っていた。

第1節　フォレット経営思想の時代背景
──「組織社会」の到来とその問題性──

(1) 管理基盤の＜経験から科学へ＞の転回の意義
──＜管理＝組織原理の官僚制化＞──

　第1章で見たようにテイラーは，科学的管理の本質が＜対立から協調へ＞と＜経験から科学へ＞という二本柱からなる精神革命論にあると述べていた（Taylor〔1947〕）。しかしその当時，実際には管理の仕組みである＜経験から科学へ＞の側面ばかりが先行し，＜対立から協調へ＞の側面はまったくといっていいほど展開されていなかった。この＜対立から協調へ＞と＜経験から科学へ＞との統合問題に先鞭をつけたのが，フォレットにほかならなかった（三戸・榎本〔1986〕）。

　労使の＜対立から協調へ＞の関係改善を意図しつつも，管理基盤の＜経験から科学へ＞の転換の過程で生じた重要な変化は，科学的管理によって，従来熟練工が有していた作業にかかわる主観的・経験的な知識が徹底的に客観的・科学的な知識へと転換され「作業の科学化」が遂行された，ということである。ここに見出される作業に関わる客観的・科学的知識は，特定の目標を達成するための「手段としての知識」観に立脚する。

　管理基盤の＜経験から科学へ＞の転換を通じて，作業に関わる客観的・科学的な知識が，計画室に集積され一元的に管理されることとなり，「計画と執行との分離」がもたらされた。この過程で科学的管理は，当時の作業組織において支配的であった熟練工中心の労働者統制を解体し，新たに専門的管理的職業に従事する人々の階層を創出し，組織を官僚制化させていった（Clawson〔1980〕）[1]。「テイラー・システムは，19世紀的生産システムから可能なかぎり主観的なもの，非合理的なものを排除し，新世紀に相応しい『官僚制による事業システム』を提案したのであった」（小笠原〔2004〕199頁）[2]。そもそも「官僚制 bureaucracy」概念は，M. ウェーバー（Max Weber, 1864-1920）が合法的支配の最も純粋な型として提出した概念であるが，ウェーバーは科学的

管理に官僚制的支配の最終的帰結を見出した[3]。

佐藤慶幸は,「合法的・合理的支配としての官僚制を, 伝統的ないしカリスマ的支配の類型から区別する1つの重要な要素は, 専門知識の体系」(佐藤〔1991〕58頁) であって,「官僚制は『知識による支配』であり, 専門知識と専門的訓練とが官僚制のもっとも重要な要素である」(佐藤〔1991〕256-257頁) と指摘する[4]。

小笠原英司は, ウェーバーの官僚制論に則しつつ,「官僚制とは, 形式合理性ないし計算可能性を原理として構造化した近代＝現代に特有の支配様式にほかならない」ものと簡潔に捉える (小笠原〔2004〕201頁)。官僚制的組織の管理＝組織原理は, 形式合理性ないし計算可能性であり, それは「達成すべき目的や価値とは無関係に, ただ手段的過程の論理的一貫性と計算可能性だけに向けられた特殊な意味での合理性」(小笠原〔2004〕204-205頁) を指向する。言い換えれば官僚制的組織の管理＝組織原理は,「所与の目的に対する手段選択と目的遂行過程の論理的かつ技術的整合性を計測するという評価視点」(小笠原〔2004〕205頁) から, 組織的な行為の結果を評価する,「機械と人間を目的合理的に組み上げた規則中心の組織体」(三戸〔2000〕121頁) を出現させることになる。

(2) 「組織社会」の到来とその問題性
―― 時代の要請としての管理の意味 ――

まず指摘しておかなければならないことは, 個々の組織体が官僚制化していくのみならず, 近代＝現代に特有の官僚制的な諸組織間の緊密な相互作用によって現代社会が織り上げられ, われわれの生活は全面的に官僚制的な諸組織に依存せざるを得ない状況を呈するようになる, ということである[5]。そうした時代状況を捉えて「組織の時代」あるいは「組織社会」と呼ぶようになる。

このように科学的管理によって切り開かれた組織社会において, 従来とは異なる組織と個人の新たな関係が生成されてくることになる。それは一方において, 形式合理性ないし計算可能性を原理とする官僚制的組織が,「所与の目的に対する手段選択と目的遂行過程の論理的かつ技術的整合性を計測するという

評価視点」（小笠原〔2004〕205頁）を優越させ，組織貢献者は組織目的達成のために徹底的に手段化（機能化）されることを意味する。しかし他方において組織貢献者は，そもそも各自の個人目的を実現させる手段として組織に貢献する。ここに，組織と個人との間の相克がある。ただし組織社会において個人は組織を離れて生きることはできず，むしろ組織と共に生きることを通じて自身の充実（再主体化）も可能となる。

こうした組織と個人とのジレンマを克服する道としてフォレットは，現に生成されつつあった組織社会における管理の役割として，個人が組織の手段・機能と化しつつも，そのことを通じて各自が新たに主体性を回復する可能性（＝機能化即再主体化）を探ることとなる。フォレットは，機能化即再主体化の問題に応えることを組織社会における管理の役割と捉え，それを自身の基本問題に据える（青柳〔1992a〕93-94頁）。

第2節　フォレット経営思想の歴史的位置
——経営学の分岐点に立って——

(1) フォレット経営思想の文明論的背景
——「建設的対立」の言説から——

フォレットは，科学的管理の進展による組織の官僚制化とその社会的拡がりに伴い，組織社会がまさに現れつつある時代状況を生きた。そこでは，従来と異なる新たな組織と個人との関係が要請する機能化即再主体化の問題に対して，どのように応答するかが問われる。本節はこの問題に対してフォレットがどのように応えたのかを検討する。

フォレットは，この世界を，そこに渦巻く「コンフリクト conflict」を統合することで絶えず創造的に前進しつつある世界と捉え，その創造的前進の動因として「建設的コンフリクト constructive conflict」を指定する。「コンフリクト——すなわち相違 difference——は，現にそれを避けることのできないものとして存在する。だから，むしろそれを利用することを考えなければならない。われわれは，コンフリクトは悪であるとして非難するのではなく，逆にコ

ンフリクトをしてわれわれのためになるように働かせるべきである」とフォレットはいう（Follett〔1941, 2005〕p. 28, 42 頁）。「コンフリクトは…（中略）…相違，すなわち意見の相違，利害の相違が表面に出たもの」（Follett〔1941, 2005〕p. 28, 41 頁）であるが，こうした意見や利害が相違する 2 者間関係（それは個人間，個人と組織間，組織間等の様々な 2 者間関係を想定できる）のコンフリクトへの対処法を，フォレットは 3 つに大別する。それが，「支配 domination」，「妥協 compromise」，「統合 integration」，である。

第 1 の支配は，「一方の側が他方の側を制圧することである」（Follett〔1941, 2005〕p. 29, 43 頁）。支配という方法は，コンフリクトの処理法として最も容易だが，長期的に見ると成功しないのが一般的である。

第 2 に妥協は，「相対する両当事者がそれぞれ相手方にわずかばかり譲歩する」ことである（Follett〔1941, 2005〕p. 29, 43 頁）。妥協はあくまでも次善の策であって，最善の策とは言えない。それは，「妥協ではわれわれは欲望の一部分を放棄している」（Follett〔1941, 2005〕p. 33, 49 頁）ので，「もし妥協だけで終わると，そのコンフリクトが形を変えて将来つぎつぎと現れてくるであろう」（Follett〔1941, 2005〕p. 33, 49 頁）からである。

それに対して第 3 の方法である統合は，「その 2 つの異なった欲望がそれぞれ満たされ，いずれの側も何ひとつ犠牲にする必要のない解決方法」である（Follett〔1941, 2005〕p. 30, 44-45 頁）。統合のためには，既存の発想や価値観，あるいは既存の枠組みや制度などに囚われず，新たな発想や価値観，あるいは新たな枠組みや制度などを創造することが必要となる（Follett〔1941, 2005〕p. 31, 46 頁）。妥協は何も創造しないのに対して，統合は何か新しいものを生み出す（Follett〔1941, 2005〕p. 33, 48-49 頁）[6]。

しかし，たとえ統合を果たしたとしても，そこには新たなコンフリクトが生じてくる。それは，統合を通じて何か新しさがこの世界に加わることで世界自体も変化し，その結果われわれ自身も変化していくという循環的な相互作用を，われわれが世界の内で繰り広げているからである。常に生じてくるコンフリクトを統一化することで，世界に新たな価値が創発され，世界は創造的に前進する。このように「あらゆる社会過程には 3 つの局面がある。すなわち相互作用（interacting），統一化（unifying），創発性（emergence）である」

(Follett〔1941, 2005〕p. 196, 273 頁)。「コンフリクトの統合を通じてコンフリクトがスパイラル（spiral）に高次化することによって全体状況が前進し，経営や社会が進歩し発展する。」(酒井〔1974〕65 頁) のである。

「対立は…（中略）…相違，すなわち意見の相違，利害の相違が表面に出たもの」(Follett〔1941, 2005〕p. 28, 41 頁) であって，そうした欲求（desire）の相違を建設的に処理するには，過去から現在までに累積された欲求によって形成された「人々の習慣-パターン（habit-patterns）を変えない限り，人々自体をほんとうに変えていないことになる」のである (Follett〔1941, 2005〕pp. 49-50, 73-74 頁)[7]。それゆえフォレットは，それらが内包する対立を建設的に処理するために，「企業管理または産業組織は，（人々の間に）ある一定の習慣-パターン，すなわち一定の精神的態度を形成していくべきである」と述べる (Follett〔1941, 2005〕p. 50, 74 頁，括弧内は筆者による)。ここにわれわれは，テイラーの精神革命論（＜対立から協調へ＞と＜経験から科学へ＞）と同型の問題意識を，フォレット学説のなかに見出すことができる。つまり，対立を建設的に処理するためには，人々の間に新たな習慣-パターン・行動パターン・精神的態度を創造する必要がある。そのために重要な要素としてフォレットは，意見・利害の相違する関与者すべてが納得できるような統合を果たすために，その場の状況（the situation）に即する「状況の法則 the law of the situation」を発見する必要があると説く。

(2) 科学的管理の進展とその問題性
―― フォレット人間論の観点から ――

フォレットは，テイラーの時代の状況を次のように述べている。「現在，企業の管理に，科学的方法がますます応用されていることを示す徴候が数多くある。もちろん，まず第 1 に，いわゆる『科学的管理』の発達がある。それはその発展の初期の段階を経て，現在では作業の技法（the technique of operating）のみならず管理の技法（the technique of management）そのものを取り扱い始めた」(Follett〔1941, 2005〕p. 115, 166 頁)[8] と。

フォレットによれば，テイラーは「作業の科学化」に関してあくまでも工学的な接近に終始し，そこに含まれる「産業における人間関係の問題」を看過し

た。そこでフォレットは，「企業経営をもっと科学的にするためにしなければならない最初の事柄のひとつが，人間関係をともなう経営問題に科学的方法を適用すること」(Follett〔1941, 2005〕p. 123, 176 頁) であり，そのためには「テイラー制度で作業員の仕事を分析したとほぼ同じように，管理者の仕事の分析をする」(Follett〔1941, 2005〕p. 123, 176 頁) 必要性を述べている。フォレットは「作業の科学化」を超えて，「管理全般の科学化」を目指したのである。

フォレットが評価する「科学的管理の最大の貢献のひとつは，命令を非人格化する傾向があるということである。」(Follett〔1941, 2005〕p. 57, 84 頁)。「命令が非人格化されれば，専断的な取り扱いに対する作業者たちの不平の多くを，われわれが排除しうる」(Follett〔1949〕p. 23, 53 頁) からである。あくまでも「命令は当該状況の要求である」(Follett〔1949〕p. 23, 52 頁) ので，「命令を与えるということから個人的つながりを取り除き，関係者全部を統合して状況の研究を行い，その状況の法則を発見してその法則に従うこと」(Follett〔1941, 2005〕p. 56, 83 頁) で，組織から恣意性が排除されることになる。

フォレットは，状況の法則を発見することを「命令の非人格化 depersonalizing」と呼ぶが，しかし同時にそのことが「再人格化 repersonalizing」の問題でもあると言う (Follett〔1949〕p. 24, 55 頁)。それは，科学的管理に伴う「命令の非人格化」には，ひとつの重大な問題が潜んでいるからである。それをドラッカーは次のように指摘する。「科学的管理法の第一の盲点は，仕事は，最も単純な要素動作に分解しなければならないがゆえに，それら個々の要素動作の連鎖として仕事を組織し，しかも可能なかぎり一人の人間が１つの要素動作を行うように組織する必要があるという考えだった。…(中略)…それは，行動の原理と分析の原理を混同している。分析することと組み立てることは別である」(Drucker〔1955, 1999〕pp. 275-276, 147-148 頁)[9] と。すなわち科学的管理は，一連の作業を対象化し科学的な分析を通じて作業の非人格化（作業者の交換可能性の確保）を果たしたが，同時に，実際に行動（作業）する人間を具体的な状況から分離してしまったのである。しかし，そのことがなぜ個人の再主体化の問題と関連するのか。

このことを理解するには，フォレットの人間観を検討する必要があろう。およそ個人とは，孤立的・実体的に存在しているのではなく，むしろ様々な相互作用の関係項として常に新しさを加えつつ生成される過程なのである。「唯一の実在体 the only reality は，経験的認識対象である個人と社会の相互浸透化したもの」（Follett〔1918, 1998〕p. 60, 58 頁）であって，「個人と社会はともに永遠に形成し合う無限の相互作用」（Follett〔1918, 1998〕p. 61, 59 頁），換言すれば，個人と社会はともに相互作用の循環（循環的相互作用）を通じて創造的に前進していく過程なのである。こうした循環的相互作用の中から創発されてくるわれわれの「個性」とは，「（諸力を）統一するための能力のことである。人の個性を測る物差しとは，その人が持つ真の対人関係の深さと広さである。関係を持たないということは悪である」（Follett〔1918, 1998〕p. 62, 60 頁，括弧内は筆者による）。以上を踏まえてフォレットは，「個性」を以下のように定義する。

「個性についてのわれわれの定義は，いまや，『全体の中での自分の占める位置を発見すること finding my place in the whole』となるに違いないし，『個人の占める位置』はあなたに個性を与え，『全体』はあなたに社会を与えるが，『個人の占める位置』と『全体』を結びつけることによって，すなわち，『全体の中での私の占める位置』と言うことによって，われわれは有効な統一体 fruitful synthesis になるのである」（Follett〔1918, 1998〕p. 65, 63 頁）。こうした相互作用，すなわち「社会的過程は，完全に自己満足化 Self-sufficing の過程である」（Follett〔1918, 1998〕pp. 69-70, 67-68 頁）。複数人が同時に同じ場所を占めることはできず，自ずと各人の占める位置は他者とは換えの利かない個性的な位置となる。したがって，各人が当該状況から要請される役割も異なってくる。諸個人が全体状況の中で自身を解釈し位置づけ積極的に機能化することができたとき，個性的で自己満足した統一体，つまり個性的な個人となるのである。逆に言えば，われわれ人間は相互に関係を有するが，われわれが相互の関係に意義と価値とを与えるような背景からそれらの関係を抜き出してしまえば，すなわち「全体の中での私の占める位置」を見出し得なければ，結局，それらの関係は健全なものとはなり得ない（Follett〔1941, 2005〕p. 58, 85 頁）。およそ個人とは，状況の法則を介して「全体」の中で「私の占

める位置」を見出し積極的に機能化することで，却って個性的で自己満足した（実りある）統一体として再主体化することが可能となる。

　科学的管理は「命令の非人格化」を促すという意味で大いに評価されるが，労働者個々人を代替可能なものとしてしまう。だからこそフォレットは，「科学的管理の哲学」の必要性を説くのである。「科学的管理の哲学」とはまさに，「分析の原理」を内包しつつも，その上位に「統合の原理」を指導原理として据えることである。

(3)　組織社会におけるプロフェッションと管理

　組織社会における組織と個人との関係において，いかにして機能化即再主体化の問題に応えるのかという問題になったとき，フォレットは経営管理の専門職業（profession）の可能性とその必要性とを論じる。それは，プロフェッションという在り方が，機能化即再主体化の問題に応えるひとつの突破口になりうるからである[10]。

　フォレットは，「プロフェッション profession」という言葉の中には，「科学の基礎 a foundation of science」と「サービスの動機 a motive of service」という意味が含まれているという。「すなわち，プロフェッションは証明済みの知識に基礎を置いており，このような知識は自分自身の目的のためだけというよりはむしろ，他者のためのサービスに用いられる」（Follett〔1941, 2005〕p. 115, 165頁）。

　まず，プロフェッションの「科学の基礎」についてフォレットは，テイラーの「作業の科学化」を超えて「管理全般の科学化」を指向していることを既に確認した。これまでのところ「企業の神秘性は，事実上，経営管理の方法に関する知識が着々と増大するにつれて消えつつあり」（Follett〔1941, 2005〕p. 119, 171頁），今後ますます，経営管理を科学的基礎つまり科学的専門知識に基づかせる必要があると，フォレットは述べている。（Follett〔1941, 2005〕p. 127, 181頁）[11]。

　また，プロフェッションの「サービスの動機」についてフォレットは，それは「他者への奉仕」よりももっと深遠な意味があるという。それは「機能 function」である。「ビジネスマンは，彼の仕事（work）は社会の必要な機

能のひとつであると考え，また他の人々も必要な機能を行っていて，全体がまとまって健全で健康な有用な社会をつくっていると認識すべきである」(Follett〔1941, 2005〕pp. 131-132, 187頁）と。

　以上を踏まえフォレットは，プロフェッションを次のように仮定する (Follett〔1941, 2005〕p. 132, 188頁）。第1にプロフェッションとは，単に私的な利益のみに対してではなく，社会的に必要な機能のひとつとして行われる。第2にプロフェッションとは，一般に証明されかつ体系的な知識の集合の応用である。そして，それはさらに科学とサービスの二重の基礎，すなわち，「相互に与え合うサービス reciprocal services」に基づくものである。

　その上でフォレットは，「ひとつの職業 an occupation」がプロフェッションと見なされ，さらにはプロフェッションの意識を支え発展させるものとして，次のような意味も含まれるという。それは，①「仕事に対する愛情 love of the work」，②「よくできた仕事に対する満足 satisfaction in work well done」，である。さらにフォレットは，所属する組織の標準とは異なるプロフェッションの標準を確保するために，組織外に準拠集団（同業者によって構成される団体 association）が存在することを，プロフェッションの要件のひとつとして挙げる。組織外の準拠集団が存在することで，プロフェッションの標準の維持，公衆への教育，そして標準のさらなる発展も可能となる。

　フォレットは「プロフェッション」という在り方に，機能化即再主体化の問題を取り込んでいる。まず機能化の側面としてフォレットは，プロフェッションの基礎として科学的専門知識と「他者への奉仕」を指向する機能を据える。これはテイラーが言う，＜経験から科学へ＞と＜対立から協調へ＞にそれぞれ対応している。また「全体の中での私の占める位置・役割」を各自が解釈し機能化するとともに，フォレットは仕事に対する愛情とよくできた仕事に対する満足を得ることで却って各自が再主体化することも可能となる要素を盛り込んでいる。フォレットは，仕事の客観的・機能的側面と主観的側面とを統合することによって，組織社会における新たな組織と個人の関係性を探ったのではなかろうか。その突破口が，プロフェッションという＜仕事＞の在り方なのではないか。

　しかも，特に経営管理に関わるプロフェッションの可能性と必要性について

フォレットは,「人々は他のあらゆるプロフェッションに対するのと同じように真剣になって，この（経営管理という）プロフェッションに対してもみずから準備しなければならない。すなわち…（中略）…重大な責任をとりつつあること，彼ら（専門経営者）は社会の大きな機能のひとつで，創造的な役割を果たさなければならないということである」（Follett〔1941, 2005〕p. 129, 184 頁）と述べている。それは経営者が，企業のような機能的統一体（functional unity）において，「関係当事者すべての利害を統合する者」として社会的な機能を果たしうるからである（Follett〔1941, 2005〕p. 90, 129 頁）。

第3節　フォレット経営思想の現代的意義
──「開かれた協働」のために──

(1) 官僚制とプロフェッション
──＜仕事の原理＞の相克──

　フォレットは組織の官僚制化が進行しつつあった時代状況下で，新たな組織と個人との関係性の問題すなわち機能化即再主体化の問題に応えようとした最初の人物である。その突破口として彼女は，われわれ一人ひとりが「プロフェッション」を生きる生き方・在り方に，さらには機能的統一体である企業を経営管理する専門経営者（プロフェッショナル・マネジャー）の在り方に着目した。

　先に，官僚制は「知識による支配」を重要な特徴とすると述べたが，佐藤が「ウェーバーがいうところの専門知識，専門的訓練，そしてそれに基づく官僚というのは，プロフェッショナルの原理に基づいて意思決定し行動する人間ではなくて，あくまでも官僚制の原理に基づいて行動する人間である」ことに注意を喚起している点は重要である（佐藤〔1991〕257 頁；傍点は筆者による）。

　それは，「ウェーバーの官僚制理論の中核は『経営(ベトリープ)』にあり，合法的・合理的支配が伝統的ないしカリスマ的支配と基本的に異なるのは，この経営に関する知識の必要性の増大である。すなわち，経営に関する専門知識と専門的訓練こそ，ウェーバーの官僚制理論の中核をなす。…（中略）…官僚制の原理という

のは経営の原理であり，それはプロフェッショナルの原理とは根本的に異なり，両者間の知識の形態も本質的に異なるのである」（佐藤〔1991〕257頁）。ここに，官僚制とプロフェッショナリズムとの組織緊張の問題が生じる[12]。それは，官僚の権威とプロフェッショナルの権威との間に，その権威の源泉において本質的な差異があるからである。官僚の権威が法律あるいは規則に基づき，官僚の行動は彼の組織目的に沿って為されるのに対して，他方でプロフェッショナルの権威は専門技術的知識そのものに基づくものであり，彼の行動は職業倫理に基づいて為されることに起因する（佐藤〔1991〕258-259頁）。

ウェーバー官僚制論に拠れば，そもそも当時大量に創出されつつあった専門経営者・管理者は「官僚」であって，決してプロフェッショナルではない[13]。この点でフォレットが，官僚制の原理を行為準則とする専門経営者・管理者を，いかにしてプロフェッショナルの原理を行為準則とする専門経営者・管理者へと発展させるのか，という問題関心を抱いていたと見ることもできよう[14]。

また，専門経営者・管理者あるいはその他の人々がプロフェッショナルであったとしても，プロフェッショナルが官僚制化された組織に組み込まれるとき，準拠集団の指向性の相違から，諸個人は自己の「役割葛藤 role conflict」を経験する（佐藤〔1991〕259頁）。例えば，医師の「患者という準拠集団への志向性」と「当局という準拠集団への志向性」との相違から，一方ではプロフェッショナルの原理に基づいて活動することが要請されるのに対し，他方では官僚制の原理に基づいて活動することが要請される。

こうした問題をどのように統合するかが，組織社会における「機能化即再主体化」の管理を実現させるために避けて通れない。それは，「管理全般の科学化」を通じてプロフェッションの科学的基礎を豊かにすることはできても，そのことが必ずしもプロフェッションのもうひとつの基礎である「他者を指向する」機能という基礎を豊かにすることにはつながらないからである。その結果，形式合理性を管理＝組織原理とする官僚制的組織に組み込まれたプロフェッショナルは，当該個人にとって「組織という他者へのサービス」（官僚制の原理）を優越させ，「社会という他者へのサービス」（プロフェッショナルの原理）を看過することにもなりかねない。

こうした事態を本書では,「プロフェッショナルの官僚制原理への包摂」と呼んでおく。こうした事態に対処し,組織社会における機能化即再主体化を可能とするためにフォレットは,「科学的管理の哲学」の必要性を指摘したのである。

　ただし,ここまでの考察はフォレットが生きた時代状況を前提としたものである。本章の課題は,フォレット経営思想を手がかりに,現代経営（学）の特徴をどのように把握可能であるか検討することにある。以上で考察してきた議論が,現代を生きるわれわれに問いかけるものは何であろうか。それを以下において検討するが,その際の論点は少なくとも2つあろう。

　ひとつは＜官僚制問題＞である。20世紀に切り開かれてきた「組織社会」は確かに官僚制的組織を念頭に置いたものであった。しかし今日,「官僚制」という言葉自体があまり聞かれない。＜官僚制問題＞は過去のものとして,既に克服されたのであろうか。フォレットが官僚制的組織を念頭に置いていたと考えられる以上,この問題を検討する必要がある。

　もうひとつは＜仕事＞の有り様の変化である。フォレットが見た＜仕事＞の有り様とは,まさにテイラーからフォードへと連なり,後に「労働の非人間化・機械化」と呼ばれる＜仕事＞の有り様の時代であった。しかしその後,「労働の人間化」に向けて様々な施策が実施され,フォレットの時代とは隔世の感を禁じ得ない。

　少なくともこの2つの論点の考察を抜きにして,現代経営（学）に対するフォレット経営思想の意義を語ることはできないであろう。

(2)　＜官僚制問題＞の現代性

　この問題自体が大きなテーマとなるが,本章では,長年＜官僚制問題＞を検討し,その現代性を論じている小笠原英司の議論を手がかりとする（小笠原〔2004〕）。

　小笠原は＜官僚制問題＞について以下のように述べている。「どういうことであろうか,近年はほとんど『官僚制』という言葉すら聞かれない。かつての議論は流行(はやり)であったのか,それともわれわれの知らぬ間に『官僚制の時代』は克服され,終焉を迎えたのか。おそらくは,そうではあるまい。『官僚制』は

それほど軟弱ではない。おそらくそれは，経営学の『発展』の中でより『モダン』な形で議論され，あるいは専門特化した問題として『精緻化』され，あるいは無自覚になるほどに官僚制の浸透が，経営体をこえて社会の隅々にまで，『現代化』して『日常化』したゆえと考えられる」と（小笠原〔2004〕199頁）。

　小笠原は＜官僚制問題＞を，「『達成すべき目的や価値とは無関係に，ただ手段的過程の論理的一貫性と計算可能性だけに向けられた特殊な意味での合理性』としての形式合理性は，歴史的には一定の積極的意義をはたしながら，同時に，近代に特徴的な非合理性をうみださざるをえないという問題である」と把握する（小笠原〔2004〕204-205頁）。それは端的に言って，「形式合理的行為とそれが生み出す非合理性」（＝合理性の非合理性）という問題である。

　小笠原はこうした＜官僚制問題＞を，①「組織それ自体の問題としての＜官僚制問題＞」，②「組織内個人に対する＜官僚制問題＞」，③「組織の外部に対する＜官僚制問題＞」の3つに分類する（小笠原〔2004〕208-220頁）。以下において，小笠原の議論を要約する。

　まず第1の「組織それ自体の問題としての＜官僚制問題＞」とは，組織体の「組織の論理」による，組織存続の方策を探求する上で問題化してくる官僚制の「逆機能 dysfunction」の克服（＝機能化）を問題とする。この問題への取り組みは経営学に顕著であって，それは今日，「脱官僚制——実は柔官僚制への再編成——」を指向している。そしてこの脱官僚制（官僚制の柔軟化）の道は，① 形式主義，権限主義，部門主義，専門主義といった官僚制の編成原理そのものに関わる官僚主義を克服するための脱官僚制方策と，② 人間化を機能化の手段として組み込む方向，に分かれる。前者の道が，プロジェクト・チーム制，課制廃止，横断人事，手続きの簡素化などを推進する道であり，後者の道が，参加，分権，目標による管理，職務拡大，職務充実，民主的リーダーシップなどを推進する道である。

　「組織の論理」を基本視座にする上述の第1の＜官僚制問題＞に対し，以下に述べる第2・第3の＜官僚制問題＞は，「人間の論理」を基本視座にするという意味で反官僚制の問題性である。

　第2の「組織内個人に対する＜官僚制問題＞」とは，官僚制の人間に対する

抑圧性——没個人性，反人間性——を問題とする。

　第3の「組織の外部に対する＜官僚制問題＞」とは，「大規模経営システムの＜官僚制問題＞は，単にその内部が官僚制的であることの問題性にとどまらず，そのことが経営システムの外部にまで自己の官僚性を拡大し，さらにはその圧倒的経済力と組織力とを基盤として，経営体の外部をも自己の支配下に置こうとする大規模産業官僚制システムの志向性」を問題とする（小笠原〔2004〕220頁）。

　こうした，小笠原が指摘する「組織の外部に対する＜官僚制問題＞」と共通する議論として，G. リッツァ（George Ritzer）のそれを挙げることができる。リッツァは，①効率性，②計算可能性，③予測可能性，④非人間的な科学技術による制御を特徴とする合理性が，現代社会に広く深く浸透してきており，しかもこうした合理性が非合理な結果をもたらす「合理性の非合理性」を問題としている（Ritzer〔2004〕）。

　確かに，組織図として表現可能な管理＝組織機構としての官僚制的組織形態は様々な変容を遂げ，一見するとウェーバーやフォレットが生きた時代と現代との間では協働の風景が異なるであろう。しかしその深層では，依然として管理＝組織原理がさらなる精緻化を遂げ姿を変えつつ貫徹していると言えまいか。知識社会としての現代社会において，＜官僚制問題＞はより深く浸透しつつあるのではないか。そうした「合理性の非合理性」が浸透しつつある現代社会に，ドラッカーが知識社会に固有の政治的決定，つまり「知識の生産性に関する道徳的意思決定」の問題を見出したのも，この「合理性の非合理性」が浸透しつつある現代社会の状況を反映していると言えよう。

(3) 「仕事の脱魔術化」の現代的位相
——「閉じられたプロフェッション」の危険性——

　次に，科学的管理以来の＜仕事＞の有り様の変化について概観する。

　F. J. レスリスバーガー（Fritz Jules Roethlisberger, 1898-1974）は，近代経営（modern management）によって，＜仕事＞の有り様が変化してきた事態を，「仕事の脱魔術化 divorce magic from work」（Roethlisberger〔1941〕p.52, 62頁）として，次のように述べている。「各々の職務（job）は，

それ自身の社会的価値と，その社会的等級内での社会的地位とをもっている」(Roethlisberger〔1941〕p. 65, 76 頁)。「いかなる経済活動もその基盤である社会組織との関連なしに，たんにそれ自身を別個のものとして取り扱うことはできない。…(中略)…その社会組織を表現する一連の信念や態度といった背景から切り離しては十分に理解し得ない」(Roethlisberger〔1941〕p. 65, 75 頁)。しかし，「産業の世界においては，経済的問題をあらゆる社会的相互関連から切り離し，経済的問題の解決には人間組織のいかなる側面をも考慮する必要がないと信ずる傾向がある」(Roethlisberger〔1941〕pp. 53-54, 64 頁)。

およそ仕事というものは，社会的な価値体系・文脈すなわち全体状況の中に位置づけられることで固有の位置価を見出すにもかかわらず，ドラッカーによる「科学的管理の第一の盲点」としてすでに述べたように，近代経営は仕事をそうした「社会という全体状況」から抜き出し，仕事が本来持っていた社会的意味を解体させ，経済的価値一色に染め上げた。その結果，「全体の中での仕事の位置づけ」を見出せない諸個人は，仕事の遂行を通じて個人的意味・意義や充足感を得ることが困難となる。これが「労働の非人間化」と呼ばれ，近代経営によってもたらされた「仕事の脱魔術化」という事態の帰結である[15]。

経営学はその後，こうした「労働の非人間化」の克服を目指し，「労働の人間化」に向けて様々な施策を行ってきた。それは端的には，「組織という全体状況」における仕事の位置づけを介して，仕事の個人的意味を回復することであった。それが，小笠原も指摘したような「人間化を機能化の手段として組み込む」道である[16]。

少なくとも「仕事の意味」は，＜社会的意味－組織的意味－個人的意味＞といった重層性の中から現れてくると考えられるであろう[17]。「仕事の脱魔術化」は，組織的文脈への仕事の埋め込みを通じて，一応，「仕事の個人的意味」を回復させたかに見える。しかしそれはあくまでも組織目的達成のための手段として，仕事の組織的意味・文脈（組織状況）との関連づけで仕事の個人的意味を回復させるにとどまり，仕事の社会的意味（社会状況）との関連づけは等閑に付されてはいまいか。それはあたかも，「仕事の再魔術化」である。

現代においても，依然として組織の官僚制化は進行している。もはや管理＝組織機構は脱官僚制化あるいは柔官僚制化しているように見えるが，依然とし

て形式合理性を特徴とする官僚制の管理＝組織原理が貫徹している。官僚制の原理に基づいた組織の中で諸個人は，その組織状況の中での仕事の位置づけ・意味づけを解釈し，そこに仕事の個人的意味・意義を見出し，自己充足するような事態になっていないだろうか。

　あたかもそれは，フォレットが目指した「機能化即再主体化」の実現のようである。あるいはその方向が現実化しつつあるようにも見える。しかしそれは依然として，官僚制化された組織にプロフェッションが組み込まれてくるという事態（プロフェッショナルの官僚制原理への包摂）ではあるまいか[18]。それは依然として，当該個人にとって「社会という他者へのサービス」（プロフェッショナルの原理）を看過し，より限定された範囲に留まる「組織という他者へのサービス」（官僚制の原理）を優越させるという「閉じられたプロフェッショナル」の危険性を孕んではいまいか。その意味で，フォレットが目指した「機能化即再主体化」の問題は，「組織状況における私の占める位置」を見出すことに拠る自己実現へと矮小化される危険性を孕んでいる。

章結　まとめと課題

　以上本章では，現代経営（学）を問うためのフォレット経営思想の可能性を検討してきた。

　フォレットは「命令の非人格化」という点で科学的管理を高く評価していたが，反面，「再主体化」という点で「科学的管理の哲学」の必要性を見ていた。それは，仕事や諸個人を全体状況と統合することを意味する。しかし，そもそも「全体状況」をどのようなものとして認知・解釈するのかという点に，根本的な問題がある。そこには当該主体の関心・配慮が深く関わるからである。そもそもどこまでを「全体として」想定するのか，それによって状況の法則も変わってこよう。

　村田晴夫は，最広義の管理を「全体性の意味を定め，個の意味と全体の意味とを調和させることである」と定義する（村田〔1984〕12頁）。その上で村田は管理を，「所与の目的から全体性の意味を定め，目的合理的に意味を分与す

ることによって，全体の意味と個の意味の調和をはかる」機械論的管理と，「全体性の意味の定め方自体を問題とする」有機体論的管理とに分類する（村田〔1984〕12-13頁）。この，管理の二分類に従えば，科学的管理や形式合理性を管理＝組織原理とする官僚制的組織はまさに機械論的管理に分類されよう。他方でフォレットの経営思想は有機体論的管理に分類されよう。フォレットは，「状況の法則」を介して，「＜全体の意味＞の中へ＜個の意味＞を位置づけ」統合することで機能化即再主体化を目指した。フォレットが言う「状況の法則」とは，状況は絶対に静止的なものではなく動態的であり，組織貢献者がそれぞれの恣意性に基づかないプロフェッショナルの立場から状況を認知・解釈し，その全体性の意味を確定していく必要性を説く[19]。組織社会としての現代社会における管理には，機能化即再主体化の実現が要請されよう。その突破口としてプロフェッショナルの在り方が，しかもとりわけ専門経営者（プロフェッショナル・マネジャー）の在り方が問われる。

　しかし官僚制化された組織において，全体性の意味は「組織という他者へのサービス」として所与化される。そしてその実現のためにプロフェッショナルも機能化することとなる。そうした「閉じられたプロフェッショナル」の危険性が，今日でも様々な事件・事故・不祥事を通じて散見される。いままさに要請されていることは，「全体性の意味の定め方自体を問題とする」有機体論的管理ではなかろうか。それをフォレットは，状況の法則を見出すこととして論じた。組織も一個の機能的統一体であって，その意味では組織を取り巻く全体状況（社会状況）の中でその位置づけを見出す必要がある。組織の経営管理機能を担う専門経営者には特に，「全体の中における組織の位置づけ」を見出すことが要請されよう。そこに，フォレットが指摘する「科学的管理の哲学」が要請される意味がある。それは常に「全体性の意味の定め方自体を問題とする」ことを要請する。

　しかし，フォレット以後の現代経営学あるいは現代経営の展開は，フォレットが唱えた科学的管理と「科学的管理の哲学」とを両輪に据えたものではなかった。むしろそれは科学的管理の延長線上で，所与としての組織目的に対する手段選択と目的遂行過程の論理的かつ技術的整合性をさらに精緻化させていった。その中にプロフェッションも包摂された。今日改めて，フォレットが

提起した「科学的管理の哲学」の充実化という視点が求められるのではないか。それをどのように構想し具体化するか，その解決の方途については，第2部で改めて検討する。その手がかりとして，フォレット経営思想をその哲学的・方法論的基盤にまで掘り下げて考察する必要があろう。

注
1) D. クロースン (Dan Clawson) は，科学的管理に伴う組織の変容を，クラフト的生産 (craft production) から官僚制的生産 (bureaucratic production) への移行として捉えている (Clawson [1980] p.30, 21頁)。クロースンは，クラフト的生産と官僚制的生産を，それぞれ以下のように定義する。「クラフト的生産では，製品の生産方法についての基本的決定のほとんどあるいはすべては，実際にその製品の生産に自ら直接関係する人々によって行われる。官僚制的生産では，これらの決定は作業集団に属さない人々によって行われる」(Clawson [1980] p.30, 21頁) と。
2) 今井斉も，科学的管理と官僚制との関連について，次のように述べている。「管理の発展とは結局，集権化の進展を意味する (少なくとも体系的管理と科学的管理については)，と言えよう。しかも，この集権化は，1. 企業の諸部門の明確な規定 (類似の作業や職能を1つの部門に集める)，2. 各部門の職務と企業全体との関係の明確な規定，3. 責任の明確な規定，を伴っている点で官僚制と類似性を持ち，『管理職能の官僚制化』とも呼べる性格を持つのである。いわば，それは管理の制度化である。」(今井 [2004] 100頁) と。

また，小笠原英司は官僚制の特徴を以下のようにまとめている (小笠原 [2004] 200-201頁)。第1に，官僚制とは官僚 (＝管理スタッフ) による支配 (＝管理行為) の代理行使体制にほかならない。第2に，官僚制の理念型概念をウェーバーが示した官僚制の諸原則として理解できる。それは①職務・権限対応の原則，②階層制の原則，③専門主義の原則，④非人格化の原則からなり，これらの諸原則を包括する基本原則として⑤規則中心の原則がある。第3に，官僚制の根本原理は「形式合理性」である。…(中略)…規則中心の原則を上位原則として成立する官僚制の指導原理は，形式的自由と平等の理念をタテマエとし，計算可能性を本質とする形式合理性である。第4に，官僚制の技術的長所と官僚主義的機能障害とは表裏一体をなすものとして統一的に把握すべきものである。
3) 官僚制的支配における「経営規律は完全に合理的な基礎にもとづいており，最善の収益をあげるにはいかにすればよいかという見地から，何らかの物的生産手段と同様に個々の労働者をも，ますます，適当な測定手段を利用することによって，計測するようになっている。この原則に基づいた・労働給付の合理的な調教と習練とが，最高の勝利を納めているのは，周知のごとく，アメリカ式の『科学的管理』方式 (System des "scientific management") においてであり，この方式は，右の点では，経営の機械化と規律化との最終的帰結を実現している」(Weber [1956] S.695, 訳書『支配の社会学I』37頁訳注5) と。
4) ウェーバー自身も，「官僚制的行政が優越する重要な手段こそは，専門知識 (Fachwissen) にほかならないのであって，財貨生産の近代的な技術と経済的な運営の結果，専門知識はまったくなくてはならないものとなっている。このことは，財貨の生産が資本主義的に組織されていようと，社会主義的に組織されていようと，それには全然かかわりのないことである」と述べている (Weber [1956] S.128, 訳書『権力と支配』14頁)。
5) ウェーバー自身が官僚制化の進展を次のように述べている。「決定的なことは，継続的な仕事が，主として，また次第に多く，官僚制的な力によっておこなわれる，ということである。とり

わけ，近代国家の全発展史は，近代的な官吏制度と官僚制的経営との歴史に帰着し，同様に，近代的な高度資本主義の全発展は，経済経営の官僚制化の進展と一致する。官僚制的支配形態の役割は，いたるところで増大しているのである」（Weber〔1956〕S. 552, 訳書『支配の社会学Ⅰ』35頁）と。
6) こうしたフォレットの「統合」という発想が，後のC. I. バーナードの「新たな道徳性の創造」を中核とする創造的管理論へとつながっていく。
7) こうした人々の習慣-パターンを形成するものこそが，われわれの過去の生活，若い時に受けた訓練，それ以後の経験，われわれのいろいろの感情すべて，信条，偏見，われわれのもつすべての欲求等である（Follett〔1941, 2005〕p. 49, 73 頁）。
8) この記述の初出は1925年であるが，その他の徴候としてフォレットは，次の2つに言及している。① 管理の専門化，すなわち，管理の「機能化」と呼ばれるものの方向に進む傾向がますます強くなってきていること，② 専断的な権限の減少であって，それは問題になっている事柄について最も多くの知識をもち，そしてその知識を適用するのに最も熟練した人に権限を与えること，である。（Follett〔1941, 2005〕pp. 115-116, 166 頁）
9) ドラッカーは科学的管理の第2の盲点として，「計画と執行との分離」を挙げる（Drucker〔1955, 1999〕p. 277, 150 頁）。
10) 以下でこの問題を検討するに当たり，杉田博〔2001〕から多くの示唆を得た。
11) フォレットは科学を，「体系的な観察，実験，論証によって得た知識，整合され，整理され，体系づけられた知識である」と定義している（Follett〔1941, 2005〕p. 121, 174 頁）。
12) ただし，当然官僚とプロフェッショナルとの間の共通点も多々あり，それを佐藤は以下のようにまとめている（佐藤〔1991〕268 頁脚注32）。① 個々の取り扱う事象においては，個人的な考えとは独立した普遍主義的基準によって決定がなされること，すなわち，インパーソナルで私情をいれない合理的な判断がなされること。② ともに技術的訓練にもとづく専門化された権限によって特徴づけられ，かつ官僚の権威にせよ，プロフェッショナルの権威にせよ，専門的な領域に限定されること。③ 官僚の地位もプロフェッショナルの地位もともに業績主義の基準によって評価され，生得的ではなくて獲得的であること，などの点が挙げられる。
13) この点に関し小笠原英司教授から，研究会においてウェーバー官僚論とフォレットの問題関心の違いを，あるいはさらにウェーバー官僚制論とアメリカにおける経営教育の問題関心の違いについて指摘を受けた。それは，フォレットを含めアメリカにおいては経営教育として「プロフェッショナル・マネジャーの育成」に非常に大きな関心がある，という点である。
14) そのことは，"HOW MUST BUSINESS MANAGEMENT DEVELOP IN ORDER TO POSSESS THE ESSENTIALS OF A PROFESSION?" や "HOW MUST BUSINESS MANAGEMENT DEVELOP IN ORDER TO BECOME A PROFESSION" という論文タイトルからもはっきりと判る（Follett〔1941, 2005〕）。
15) この「仕事の脱魔術化」については，第6章で改めて論じる。
16) 三戸公も，現代社会においても依然として官僚制が貫徹していると見ている。「官僚制組織における諸個人に与えられた拡大しつつある自主性・自律性・自由そして組織の弾力性は，そこにおける人間が官僚制組織に抗して獲得したものではない。組織の本性である組織維持と機能性が強制労働よりも自発的労働を指向したからである。知識労働が肉体労働よりも重要となり，知識労働の生産性に組織の存続は左右されるようになり，知識労働は強制労働では生産性を発揮することが出来ず，可能な限り自律性・自主性を賦与することが機能性を発揮するからである。奪い取った自由であれ，与えられた自由であれ，自由は自由である。だが，組織が与えた自由はあくまでも限定的な自由であり，無制限・無限定の自由ではない。すなわち，組織が与える自由は組織の存続，機能性の発揮のかぎりにおける自由である」（三戸〔2000〕130 頁）。

17) 村田晴夫は，意味の文明論的階層構造を論じている（村田〔2000〕）。その議論を＜仕事の意味＞に引き寄せて，次のような指摘をしている。「社会的日常性における存在の意味は，この文化的主観的な『深い意味』と，体系的・合理的で客観的な『分析的意味』との合成として現れる。仕事の意味という観点からこれを言えば，職務として規定された合理的な枠組みの中での『分析的意味』がある。そこでもつねに『深い意味』が関与する。…（中略）…（しかし）近代文明の進展においては，深い意味の階層における深層の意味は仕事には直接関係しないことが，普通のことになっていったのである。意味の階層の分化が進むのが近代文明の特色である。深い意味は後方へ追いやられ，浅い意味が前面に出てくる。そしてその分化した意味が分業によって担われていくようになる」と（村田〔2000〕127-128頁）。本書における＜仕事の意味＞の考察は，まだ非常に素朴な印象の域を出ていない。今後，村田のような議論を踏まえ，もっと精錬させていきたい。ただ，現段階において＜仕事 work＞と＜職務 job＞とを概念的に区別する際，＜仕事＞は本来＜社会的意味－組織的意味－個人的意味＞の階層構造から重層的に意味を生成するのに対して，＜職務＞は＜仕事＞から体系的・合理的で客観的な「分析的意味」を抽出して＜組織的意味＞として再構成したものであると，考えることができるかもしれない。

18) 学会報告（日本経営教育学会第54回大会・自由論題報告，2006年10月29日）の際に松本芳男教授から重要な問題提起を受けた。それは，本章で述べている「プロフェッショナルの官僚制原理への包摂」という事態とG.ホフステード（Geert Hofstede）が言う「専門的官僚制 professional bureaucracy」概念との異同あるいは関連性に関わる問題提起である（Hofstede & Hofstede〔2005〕p.255）。例えばホフステードは，フランスに典型的に見られる「完全な官僚制 full bureaucracy」やドイツに典型的に見られる「専門的官僚制」というように，官僚制組織形態に多様性を持たせている。ここから少なくとも，①筆者が述べる「プロフェッショナルの官僚制原理への包摂」という事態と「専門的官僚制」概念は同じ事態を指すのか，あるいはそれとも②一面における多様な文化的背景に由来する官僚制組織形態の多様性と，しかし他面における現代社会に広く深く侵透しつつある「プロフェッショナルの官僚制原理への包摂」という事態の連続性を意味するのか，という問いを立てることができる。

19) 集団において状況の法則を発見する際には固有の困難さが伴う。それは，諸個人それぞれの立場によりその位置づけ・解釈が異なりうるからである。「私（フォレット）が提唱している方法では，同じように意見の不一致が生じる余地が十分にある。しかも，同一の状況が別の角度から観察されることが多く，また別の形で解釈されることが多くなる。しかし，われわれはどうすればよいかを知るようになり，またその状況を取り扱う方法を発見したことになるであろう」（Follett〔1941, 2005〕p.58, 85頁）。

第3章

メイヨー文明論の現代的意義
――「知識経営」の台頭――

序　問題の所在

　繰り返し述べたように，テイラーは，労使の「対立から協調へ」を実現させるために「課業 task」の科学的分析を行い，「作業の科学化」を図った。これは，管理の基盤の「経験から科学へ」の転換を，換言すれば，熟練労働者に内在する課業に関わる主観的・経験的知識の客観的・科学的知識への転換を意味する。そしてこのように集成された客観的・科学的知識は，計画室によって一元的に管理された。その後の経営学の展開は，テイラーの「作業の科学化」にとどまらず，前章において見たように，「管理全般の科学化」へと進展していった。それは，管理全般に関わる主観的・経験的知識の客観的・科学的知識への全面的転換の推進を意味するものであった。こうした事態をG. E. メイヨーは，「知識経営 intelligent management」化の流れと捉え，文明論的視角から批判している（Mayo〔1945〕pp. 10-11, 13頁）。本章では，メイヨー文明論の観点から「管理全般の科学化」の意味を考察し，そこに潜む問題性を浮かび上がらせることを目指す。

第1節　メイヨー文明論の思想基盤
――W. ジェイムズ知識論を手がかりにして――

(1) 現代哲学としてのプラグマティズム

　メイヨーは，当時進展しつつあった経営学の潮流を知識経営化の進展と捉え

ている。その際メイヨーは，プラグマティズムの代表格である W. ジェイムズ（William James, 1842-1910）から「具体的知識 knowledge of acquaintance」および「抽象的知識 knowledge about」という概念を援用しつつ文明論を展開している。

周知のようにジェイムズは，C. S. パース（Charles Sanders Peirce, 1839-1914）やJ. デューイ（John Dewey, 1859-1952）とともに，アメリカに固有の哲学，プラグマティズムの代表者として挙げられる人物である。村田晴夫はプラグマティズムと経営学との関連について，プラグマティズムはアメリカの思想の基層として生きているのであるから，その「思想の基盤を含めて経営学の方法論史が検討されねばならない」（村田〔1999b〕177頁）と述べている。また，メイヨー文明論を支える「具体的知識」と「抽象的知識」という概念が，ジェイムズに由来することを考えあわせれば，本章においてプラグマティズムに，とりわけジェイムズに言及することは不可避である[1]。

ただしこの際，経営学においてプラグマティズムを研究する上での困難が存在する。それは，三井泉が指摘しているように，プラグマティズムに対する誤解である。すなわち，「アメリカ経営学の特色をプラグマティズムとする見解は珍しくない。しかしその多くは，理論が実践的要求から生れ問題解決的な性格を有していることから，その特質を『プラグマティズム』と名づけてきた。これは理論を現実に適用する際の『プラグマティック』（実用的）な性格を示しており，理論そのものの性格としての『プラグマティズム』を意味してはいない」（三井〔1995〕140頁）。以下では，アメリカ経営学を理論的に特徴づける思想基盤としての「プラグマティズム」を概観する。

上山春平は，西欧の現代哲学——マルクス主義，実存主義，分析哲学——に対応して，プラグマティズムに3つの顔があると述べている。すなわち，「マルクス主義を特徴づけている社会性ないし政治性の契機はデューイによって代表され，実存主義の主体性ないし宗教性の契機はジェイムズによって，分析哲学の論理性ないし科学性の契機はパースによって代表されている」（上山〔1980〕8頁）。ここで上山の言う「現代哲学」とは，「19世紀の西欧社会をゆさぶった『産業革命』をきっかけとする根深い社会変革に対応する思想変革の産物にほかならない」（上山〔1980〕7頁）。そうした変革の産物としての現代

哲学が，西欧ではマルクス主義，実存主義，分析哲学であり，アメリカではプラグマティズムであった。

上山はプラグマティズムを特徴づけるために，プラグマティズムの前史に言及する。それによれば，「アメリカは南北戦争の前後を通じて強力に推進された産業革命に伴う激しい社会変動のもとで，『ピュリタニズムの世俗化』というアメリカ思想史の独自な中心的課題とまともに取り組むことによって形づくられた」（上山〔1980〕12頁）と言う。「ピュリタニズムの世俗化」の要請は，「産業の発達に伴って，かたくななピュリタン的論理と産業活動によって要求される新しい行動様式との矛盾が激しくなり，新興のブルジョワジーはピュリタン的教義のきびしい枠をゆるめる必要を痛感するようになった」（上山〔1980〕12-13頁）ことに由来する。この「ピュリタニズムの世俗化」というアメリカに固有な思想課題に対して，ひとつの根本的な解決策を提出したものこそがプラグマティズムであった。

このような背景を有するプラグマティズムの特徴として，上山は，「宗教と科学を矛盾するものとしてでなく，むしろ，相互にたすけあうべきものとしてとらえた点」（上山〔1980〕13頁）を指摘する[2]。換言すれば，それは実践と理論との統合とも言えよう。村田もプラグマティズムの特徴を，次のように述べている。すなわち，「こうしたプラグマティズムの思想基盤は理論と実践を不可分のものにするのはむしろ当然であろう。認識するものとされるものという西欧的客観性の追求はもはやここにはない。主観と客観あるいは主体と客体の二分法に立脚するのではなく，それらを統合したところにプラグマティズムの特徴がある」（村田〔1999b〕177頁）と[3]。以下ではプラグマティズムの，とりわけジェイムズの「知識」観について概観する。

(2) W. ジェイムズの「根本的経験論」
──その基本概念──

ジェイムズは『根本的経験論』の中で，従来哲学史全体を通じて，「知るものknower」と「知られるものknown」との関係について，「主観とその客観とは絶対的に不連続的な存在として取り扱われてきた」（James〔1912, 1958〕p.52, 53頁）ことを指摘する。こうした事態を村田は「西欧的客観性の追求」

と呼んだわけだが，ジェイムズはこうした立場とは異なる自らの立場を「根本的経験論 radical empiricism」と呼び，その基本概念として主・客未分の「純粋経験 pure experience」を措定する。純粋経験とは，「私たちが概念的カテゴリーを用いて後から加えられる反省（later reflection）に素材（material）を提供する直接的な生の流れ（the immediate flux of life）」（James〔1912, 1958〕p. 93, 84 頁）を意味する。ジェイムズは純粋経験を，「百花繚乱と咲きみだれるなかを，昆虫がぶんぶん飛びかっている，という状態を大規模にしたような混乱状態」（James〔1911, 1948〕p. 50, 43 頁）と形容する。こうした純粋経験においては，知覚的所与は多様で混沌とした状態にあるが，「ところが，純粋経験の流れは，生まれるやいなや，ここかしこと強調点で満たされて行きがちで，こうして強調されて目立ってきた部分が同一化され，固定され，抽象化されることになる」（James〔1912, 1958〕p. 94, 84 頁）。すなわち，「こうした生のままの感覚的多様性から，注意作用（attention）によって，いろいろな対象を彫り出し，概念作用（conception）によってそれらに名を与え，同一の対象をいつも同じ名で呼ぶ」（James〔1911, 1948〕p. 50, 43 頁）ようになるのである。

ここでジェイムズは，「知覚 percepts」と「概念 concepts」との重要な相違点として，次のことを強調する。ひとつは，知覚は連続的であるのに対して，概念は不連続的であるという点である。もうひとつは，純粋経験という「知覚の流れ perceptual flux」はいくら細かく寸断しても常に「多即一 much-at-once」であるのに対して，概念がそこから無数の側面や特徴を選び出し，分離し，それにただひとつの意味を附与するという点である（James〔1911, 1948〕pp. 48-50, 42-43 頁）。

ここに重要な問題が潜んでいる。それは，純粋経験という知覚の流れには無数の側面や特徴が，換言すれば，潜在的な＜意味＞の多様性があるということであり，そうした多様な＜意味＞の中から，概念は特定のただひとつの＜意味＞を抽出するということである。すなわち，「私たちの知的生活（intellectual life）は，私たちの経験がそこではじめて成立する知覚の世界（perceptual order）を，概念の世界（conceptual order）に翻訳することに尽きるといってよい」（James〔1911, 1948〕p. 51, 45 頁）のであるが，ここに，人間

の意識作用における「知覚の概念への翻訳」に固有の問題が潜んでいる。それは，動的で多様な＜意味＞が潜在する「経験の脈動」すなわち純粋経験という知覚の流れを，静的でただひとつの＜意味＞を有するにすぎない諸概念の体系に翻訳し尽くすことはできない，ということである。

　ジェイムズは言う。「経験の具体的な脈動（concrete pulses of experience）は，その概念的な代用品のようには，はっきりとした限界の中にとじこめられてはいない」（James〔1909〕p. 282, 214頁）と。生命の流れを理解するために，それをバラバラの断片に切り分けて，その断片を固定した概念組織に割り付けることが，いかにしばしば哲学的難問の源となったことかと，ジェイムズは指摘するのである（James〔1911, 1948〕p. 85, 73-74頁）。直接の知覚的経験の「代用物としての概念は知覚から抽出された貧弱な抽出物であり，つねに不充分な知覚の代理に過ぎない」（James〔1911, 1948〕pp. 96-97, 84頁）。「私たちは知覚的経験においてのみ連続（あるものの他のものへの浸透）というものに親しく接し，自己に接し，実体に接し，性質に接し，種々の活動性に接し，時間に接し，原因に接し，変化に接し，新しさに接し，傾向に接し，自由に接する」（James〔1911, 1948〕p. 97, 84頁）のである。それゆえジェイムズは，知覚と概念との原理的な関係を，次のように述べる。すなわち「ともかくそれ（概念）はかつて知覚の世界（perceptual world）から出てきたことによって生きているのである。知覚の世界こそは，そこから概念の生気（sap）が吸い上げられる滋味ゆたかな大地（nourishing ground）である」（James〔1911, 1948〕p. 80, 70頁；括弧内は筆者による）と。

　以上の知覚と概念との議論に関連づけて，ジェイムズの「知識」観を，次のように述べることができよう。ここで具体的知識とは，言語化は困難であるが，主－客未分の純粋経験における事物との共感・一体化に基づいて，事物に馴れ親しんでいる事態を意味する。また抽象的知識とは，主－客が分離して，事物を対象化し諸要素へと分析して，事物の潜在的に多様な意味の一側面を抽象化して概念として理解することを意味する。そこにおいて事物は，ある特定の仕方での取り扱いを受け，われわれの考えに従って操作される（James〔1890, 1950: vol. 1〕p. 222）[4]。

(3) W. ジェイムズの真理観
——＜概念＞の真理化のために——

　ジェイムズは，こうした「知覚の概念への置き換えの不完全性」ないし「具体的知識と抽象的知識との間のギャップ」といった問題を解決するためには，「生への回帰 the return to life」を確保し，概念ないし抽象的知識の「真理化 verification」[5]が必要であると言う。この「生への回帰」は行為によって得られるのであるが，そのことは，そもそも概念が洞察の目的のために作られたものではなく，むしろ実用の目的のために作られたことを想起すれば，明らかであろう（James〔1909〕p. 290, 221頁）[6]。

　ジェイムズによれば，＜生＞の流れである純粋経験において，知覚は多様な意味の可能性を孕んでいるが，当該主体は自身の注意・関心・選択にしたがって，特定の意味を概念として抽象化させて行く。とりわけ，高度に抽象化された科学的知識（抽象的知識の典型例）は，明確に限定づけられた意味体系を構成するようになる。この「知覚の概念への転換・翻訳」に潜む問題は，ひとつには＜世界＞に潜在する多様な意味の可能性の特定の＜この世界＞の意味への抽象化という＜意味の一元化＞であり，もうひとつは抽象度の高まりにつれて概念が知覚から乖離して行くという＜概念の≪生≫からの乖離＞である[7]。

　しかしこうした問題を抱えた概念（抽象的知識）は，つねに具体的行為を通じて験証され，有益である限り「真理化」される。この真理化過程で鍛えられた概念（抽象的知識）は，一方でより高度な抽象的知識への展開のための土台となり，他方でわれわれの行為を導く信念・行為準則・習慣へと強化・自明化され，われわれの身体に馴染んだ技能となる。この技能こそが具体的知識に他ならず，抽象的知識の強固な基盤となる。具体的知識を通じて，当該主体の能動性が行為として現実化される。具体的知識は，庭本佳和の言葉を借りれば「行動を通じて得られる知識であると同時に行動するための知識」（庭本〔1991〕123頁）である。具体的知識はまた，固有の信念・行為準則・習慣といった価値体系を含む。その意味で，知と行為と道徳性とは密接不可分な関係にある。

　ジェイムズは，「真の観念とはわれわれが同化し，効力あらしめ，確認しそして験証することができる観念である」（James〔1907, 1991〕p. 201, 147頁）と言う。真理とは，われわれの行為を導く貴重で有用な道具である（James

〔1907, 1991〕p. 202, 148 頁）。真理とは真なるがゆえに有用なのではなくて，むしろ有用なるがゆえに真なのである。有用な真理は，われわれが行動する際の信念・行為準則・習慣へと成り行く。ジェイムズは，真理とは，実在であるのではなくて実在についてのわれわれの信念なのであるから，それは人間的（主観的）な諸要素を含んでおり，非人間的（客観的）な諸要素から分離することはできないのである，と言う（James〔1907, 1991〕p. 250, 184 頁）。

　われわれは既得の信念を持って新鮮な経験の野の中へ飛び込んで行く。この信念がわれわれの注意の向かうものを規定し，われわれの注意するものがわれわれの為すことを規定し，われわれの為すことがまたわれわれの経験するものを規定して行く（James〔1907, 1991〕p. 255, 187 頁）。われわれは，生きた直接的経験を通して信念を形成し，鍛え，習慣を創り行くのである。H. ベルグソン（Henri Bergson, 1859-1941）は，こうしたプラグマティズムの真理観を要約して，以下のように述べる。「真理は生命を得るためには事象のうちに根を持たなければならないが，それらの事象はこの真理が生えた土地に過ぎず，もしも風がそこに別の種子を運んで来たとすれば別の花もやはり咲いたであろう」（ベルグソン〔1953〕47 頁）と。換言すれば，抽象的知識は生命を得るために，しっかりとした具体的知識に，あるいは潜在的な＜意味＞の多様性を蔵する「純粋経験」という大地に根を張る必要がある。しかも，どのような真理を，すなわち抽象的知識を形成するかは，われわれ人間の注意（自由意志）に依存しているのである[8]。

　メイヨーは A. N. ホワイトヘッドをも引用しているが，ホワイトヘッドにもジェイムズと呼応する記述が見られる。ホワイトヘッドは『教育の目的』の中で，「生命の流れに関連させる」ことがないような観念を，〈生気のない諸観念〉（inert ideas）と呼ぶ。この「生命の流れ」とは，われわれの人生を形成している，感官による知覚，感情，希望，欲求と，ある思想を他の思想に適合させる精神的諸活動から成り立つものであり（Whitehead〔1929, 1967〕p. 3, 4 頁），＜生気のない諸観念＞とは「頭につめこまれただけで，現実には使われもせず，テストもされず，新鮮なさまざまの関係性（fresh combinations）に結びつけられることがないような，ただの諸観念」（Whitehead〔1929, 1967〕p. 1, 1-2 頁）であると述べている。

序章において述べたように，本書では「正当化された真なる信念」という標準的な「知識」定義を採用するが，こうした知識観はジェイムズに代表されるプラグマティズムのそれと共通する。そのうえで「知識の正当化の過程」についてプラグマティズムは，およそ信念は具体的行為を通じてつねに験証され，有用である限り真理化されると考える。真理化される限りにおいて信念は，一方においてより高度な抽象的知識を発展させ，他方でわれわれの行為を導く技能すなわち具体的知識となる。逆に言えばこうしたプラグマティズムの「知識」観は，それが現在どんなに確実な真理と見なされる知識であろうとも，信念の真理化に失敗し誤りが修正される可能性を認める立場，つまり「可謬主義 fallibilism」の立場に立つことを意味している。このように本書ではプラグマティズムの立場から，知識を信念あるいは価値－行為－真理化の動的な過程として把握する。

(4) プラグマティズムにおける真・美・善

　これまで，潜在的な意味の多様性を孕んだ純粋経験の状態から，当該主体の注意・関心・選択にしたがって，特定の意味のみを有する概念が抽象化されることを見てきた。こうした観念は，それぞれの注意・関心・選択にしたがって3つの方面へと分化して行く。それが，真的，美的および善的方面である (James〔1892, 1909〕pp. 173-174, 上巻：241-242頁)。

　まず，観念を理性的に精練化させることに注意すれば（真的方面に向かえば），分析力と推理力とを働かせて，対象となる現象の全体を部分に分割し，分割したものの中からその時の必要に適った正しい結論となる特定の部分を抽出する。

　また注意が美的方面に向かえば，芸術家が「相互に調和しない，また彼の作品の狙いと一致しないすべての調子，色彩，形を排除して，大胆に細目選択をする」(James〔1892, 1909〕p. 173, 上巻：241頁) ように，当該主体の関心（目的）に基づいて想像力を働かせ，諸要素の取捨選択が行われ，美すなわち調和の達成が図られる。

　最後に注意が善的方面に向かえば，選択力と責任力とが最も重要な意味を帯びてくる。選択には，当該環境に適応するに当たって，いくつかの興味・関心

の中からどれを選択するべきかという興味・関心の選択（道徳的意思決定）と，選択された興味・関心の実現に当たって多くの可能な行為の中から1つを選択するという手段選択（機会主義的意思決定）とがある。こうした選択を通じて各人は，どのような人間になるかという自らの選択に対して責任を負う。

　これまでの議論は個人的行為のレベルに主眼が置かれており，はたして組織的行為のレベルに単純に引き寄せることが可能かどうかという問題が残る。その点に留意しつつ，以下では，プラグマティズムの知識観および真理観の考察を通じて設定した基本視角——＜意味の一元化＞の問題，＜抽象的知識の≪生≫からの乖離＞の問題，および真・美・善の有り様——から，メイヨー文明論を再構成する。

第2節　「知識経営」化進展の意味
——メイヨー文明論の検討——

(1)　メイヨー文明論の概観
——2つの社会原理と2つの技能——

　これまでの考察を要約すれば，抽象的・科学的知識それ自体は，〔いま・ここで現に生きている〕われわれの生きる営みと関連づけられていない，その意味で一般的な知識であると言える。しかも同時に，抽象的・科学的知識は，潜在的な＜意味＞の多様性を蔵するわれわれの生きる営み（生活）から，特定のただひとつの＜意味＞を抽出し，体系化するのである。

　メイヨーが指摘した知識経営化の，換言すれば「管理全般の科学化」の特徴は，「管理全般に関わる具体的知識の抽象的知識への全面的転換」という点にある。具体的知識を抽象的知識に転換することには，＜世界＞に潜在する多様な＜意味＞の可能性の特定の＜意味への一元化＞の危険性，および，われわれの生きる営みからの抽象的・科学的知識の乖離の危険性，が孕まれている。そうであれば，知識経営化の深層には，組織体がわれわれの生きる営みから乖離し，多様な＜意味＞の一元化の問題を引き起こしたと見ることができる。それは，習慣にまで結晶化した真理から生気を抜き取り，＜世界＞との「馴染み

acquaintance」を剥奪し、＜世界＞の、換言すれば他者のよそよそしさをもたらしたのではないか。そうした事態が、人間関係の変質と社会の変容を、ひいては従来馴染んできた生活様式の変質をもたらすであろうことは容易に想像できよう。

　メイヨーが活躍したのは、「管理全般の科学化」の波が押し寄せていた時代であった。メイヨーは、村落または小都市型の社会経済から大都市または工業中心型の社会経済への転換の決定的に重要な契機として、知識経営[9]の登場を指摘する（Mayo〔1945〕pp. 10-11, 13頁）。換言すればメイヨーは、知識経営の登場によって、「確立された社会 established society」が「適応的社会 adaptive society」へと変容したことを指摘する。

　メイヨーは、こうした社会変容の論理の前提として、およそ「一人前の大人」たるものが習得すべき2つの技能を想定している。その2つの技能とは、「技術的技能 technical skill」および「社会的技能 social skill」である[10]。ここで「技術的技能というのは、事物を人間の目的に役立つように取り扱う能力として現れ、又社会的技能とは、他の人々からコミュニケーションを受け取り、また共通の仕事に気が合って参加して行けるよう、他人の態度や考えに応答する能力」（Mayo〔1945〕p. 13, 16頁）、換言すれば、「協働的技能 collaborative skill」、仲間との交際方法、すなわちコミュニケーション技能を指す。

　メイヨーは、「確立された社会」から「適応的社会」への変容過程に、こうした2つの技能の習得過程の変化を重ね合わせる。以下において、「確立された社会」と「適応的社会」という2つの社会組織の原理と2つの技能習得過程を関連づけ、メイヨー文明論の再構成を目指す。

　「確立された社会」とは、村落または小都市型の社会経済を指しており、あるいはF. ル・プレイ（Frederic Le Play）の用語を用いて「より単純な社会」とも呼ばれる。ル・プレイの述べるところを要約して、メイヨーは次のように述べる。「より単純な社会、すなわち、農業又は漁業、あるいは原始的な生産活動を主たる職業とする社会には、高度に発達した産業的中心地には欠けている社会的秩序の安定性（a stability of the social order）がある」（Mayo〔1945〕p. 5, 5頁）と。こうした「より単純な社会」においては「単に社会が個人に対して強大なる拘束力を発揮するというのみでなく、逆に社会

的規範（social code）と個人的欲望とが，あらゆる実践的目的に対して，一体となっている（identical）」（Mayo〔1945〕p. 5, 5頁）。この「単純な社会に在っては，一年毎の，否世紀から世紀にわたる場合でさえも，その変化の範囲は相対的に小さい。従って，そこでは（協働問題を解決するための）伝統的な諸方策（traditional methods）が高度に完成せられているので，訓練された協働関係（collaboration）は，個人が生まれると殆ど同時に，各人の中に浸透してゆく」（Mayo〔1945〕p. 10, 12頁；括弧内は筆者による）。この，諸個人に協働問題を解決するための伝統的な諸方策を教え込む制度こそが，通常「徒弟制度 apprenticeship system」であった。諸個人は，こうした徒弟の期間を通じて，「技術的能力 technical capacity」ないし技術的技能および「同僚とのコミュニケーション技能 the art of communication with his fellows」ないし社会的技能とを同時に会得していったのである。

「確立された社会は，徒弟制度によって，個人の中に技術的並びに社会的技能を同時的に発達せしめた」（Mayo〔1945〕p. 13, 16頁）。その過程で諸個人は社会的規範を内面化して行き，その方向が当該個人の生活様式を決定し，個人的欲望と社会的規範とを一致せしめたのである。その結果として諸個人は，人々との，あるいは社会との一体性の感情に基づく"安心感"や仕事に対する"満足感"を確保しえていた。

ところが「適応的社会」——「近代的機械文明」あるいは「産業社会」とも呼ばれているが——は，「確立された社会」とは対照的に，急激かつ不断に変化する時代であり，大都市または工業中心型の社会経済を指している。「確立された社会においては，生産過程がかなりの継続性（continuity）をもつものと考える」（Mayo〔1945〕p. 13, 17頁）ことが可能であったのに対して，適応的社会においてはむしろ，「あらゆる産業は，単にその労働方法についてのみでなく，それが使用する素材についても絶えず変化せしめることに努めている」（Mayo〔1945〕p. 13, 17頁）。つまり適応的社会においては，「知識の知識への適用」による計画的に組織された継続的なイノベーションを通じて，社会はつねに変化して行くのである。

その際イノベーションの基礎を成すものこそが科学的および技術的知識（scientific and engineering knowledge），つまり抽象的知識であった。こ

の科学的および技術的知識は，技術的技能が科学と結合することで「科学技術 technology」として体系化された抽象的知識である。「大学においては，明快卓抜な物理化学や工学は教えられるが，しかし，徒弟制度のもつ社会的側面にとって代り，或はそれ（社会的技能）を更に発達せしめるための教育も経験も欠けて」（Mayo〔1945〕p. 13, 18 頁）いた。すなわち適応的社会においては，確立された社会における徒弟制度の代りに，大学に代表される学校制度が諸個人に抽象的知識（科学技術）を教育するようになった。しかしこうした教育機関では，徒弟制度のように具体的知識（技術的技能や社会的技能）を教えることも経験させることも困難な状況になったのである。

適応的社会では，「確立された社会」においては均衡していた技術的技能と社会的技能との間に不均衡が生じてくるのである。計画的に組織されたイノベーションに基づく急激かつ不断に変化する適応的社会において，「われわれは，技術的過程（technical procedures）の流動化する如く，不断の人的結合の流動化する中に生活している。従って，多くの個人は，以前と違って，一定の場所に長くふみ止って，人々と十分接触を保ち，社会的技能を発達せしめることの出来ないのも当然」（Mayo〔1945〕pp. 14-15, 18 頁）な状況に在るのである。われわれは，「確立された社会」の従来馴染んできた生活様式・慣習を維持しえなくなってきたのである。それゆえメイヨーは，「もし技術的技能が急激かつ迅速な作業方法の変革をもたらすものであるとすれば，これと均衡を保つために社会的技能を発達せしめ，生活方法においても，それに適合した社会的変化をとげねばならない」（Mayo〔1945〕p. 17, 22 頁）と言う。「技術的技能の科学技術化」に伴う社会的技能との間の不均衡が，もっと言えば，抽象的知識と具体的知識との間の不均衡が，人間関係を変質させ，従来馴染んだ生活様式を変質させることにもなった。そうした社会変容あるいは人間関係の変質をもたらしたものこそが，知識経営，換言すれば「管理全般の科学化」の進展であるとメイヨーは言う。

(2) メイヨーの研究態度の特徴

こうした具体的知識と抽象的知識との不均衡やそれに伴う社会的技能と技術的技能との不均衡を，メイヨーはどのように乗り越えようとしたのであろう

か。そのことを検討するにあたり，彼の研究態度の特徴を見ておく。その過程で，メイヨーの学問観や教育観も，併せて明らかとなろう。

メイヨーの研究態度の特徴を，F. J. レスリスバーガーは端的に次のように述べている。すなわち，「メイヨーの偉大な業績の中に，『誤れる二分法による分離 split by a false dichotomy』に対し，厳としてこれを認めなかったことがあげられる」(Roethlisberger〔1960〕p. xii, 8頁)と。

メイヨーの叙述の中に，至るところ二分法を見出すことが出来る。それは例えば，具体的知識と抽象的知識であり，社会的技能と技術的技能であり，技能と科学であり，あるいは科学的方法における「臨床 clinic」と「実験室 laboratory」，である。メイヨーは，こうした二項を対立的に把握する（二項対立）のではなく，むしろ相互依存・相即不離の関係として把握する。例えば科学と技能との関連について，メイヨーは「歴史的には，科学は一般に，一定の活動領域において十分に発達した技術的技能の産物として，発達を遂げた」(Mayo〔1945〕p. 17, 22頁)と主張し，「注意すべきことは，科学的抽象は稀薄な空気の中や恣意的反省から生ずるものではなくして，それは最初から，それに先立って存在する技能に深く根ざすものである」(Mayo〔1945〕p. 17, 22頁)とも言う。

「技能から知識への進行 the passage from skill to knowledge」に深い関心を持っていたメイヨーにとっては，それゆえ，科学的方法における臨床的アプローチと実験室的アプローチが重要であった[11]。メイヨーは言う，「両者は相互依存的であり，互いに他を欠けば成果をあげ得ない。臨床の特徴は，突然に予期せざる重要性が見出されるかも知れぬ部分を含む複雑な状況を，綿密に忍耐強く注意することであり，実験室の特徴は，実験と論理的構成とに在る」(Mayo〔1945〕p. 18, 23-24頁)と。19世紀中，臨床は「観察」と呼ばれ大いに重要視されていた。しかし，「近年その重点は注意深い実験を基礎とする論理的，あるいは数学的構成に移行し」(Mayo〔1945〕p. 18, 24頁)てきており，「科学の起源は，直接的観察に存するという点が忘れられるならば，その結果は，実験は無益なものに終るであろう」(Mayo〔1945〕p. 18, 24頁)と，メイヨーは，臨床から実験室への偏重という時代の趨勢に警鐘を鳴らす。

こうした科学的方法の偏重は，学問それ自体の有り様，とりわけ社会科学お

よび教育の有り様に問題を投げかけることとなった。メイヨーは言う，成果豊かな諸科学——化学，物理学，生理学等——から刺激を受けた社会科学は，不幸にも，壮大な外見だけの安普請を急ぐ結果に終ったと。その結果，「単純にして確実な技能の堅実な漸進的発達——若しそれが存在するとしても——は，その精緻な外見によってかくされ」(Mayo〔1945〕p. 21, 28頁) ることとなった。また，社会科学方面の学生についても，「彼等のもつ知的水準の高さにもかかわらず，その現実的人間関係についての具体的知識は，極めて低度のものである。彼等は極めて論理的な思考に心を奪われ，高遠な，知的な精神の世界に安住しはするが，その世界は人間性とは縁もゆかりもない」(Mayo〔1945〕p. 21, 28頁)。こうした叙述は，ウェーバーの「精神のない専門人，心情のない享楽人」を想起させる。

　今日姿を現しつつある「知識社会」とは，いかなる社会であろうか。そこにおいて求められる「知識」とは，いかなるものであろうか。メイヨーは知識経営の登場，換言すれば「管理全般の科学化」の進展という時代の趨勢の中に，具体的知識と抽象的知識との不均衡およびそれに起因する社会的技能と技術的技能との不均衡という事態を見出していた。その結果，われわれの生きる社会は「確立された社会」から「適応的社会」へと変質し，そこでの人間関係は大きく変質することになった。それはまた，学問それ自体の有り様の変質および教育の有り様の変質をも意味するものであった。

第3節　「知識経営」の問題性
——経営学の＜問いの原型＞を求めて——

(1)　「知識経営」化進展の意味とその帰結
　　　——メイヨー文明論の再構成——

　以下では，メイヨー文明論の思想基盤を成すプラグマティズムと関連づけつつ，メイヨー文明論を再構成する。その過程で，「知識経営」の，換言すれば「管理全般の科学化」の問題性が明らかとなろう。それが，「管理全般の科学化」をさらに推し進める現代経営学を問う際の，＜問いの原型＞ともなろう。

知識経営の特徴は，管理全般における「具体的知識の抽象的知識への徹底的転換」にある。すでに述べたように，メイヨーは，このことが具体的知識の派生物である「技能」にも変化をもたらし，ひいては社会の有り様の「確立された社会から適応的社会への変容」をももたらしたと論じたのであった。

　技能をプラグマティズムの観点から捉え直せば，およそ技能は日々の具体的行為を通じて験証され，人々にとって行為準則・習慣にまで強化・自明化されたものである。つまり技能は単に「一連の身体動作の手続き」のみを意味せず，同時に「固有の価値体系」を含んでいる。価値体系の側面から見れば，技術的技能は事物の処し方やその意味を規定する価値体系を，また社会的技能は特定の状況での他者との関わり方やその意味を規定する価値体系を内包していると言える。

　従来個人は，徒弟制度等を通じて均衡を保ちつつ2つの技能を習得していたが，それは同時に，社会的に共有された価値体系の内面化をも意味していた。メイヨーの言う「確立された社会」とは，固有の価値体系が長期的に安定しており，その共有を基礎として人々が相互に結びついている社会状態を指すのである。

　しかし「知識経営」化の進展は，管理全般における「技術的技能の科学技術化」を目指し，技能の客観的側面である「一連の身体動作の手続き」の明確化・抽象的知識化を促進させた。しかしそのことが他方で，技能の主観的側面である審美的・価値的要因の重要性が，すなわち技能に内在する価値体系や社会的技能の重要性が看過されることになった。その結果，技術的技能と社会的技能との間に不均衡が生じ，技能に内在した従来の価値体系にも変化が生じて，人間協働の存立基盤をなす「道徳的基盤の動揺」を惹き起こした。こうした「知識の知識への適用」を目指した目的的・組織的なイノベーションによる絶えざる変化に対して，「どのように適応すべきか」を人々がつねに意識せざるをえない社会状況，すなわち「適応的社会」が現出したのである。

　ただしメイヨーは，既存の価値体系の動揺を理由に，「確立された社会」への回帰を唱えたのではなかった。むしろメイヨーは，こうした「病める適応的社会」を克服して，2つの技能が均衡した「健康な適応的社会」へと改善することを主張した（青柳〔1992b〕113頁）のである。メイヨーは，組織におけ

る個人の社会的技能を育成し，技術的技能と均衡させることを経営者・管理者に期待したのである。その場合，技能に内在する「固有の価値体系」の存在を考え併せれば，「健康な適応的社会」に向けて経営者・管理者に要請されることは，不断の変化に適応するための「不断の価値創造」であるとも言えるであろう。

(2) 組織における真・美・善
――「閉じられた人間協働」――

　以上見てきたように，知識経営化は，「既存の価値体系の動揺」を惹起した。この事態は，いわば「管理全般における＜真理＞の探求」に伴って生じてきたことである。近年，こうした「知（真理）偏重」の経営学あるいはその基礎理論としての組織研究に対する反省があることを序章第4節で言及した。そこで本章では以下において，＜真理＞の探求に偏重した知識経営（管理全般の科学化）を，改めてプラグマティズムの真・美・善の観点から捉え直してみたい。

　まず真の観点から見ると，知識経営の特徴は具体的知識の抽象的知識への徹底的な転換・翻訳にある。この事態は，第1に潜在的に多元的な＜世界＞の意味を一元化させてしまう危険性を，第2に抽象的知識が具体的なわれわれの生活から乖離してしまう危険性を孕んでいる。本書では，この2つの問題を「知識経営の問題性」と呼ぶ。

　次に美の観点から見ると，美とは当該主体の関心（目的）に基づいて諸要素を排列し，調和の達成を図ることである。レスリスバーガーが人間協働における3つの論理――費用の論理，能率の論理，感情の論理――を指摘したが，主体としての組織は「組織目的の実現（組織の有効性の実現）」を目指して，諸要素を排列し，機能美を追求した。

　最後に善の観点から見て，組織は「組織の有効性の実現」を所与の目的として，もっぱらその実現のための合理的な手段選択に注意を向けた。また組織は従来の慣習や社会規範といった「感情の論理」ではなく，むしろ「費用の論理」や「能率の論理」を組織固有の道徳準則とし，遵守するようになった。

　「知識経営」化の進展は，組織が，組織の有効性の達成という目的・特定の意味を実現するために，管理全般における抽象的知識の獲得・集成・適用を目

指し，一切の諸要素（諸経営資源）を対象化し，組織の目的と調和しない諸要素を排除し，社会的行為準則・習慣とは異なる組織固有の行為準則・習慣に則って活動することを促進させた。組織の有効性は大いに高まり，その成果をわれわれは物質的繁栄という形で享受している。一見すると組織的行為が日々検証され，その真理化に成功しているようである。

　知識経営化の進展に伴い組織の諸活動は，われわれの生活から乖離し，社会の諸活動とは無関係な「閉じられた人間協働」と化したと言えまいか。組織的行為は，われわれの生活から乖離し，組織固有の道徳的基盤に立脚しつつ展開されるようになってきた。組織の有効性の実現を所与として，組織的行為が検証され，その真理化が試みられる。知識経営化の進展によって惹き起こされた「道徳的基盤の動揺」は，従来の伝統的な社会的価値体系の衰退・解体のみを意味するのではなく，むしろ特定の組織目的を所与として，その効率的な実現を目指す「閉じられた人間協働」の傾向を強化するものでもある。それは，経営・管理，組織，そして人間の意味を問うことの空洞化をもたらす。あるいはせいぜい，組織の有効性の実現に有益である限り配慮されるに過ぎない。

　「閉じられた人間協働」と対をなす「開かれた人間協働」について，小笠原英司が「協働システムの開放機能」ないし「経営体の開放性」として論じている。「協働システムの開放機能」とは，「単に環境主体との相互作用（＝交換）の契機としてばかりではなく，外部環境にある社会的価値要因が，『組織』を構成する諸メンバーの協働や心的交流（＝非公式組織）を通じて経営体内部に浸透し内部化する契機」（小笠原〔1999〕16頁）である。言い換えれば，本書における「開かれた人間協働」とは，具体的な組織的行為が，外部環境にある多様な価値要因と調和するか，つねに検証され，その真理化が試みられることを意味する。翻って「閉じられた人間協働」とは，外部環境にある多様な価値要因とは別に，当該人間協働に固有の組織的価値要因（すなわち＜組織の意味＞）を所与として，組織的行為が検証され，その真理化（すなわち組織の有効性の実現）が試みられていることを意味する。

章結　まとめと課題

　本章では，テイラーの「作業の科学化」を超えて，「管理全般の科学化」へと邁進する潮流を「知識経営」と呼び，文明論的視角から批判したメイヨーの文明論に注目し，その思想基盤を成すジェイムズにまで遡って「知識経営の文明論的意味」を検討した。プラグマティズムの「知識」論に依拠したメイヨーの問題提起は，当時の趨勢をなしていた「管理全般の科学化」すなわち「知識経営」化の問題点およびその帰結について，説得力と見通しの効く視点を提供している。メイヨー自身は工業社会を生きたわけだが，脱工業社会としての「知識社会」を迎えつつある今日においてこそ，改めてメイヨー文明論が提起する問題に注目する必要があるのではなかろうか。
　メイヨーは，知識経営の登場が，社会の「確立された社会」から「適応的社会」への変質をもたらしたことを指摘していた。それは，具体的知識と抽象的知識との間の不均衡に由来する，社会的技能と技術的技能との間の不均衡を意味するものであった。抽象的知識は，具体的知識あるいは潜在的な〈意味〉の多様性を蔵する純粋経験という大地に根を張ってこそ〈生気に満ちた真理〉たりうるのである。プラグマティズムの「知識」論の視点からこの事態を検討するとき，「知識経営」化の進展の深層において，経営学および経営実践がわれわれの生きる営みから乖離し，多元的な〈意味〉の一元化を引き起こしている，と言えまいか。その結果われわれには，〈世界〉との馴染み（acquaintance）が剥奪され，われわれにとって〈世界〉がよそよそしいものになってしまうのではないか。そうした事態が，人間関係の変質・社会の変容を，ひいては従来馴染んできた生活様式の変質をもたらしたのではないか。
　メイヨーが危惧した「知識経営」化の進展は，所与としての組織目的の実現をどのように図るかということについての知識の集成に偏重することで，人間協働を「閉じられた」ものとしてしまっているのではないか。翻って「開かれた人間協働」を実現するためには，組織的行為がつねにその外部環境にある多様な社会的価値要因と調和するか検証され，その真理化を試みる必要がある。

そのために「不断の価値創造」が経営者に要請されるが，それが同時に「健康な適応的社会」の実現にも通じる。「知識経営の問題性」を克服して，「開かれた人間協働」の実現に向けて，メイヨー流に言えば，従来からの「管理全般の科学化」と均衡するように，多様な意味の回復を目指す「科学的管理の哲学」が要請されるのではないか。次章において，メイヨーが警鐘を鳴らした「知識経営」化の傾向が，その後どのように展開していったのかを検討する。

注
1) 別の機会に，メイヨーの経営思想の源流として，以下において詳述するジェイムズの他に，P. ジャネ（Pierre Janet, 1859-1947）やL. J. ヘンダーソン（Lawrence Joseph Henderson, 1878-1942）との関連性を論じているので，そちらも参照してほしい（吉原〔2013〕）。
2) バーナードが，主著『経営者の役割』の結論において，彼自身の信念を表明している。バーナードは言う，「協働の拡大と個人の発展は相互依存的な現実であり，それらの間の適切な割合すなわちバランスが人類の福祉を向上する必要条件であると信じる。それは社会全体と個人とのいずれについても主観的であるから，この割合がどうかということを科学は語りえないと信じる。それは哲学と宗教の問題である」（Barnard〔1938, 1968〕p. 296, 309頁）と。こうした叙述にも，プラグマティズムの特質を見出すことが可能であろう。
3) ただし村田によれば，ここに主観的なものを客観的なものと同時に混在させることになるという，プラグマティズムに特徴的な方法論的問題が生じると言う。具体的に次のような方法論的問題を指摘する（村田晴夫〔1999b〕175頁）。
　(1) 理論は絶えず実践に引き寄せられる結果，経験の世界のごく一部しか照明しないものに成り終るのではないか。
　(2) 実践を指導する理論というときに，不可分に入り込む価値の問題をどのように処理できるのか。
4) この両知識の重要な相違点を，ジェイムズは，「事物に関する知識（knowledge about things）である理論的な知識は，事物とともに生きること，ないしは共感をもって事物を知ること（living or sympathetic acquaintance with things），とは別のことであって，実在の外側にふれるのみである」（James〔1909〕pp. 249-250, 186頁）と指摘する。
5) ここで「真理化」の原語は「veri-fication」である。この語を桝田啓三郎は文脈に応じて「真理化」あるいは「験証」と訳出する。その理由を桝田は，訳注の中で以下のように説明する。「veri-はラテン語のverus（真）から，-ficationはfacio（作る，なす）から来ており，両者の合成した「験証」を意味するveri-ficationの語を語源的に解して説いているわけである」（桝田啓三郎訳『プラグマティズム』岩波文庫，1957年，223頁）と。
6) 原典（James〔1909〕）で＜the return to life＞となっている箇所を，吉田夏彦訳『多元的宇宙』（日本教文社，ウィリアム・ジェイムズ著作集6. 1961年）では＜生への歓喜＞と訳出している。本論文ではこの箇所を＜生への回帰＞と訳出することとする。
7) A. N. ホワイトヘッドはこの事態を，「具体性置き違いの誤謬 fallacy of misplaced concreteness」と指摘している。現実の具体性は意味の多様性を孕んでいるにもかかわらず，概念を介することで著しく抽象化される。それにもかかわらず，抽象化したことを忘れ，抽象化の結果を「具体的な現実と取り違える」のである（Whitehead〔1925, 1967〕p. 51, 67頁；村田〔1984〕180-181頁；中村〔2007〕68-69頁）。しかし「ホワイトヘッドは，普遍を否定しているの

第 3 章　メイヨー文明論の現代的意義　73

ではない。普遍によって分析するという主観主義原理をチェックしようとするのである」（村田〔1984〕181 頁）。
8）　この関連で言えば，「知識創造の経営」によって創造が目指されている「知識」とは，第一義的に「組織の有効性を達成するための知識」である。それは，組織の実用的な目的達成のための「知識」形成であるが，われわれ諸個人にとって，そうした「知識」はいかなる＜意味＞を持ちうるのであろうか。こうした問題は，後の章に譲る。
9）　近年議論されることの多い「知識創造の経営」は，＜knowledge management＞とも言われる。＜intelligent management＞と＜knowledge management＞との異同を考察することも，本書で設定した基本視角の射程内である。この問題は，第 6 章で改めて考察する。
10）　メイヨーは，技術的技能および社会的技能が，具体的知識の派生物であると言う（Mayo〔1945〕p. 17, 22 頁および p. 31, 41 頁）。また「歴史的には，科学は一般に，一定の活動領域において十分に発達した技術的技能の産物として，発達を遂げたと主張しうるであろう」（Mayo〔1945〕p. 17, 22 頁）とも述べている。以上のことから，メイヨーが具体的知識を基底に据え，その上に技術的および社会的技能を，さらにその上に科学に代表される抽象的知識を想定していたという意味で，一種の知識の階層構造を想定できる。
11）　メイヨーが「技能から知識への進行」に深い関心を払っていたのに対して，レスリスバーガーは「臨床的知識から分析的ないし科学的知識への進行」に深い関心を払っていた。レスリスバーガーはメイヨーの問題提起を受け継ぎつつも，人間関係論の科学化を指向していた。そのためにレスリスバーガーは，＜knowledge enterprise＞論を展開している（進藤〔1979〕）。

第 4 章
サイモン理論の現代的意義
―― 近代経営学のひとつの帰結 ――

序　問題の所在

　本章の課題は，近代経営学の扉を開き，その後の経営学の主潮流を決定づけた H. A. サイモン（Herbert Alexander Simon, 1916-2001）の理論を経営学の史的展開過程の中に位置づけ，その意味を問うことである[1]。

　前章までで筆者は，F. W. テイラー，M. P. フォレット，G. E. メイヨーの所説を取り上げ，彼らの生きた時代状況の中で彼ら自身が見出した問題とそれへの応答，そしてさらにはその枠組みの射程を検討してきた。論点を簡潔に示せば，次のようなものであった。すなわち，テイラーは，労使の「対立から協調へ」を実現させるためには作業現場における管理基盤の「経験から科学へ」の転換が必要であると考え，「作業の科学化」を可能とする「科学的管理」を提唱し，その普及活動に生涯を捧げた。それは具体的には，熟練工が有する作業に関わる主観的・経験的知識の客観的・科学的知識への徹底的な変換を通じて遂行された。

　フォレットは，科学的管理化が進展しつつある時代状況下で，科学的管理による「作業の科学化」に留まらず「管理全般の科学化」へとその適用範囲の拡大を唱えた。しかしフォレットは同時に，「管理全般の科学化」の進展と併せて，そうした事態が孕む問題性を克服するために「科学的管理の哲学」の必要性をも指摘している。フォレットは，「管理全般の科学化」と「科学的管理の哲学」との同時的発展の必要性を唱え，そこに組織社会における「組織と個人との統合」の可能性を見出したのである。それこそが経営学の発展の方向性である，とフォレットは示して見せた。

しかし，そうしたフォレットの期待とは裏腹に，その後の経営学の史的展開過程は「管理全般の科学化」のさらなる徹底化の一途を辿った。そうした近代経営学および近代経営の有り様を「知識経営」と特徴づけ文明論的視角から批判した人物がメイヨーであった。メイヨーが知識経営に見出した問題性を抽出し再構成すれば，① 人間協働（＝組織体）に潜在する多様な意味の＜組織の意味＞への一元化，② 組織体の活動の日常生活からの乖離，となろう。こうした事態を本書では，「知識経営の問題性」と呼ぶこととする。その問題の核心部分は「潜在的な意味の多様性を孕んだ＜世界＞の抽象化の仕方の問題」であると言える。

この「知識経営の問題性」は，われわれがどのように＜世界＞を認知するかという問題と深く関わってくるが，経営学史上，この認知問題に本格的に取り組んだ最初の人物こそ，サイモンに他ならない[2]。経営学の史的展開過程を概観するとき，サイモン理論は決定的に重要な位置を占めている。それはサイモンが，メイヨーが批判した知識経営をさらに発展させる方向で，経営学の科学的精緻化に大きく貢献したからである。サイモン理論の特徴は，人間の「制約された合理性 bounded rationality」を前提として「意思決定 decision-making」に焦点を合わせ，それを基点に経営学の科学的精緻化を促進しようとした点にある。それをサイモン自身は「管理科学 administrative science」と呼んでいる。

第1節　サイモンの問題意識
────既存理論の科学的精緻化のために────

(1) **サイモンによる経済学批判**
────経済人仮説から管理人仮説へ────

サイモンの初期の主著『管理行動』（邦訳書名は『経営行動』）には，当時の経済学や経営学に対する批判が明瞭に現れている。そうした批判の背後には，既存の理論枠組みの科学的な精緻化・再構成を目指すというサイモンの意図がある。既存理論の科学的精緻化のために第1に要請されることは，問題状況を

理論的に記述することを可能ならしめる「概念」を開発することである（Simon〔1945, 1976〕p. 37, 45 頁）。そこで要請される概念の条件としてサイモンは，「これらの概念の内容は，科学的に有用であるためには，オペレーショナルでなければならない。すなわち，それらの概念の内容は経験的に観察可能な事実や状況に対応していなければならない」（Simon〔1945, 1976〕p. 37, 45 頁）と述べている。こうした問題関心からサイモンは，当時の経済学や経営学の状況に対して批判的な態度をとることとなる。

サイモンの経済学の古典理論に対する体系的な批判は，それが前提していた人間仮説，すなわち「経済人 economic man」仮説に対する批判であった[3]。

「経済人」の特徴は，およそ人間は「私益の極大化」を目的とし，それを達成する手段として「完全合理性」を有していると想定している点にある（友野〔2006〕14 頁）。サイモンは意思決定という観点から，「経済人」の特徴として以下の諸点を指摘する。それは，「行動している主体が，(a)意思決定に先だって，パノラマのように代替的選択肢を概観すること，(b)各選択肢によって生ずる複雑な諸結果の全部を考慮すること，(c)全代替的選択肢からひとつの行動を選択できる基準としての価値体系をもっていること」（Simon〔1945, 1976〕p. 80, 102 頁）である。

しかし実際の人間の行動は，少なくとも以下の3つの点で「経済人」が想定するように振る舞うことはできない（Simon〔1945, 1976〕p. 81, 103 頁）[4]。

(1) 合理性は，各選択につづいて起こる諸結果についての，完全な知識と予測を必要とする。実際には，結果の知識はつねに部分的なものに過ぎない。

(2) これらの諸結果は将来のことであるゆえ，それらの諸結果を価値づけるにさいして，想像によって経験的な感覚の不足を補わなければならない。しかし，価値は，不完全にしか予測できない。

(3) 合理性は，起こりうる代替的行動のすべてのなかで選択することを要求する。実際の行動では，これら可能な代替的行動のうちほんの2, 3の行動のみしか思いつかないのである。

既存理論の科学的精緻化のために，経験的に観察可能でオペレーショナルな概念を開発したいというサイモンの意図からすれば，彼が「経済人」を徹底的

に批判したことは至極当然であろう。つまり「経済人」は，経験的に観察可能な範囲で検証するかぎり，非現実的な仮説なのである。それゆえサイモンは，より科学的に精緻化された経済理論を構築するために，もっと経験的に観察可能でオペレーショナルな人間仮説を基礎に据える必要があると考えた。そのことがサイモンに，「管理人 administrative man」仮説を提起させることになるのである[5]。

(2) サイモンによる管理過程学派批判
――管理科学の構想――

サイモンは『管理行動』出版当時の経営学の研究動向の特徴およびその問題点を次のように指摘している。「管理（administration）は，通常，『物事を成し遂げること』の技法（the art of "getting things done"）として論じられている。特に，機敏な行為（action）を保証するための過程や方法が強調される。人々の集団から一致した行為を確保するために，諸原則が提示される。しかし，この論議のすべてにおいて，すべての行為に先立つ選択——現に行われることよりも，むしろ何がなされるべきかの決定——に対して，あまり注意が払われない。実際のどんな活動も『決定すること deciding』と『行為すること doing』の両方を含むのであるが，管理の理論は，行為の過程と同様に決定の過程にも関わるべきことが，一般に認識されてこなかった。」(Simon〔1945, 1976〕p. 1, 3頁）と。

ここでサイモンは，当時の経営学において支配的だったH.ファヨール（Henri Fayol, 1841-1925）を始祖とする管理過程学派（management process school）を念頭に置いている。この管理過程学派は，管理を「**公式的に組織された集団**（*formally organized groups*）において，人々を通じてそしてまた人々とともに，物事を成し遂げる技芸（the art of getting things done)」(Koontz〔1961〕p. 186）と捉え，① 管理活動をいくつかの管理要素（管理職能）から構成される「ひとつの過程」として把握すること（管理過程論），② それをうまく機能させるための管理の諸原則を抽出し検証（test）すること（管理原則論），を特徴とする。こうした，当時支配的であった管理過程学派の2本柱のそれぞれに対して，サイモンは批判を加えていくことになる。

第1の柱である管理過程論に関して様々に主張される管理要素を煎じ詰めれば，それは「Plan−Do−See」（計画−執行−統制）となろう[6]。それは，「計画によって経営意思を明確にし（Plan），これを具体的に実行にうつし（Do），その結果を当初の計画内容に照らして検討して計画と成果とのくいちがいの原因を明らかにする（See）という一連の過程が経営管理だとする考え方である」（植村〔1982〕258頁）。これに対してサイモンは，従来管理過程学派が意思決定の契機を「Plan」という管理要素にのみ限定していたことを批判し，「この決定過程の無視は，おそらく，意思決定は組織全体の政策の形成に限られるという考えからきている。それどころか，決定の過程は，組織の一般目的が決められたときに終了してしまうものではない。」（Simon〔1945, 1976〕p.1, 3頁）と述べている[7]。

　第2の柱である管理原則論に関して，サイモンは代表的な管理原則の4つ（具体的には，① 専門化，② 命令の統一性，③ 統制の範囲，④ 目的別・過程別・顧客別・場所別組織）を検討して，次のように述べる。「現在の管理の諸原則の致命的な欠陥は，格言がそうであるように，それらが対になっていることである。ほとんど，どの原則についても，それと矛盾するが，同じようにもっともらしく容認できる原則が存在する。この対になっている2つの原則に従えば，組織についてまったく逆の改善案が出てくることになるが，このどちらを通用するのが適切かについて，理論はなにも示していない」（Simon〔1945, 1976〕p.20, 25頁）。

　そこでサイモンは，管理過程学派の問題点を克服しつつ，「管理科学」を構築するために必要な作業について，次のように述べている。「科学は，原則を展開しうるためには，その前に，概念を所有しなければならない。…中略…管理理論の最初の仕事は，管理状況をこの理論に適切な言葉で記述することを可能にするであろう一組の概念を開発することである。」（Simon〔1945, 1976〕p.37, 45頁）と。そして，管理理論が必要とする概念の条件としてサイモンは，すでに言及したように，経験的に観察・検証可能な概念の必要性を主張する。こうした主張の背後に，彼の方法論的基盤として「論理実証主義 logical positivism」があることを，サイモン自身が明確に述べている（Simon〔1996〕88-90頁を参照）[8]。

(3) 方法論的基盤としての論理実証主義
——価値と事実との峻別——

　論理実証主義を論拠にサイモンは，科学の対象を経験的に観察可能な「事実的 factual」要素にのみ限定し，「事実」に照らして検証できない「価値的 value」要素を科学の対象から除外する（Simon〔1945, 1976〕p. 45, 56 頁）。サイモンは以下のように述べる。「ある命題が正しいかどうかを決めるには，それは直接に経験（experience）――事実（the fact）――と比較されなければならない。あるいは，それは経験と比較することのできる他の命題に，論理的な推論によって導かれなければならない。しかし，どんな推論の過程によっても，事実的命題（factual propositions）を倫理的命題（ethical propositions）から引き出すことはできないし，また，倫理的命題を直接事実と比較することはできない――なぜなら，倫理的命題は事実よりむしろ『当為 oughts』を主張するからである。それゆえ，倫理的命題の正しさを経験的あるいは合理的にテストしうる方法は存在しない。」（Simon〔1945, 1976〕p. 46, 57 頁）と。「事実的命題は，観察しうる世界とその動き方についての言明である。原則として，事実的命題はそれが真実か虚偽かを――それが世界について述べていることが実際に起きるか，あるいは起きないかを――テストして決めることができよう」（Simon〔1945, 1976〕pp. 45-46, 56-57 頁）。しかし，サイモンが注目した「決定（decisions）は，事実的命題以上のなにものかである。…中略…それは，命令的な性質（an imperative quality）を有している――一つの将来の事態を他に優先して選択し，その選択した事態を目指して行動する。簡単に言えば，決定は事実的内容とともに倫理的内容をもつ。」（Simon〔1945, 1976〕p. 46, 57 頁）のである。

　このようにしてサイモンは，論理実証主義に立脚し価値と事実とを峻別した。その上でサイモンは，「価値的」要素を含んだ意思決定を科学の対象たらしめるために，次のようにして価値的要素を処理する。すなわち，「管理上の意思決定の正しさは相対的な事柄である――ある指定された目的（designated ends）に到達するための適切な手段を選択したならば，その意思決定は正しい（correct）――という結論に達した」（Simon〔1945, 1976〕p. 61, 77 頁）と。つまり意思決定の価値的要素に関してサイモンは，目的を所与とし，その

実現のための手段選択の適否を問題化する。それは手段選択の適否が経験的に観察可能であり，したがって検証可能なものだからである。このようにしてサイモンは，論理実証主義を自身の方法論的基盤として「管理科学」の構築を目指すこととなる。

　しかしここに，本書との関連でひとつの重要な問題が潜んでいる。それは，「テクニカルな扱いができて，きれいな理論が構成できるような事柄だけが哲学の問題であると思い込む」科学主義を信奉した論理実証主義が孕む問題である（飯田〔2007〕40-41頁）。その特徴は，倫理や美といった価値についての哲学を不当に扱うという点にある。すなわち，「論理実証主義者によれば，倫理的言明や美的言明は，なんらかの事実を述べるものではないゆえに『認知的な』意味をもたない。それらの言明は，その言明を行う者の態度や感情を表現するものとして『情緒的な』意味をもつにすぎない。」（飯田〔2007〕41頁）として，それ自体は哲学的探求の対象から排除されたのである。サイモン理論も同様に，管理科学の構築を目指す過程で，管理に関わる真理の探求に傾斜し，管理に関わる善や美の問題を看過することとなった。その帰結については第2部で改めて論じる。

第2節　サイモン理論の概観
——管理科学の特徴とその基盤——

　意思決定過程に注目したサイモンは，既存の経済学が想定する完全合理性に基づく「最適基準 optimal standard」をもって最適解を目指すという「経済人」の経験的な非妥当性を問題視し，より現実的に「制約された合理性」に基づく「満足基準 satisfactory standard」でもって満足解を目指すという「管理人」を提唱する。その際サイモンは，意思決定の前提たる「意思決定前提」を「価値的要素」（価値前提）と「事実的要素」（事実前提）という二側面に峻別する。その上で，それ自体としては科学の対象たりえない価値的要素を「目的」として所与化し，その目的達成に対する手段選択の妥当性を問題化することで，意思決定過程を経験的に検証可能な科学の対象とした。

(1)「管理人」の認知特性
――＜世界＞の主体的再構成と多様な＜意味世界＞の可能性――

　意思決定は＜世界＞をどのように認知するのかという問題を明示的あるいは暗黙的に伴うが,「サイモンの諸著作を大観してみるとき，そこに暗々裏に描かれている世界は，複雑で巨大な環境の存在と，そこに住む限られた能力の人間の存在との対峙である」(稲葉〔1997〕54 頁)。サイモンは認知の観点から,「経済人」と「管理人」の相違点を次のように浮き彫りにする。

　「経済人は混雑したままの『現実の世界 real world』を扱う。管理人は，彼の知覚する世界が，現実の世界を構成する，さわがしいはなやかな混乱を，思いきって単純化したモデルであることを認める」(Simon〔1945, 1976〕p. xxix,「第三版への序文」30 頁)[9]。しかし，この単純化したモデルは，換言すれば「彼を取り巻く環境についての意思決定者の情報は，現実世界 (the real environment) の単なる近似 (approximation) ではない。…中略…実際，知覚された世界 (the perceived world) は『現実の』世界 (the "real" world) とはなはだしく違っている。…中略…およそ知覚というものは，『フィルター filter』として言及されることもある。…中略…実際フィルタリング (filtering) は，現前された全体 (a presented whole) の一部分の受動的な淘汰 (a passive selection) ではなくて，むしろ全体の微細な部分に向けられた注意 (attention) や，また最初から，注意の範囲内に存在しないほとんどすべてのものの排除 (exclusion) を含んだ能動的な過程 (an active process) である」(Simon〔1982〕pp. 306-307)[10]。

　すなわち「管理人」は，五感に制約されつつも，自身の注意・関心にしたがって＜世界＞を主体的に再構成する能動的な存在なのである (高〔1995〕86 頁)。そのこととりもなおさず,「制約された合理性」しか有しない「管理人」にとって，＜世界＞の意味構成が多様でありうることを意味する (稲垣〔2002〕134 頁)。ここには，メイヨーに言及した際に提出した，＜世界＞の知覚を概念化して把握する抽象化の問題が同じように潜んでいる。すなわち「管理人」も，潜在的な＜意味＞の多様性を有する＜世界＞を，当該主体の注意・関心にしたがって特定の＜意味世界＞へと抽象化する＜意味＞の一元化問題と，抽象化の高度化に伴う＜生＞からの乖離問題に直面せざるを得ない。

魚津郁夫の理解（本章脚注8を参照，魚津〔2006〕65-67頁）を敷衍すれば，広い意味でプラグマティズムの系譜に，あるいはパース流のプラグマティズムに位置づけられうるサイモンは，こうした問題を「験証」し，当該「管理人」の認知を真理化する過程を次のように述べている。「彼は，現実の世界が概して意味がないこと——現実世界の事実の大部分は，彼が直面している特定の状況には，たいして関連を持たないこと，原因と結果のもっとも重要な連鎖は，短くて単純であること——を信じているので，このような荒っぽい単純化で満足する。それゆえ，彼は，与えられた時点において実質的に無関係であるような，現実の諸側面——そのことはたいていの側面がそうであることを意味するが——を考慮に入れないで満足する。彼は，もっとも関連があり重要であると考えるごく少数の要因だけを考慮に入れた状況の簡単な描写によって，選択を行う」（Simon〔1945, 1976〕pp. xxix-xxx，「第三版への序文」30頁）と。すなわち「管理人」は，「制約された合理性」の範囲内で，満足基準に基づいて行動し，実際に満足解を得ることを通じて，単純化された自身の＜世界＞に関する認知を真理化する。

以下において，もう少し「管理人」の行動の特性について検討しよう。

(2) 「管理人」の行動特性
—— 認知された＜意味世界＞の真理化過程 ——

サイモンはJ. G. マーチ（James Gardner March）との共著『オーガニゼーションズ』（1958）において，有機体を「一時に一つのことしか，もしくは少しのことしかできず，また記憶の中に記録され，また環境によって示された情報のうちのわずかの部分にしか気をつけることのできないところの，選択し，意思決定し，問題解決する」（March & Simon〔1958〕p. 11, 18頁）存在と措定する。人間有機体の選択はつねに，現実の状況（the real situation）についての限定され，単純化された「モデル」を参照してなされる。このモデルのことを，当該個人の「状況定義 the definition of the situation」と呼ぶ。およそ状況定義とは，たとえ生物学的に一定の制約を受けるとしても，環世界との相互作用の所産として後天的に取得されるものである（March & Simon〔1958〕p. 139, 211-212頁）[11]。

この状況定義は、すでに触れたが、「客観的状況 the objective situation」の単純化され、ふるいにかけられ、歪みを加えられたモデルであって、当該主体を取り巻く環世界に関わる知覚をろ過する作用を有している。サイモンは、「この濾過作用は、意思決定過程に入る『所与のもの givens』のすべてに影響を及ぼしている」（March & Simon〔1958〕p. 154, 236 頁）と述べている。状況定義は、当該主体の指向性を、つまり当該個人の注意・関心・選択を規定しており、その結果として当該主体が再構成する＜この世界＞の有り様を規定するのである。このことを言い換えれば、状況定義は、当該主体が環世界からどのような事実的要素を受容するのかを規定するのみならず、当該主体が環世界の何に注意・関心・選択を向けるべきであり、何を無視すべきかという取捨選択の基準をも規定することを意味する。つまり状況定義は、意思決定前提たる価値前提――目的や価値――と事実前提――将来の事態についての知識もしくは仮定、行為に役立つ代替的選択肢の集合についての知識、各代替的選択肢に付随する結果についての知識――にまで影響を及ぼすのである（March & Simon〔1958〕p. 154, 236 頁）。

　マーチ＝サイモンは、状況定義に基づいて展開される活動（activity：個人的もしくは組織内的な）は、通常、ある種の環境からの刺激にまでさかのぼらせることができ、刺激に対する反応には様々な種類があると言う。ある刺激が比較的新しいものであれば、まず状況定義を作り、次にひとつないしそれ以上の適切な「実行プログラム performance programs」（行動パタン）を作成するための問題解決的活動を喚起することになる。それに対してある刺激が、過去に繰り返して経験されたような種類であれば、それに対する反応（行動パタン）は高度に常軌化され、ほとんど自動的に遂行されるようになっていくのが普通である（March & Simon〔1958〕p. 140, 212-213 頁）。前者の活動は、ある活動の前に、問題解決的な種類のプログラム作成の活動が必要となるような場合であり、「非常軌的な活動」あるいは「問題解決的反応 problem-solving response」と呼ばれる。それに対して後者の活動は、定められた刺激に対する固定的な反応が形成されることによって選択が単純化されたり、あるいは探索は除かれているが、選択は体系的に計算するルーティンによって明白に定められており、「常軌的な活動」あるいは「常軌化された反応 routinized response」と呼ばれる（March & Simon〔1958〕p. 142, 216 頁）[12]。

　この問題解決的な活動がどのようなものになるのかは，選択に適用される基準如何によって違ってくる。その基準こそが「最適基準」と「満足基準」であるが，「たいていの人間の意思決定は，それが個人的なものであってもまた組織内的なものであっても，満足できる代替的選択肢を発見し，それを選択することと関係しており，例外的な場合にのみ，最適の選択肢の発見とその選択に関係している」（March & Simon〔1958〕pp. 140-141, 214 頁）[13]。

　以上において，「管理人」の＜世界＞の認知問題をどのように験証し真理化するのかについて，サイモンがどのように考えているのかを検討してきた。サイモンはこの問題を，「制約された合理性」下での「管理人」の状況定義（あるいは準拠枠）に基づく，環境からの刺激とそれへの反応を通じた験証の問題として描き出す。当該刺激への反応が問題なく繰り返される限り，当該の状況定義は強化され，反応も常軌化されていく。しかし当該刺激への反応が支障をきたすような事態に直面すると，新たな状況定義の作成が試みられ，新たに適切な実行プログラム（行動パタン）の探索が開始される。この過程で重要な基準を成すのが満足基準である。すなわち「管理人」は，「制約された合理性」下で，もっぱら満足基準に基づいて行動し，実際に満足解を得ることを通じて，単純化された自身の＜世界＞に関する認知（状況定義）を真理化するのである[14]。

(3) 管理科学の提唱
――組織の意味と管理の役割――

　こうした，「制約された合理性」によって特性づけられる「管理人」にとって，組織とはどのような意味を有するのであろうか。

　サイモンは組織について，「いかなる意味においても，人間の合理性の達成にとって欠くことのできないものである。合理的な個人は，組織されそして制度化された個人であり，またそうでなければならない」（Simon〔1945, 1976〕p. 102, 129 頁）と述べている。その理由は，「組織という言葉は，人間の集団内部でのコミュニケーションその他の関係の複雑なパタンをさす。このパターンは，集団のメンバーに，その意思決定に影響を与える情報，仮定，目

標，態度，のほとんどを提供するし，また，集団の他のメンバーがなにをしようとしており，自分の言動に対して彼らがどのように反応するかについての，安定した，理解できる期待を彼に与える」（Simon〔1945, 1976〕p. xvii，「第三版への序文」15頁）からである。つまり組織は，組織メンバーである諸個人に対してその意思決定前提を提供し，他のメンバーの行動や反応の予測可能性を高めることで，「制約された合理性」の範囲を緩和するのである。ここにサイモンは，人間存在にとっての組織の積極的意味を見出す。ただしそれは，稲垣保弘が指摘するように，「この合理性はあくまでも組織にとっての合理性」（稲垣〔2002〕120頁）を，すなわち組織メンバーの組織的意思決定の合理性を高めるものであって，必ずしも個人的な意思決定の合理性を高めるものではない。

さらに留意すべき重要なことは，稲垣が指摘するように，「人間が制約された合理性しか確保できないのであれば，同じ立場に置かれたとしても状況認識は個人により異なる可能性を排除できず，状況の定義は多様性を孕むものとなるであろう。…中略…制約された合理性という概念は，状況あるいは対象に対する個人の多様な意味形成の可能性を示すものに他ならない」（稲垣〔2002〕134頁）ということである。しかるにサイモンは，状況定義の多様性の削減を通じて，いかにして組織的意思決定の合理性を確保するかという問題と向き合う。それこそがサイモンにとっての管理問題であり，その問題に応えることが管理の役割として認識されたのである。その際サイモンが注目したのが，上に示した「組織の個人への影響」である。

サイモンは，「組織は，個人の行動をいかにして組織全体のパターンに適合させるのだろうか——いかにして組織は個人の意思決定に影響を及ぼすのだろうか」と問いを立て，「組織の個人への影響」には2つの側面があると答える（Simon〔1945, 1976〕p. 123, 159頁）。それらは，「まず刺激，これによって組織は個人に影響を与えようとする。つぎに，個人の心理的な『性向』，これが刺激への個人の反応を決める。これらは，それぞれ，影響の『外的』と『内的』側面と名づけられる。」（Simon〔1945, 1976〕p. 123, 159頁）。ただし，「組織が個人に与える影響は，組織によって個人の意思決定が決められてしまうことを意味するのではなく，その個人の意思決定前提の基礎となっているい

くつかの諸前提が,組織によって,個人に対して決められることと,解釈されるのである」(Simon〔1945, 1976〕p. 123, 159頁)。このように,サイモンは,組織が外的あるいは内的経路を通じて,諸個人に意思決定前提(価値前提および事実前提)を提供する過程を「組織影響力 organizational influence」と呼び,組織の影響様式を2種類に分類している。

第1は外的影響力であり,「オーソリティ authority」と「コミュニケーション communication」がそれにあたる[15]。これらは,意思決定主体の外側から働きかけてくる刺激であり,この刺激により当該主体の意思決定や行動が引き起こされる。ここでオーソリティとは,「他人の行為を左右(guide)する意思決定をする権力(power)」(Simon〔1945, 1976〕p. 125, 162頁)であって,上司と部下との関係においてそれは「部下は,代替可能な行動のなかから彼自身の能力で行動を選ぶことを停止し,選択の基礎として命令,あるいは信号を受け取るというフォーマルな基準を用いる」(Simon〔1945, 1976〕pp. 126-127, 163頁)点で,「説得 persuade」や「示唆 suggest」といった他の種類の他人の行動への影響力から区別される。それに対しコミュニケーションとは,「公式的には組織のあるメンバーから別のメンバーに意思決定の諸前提を伝達するあらゆる過程である」(Simon〔1945, 1976〕p. 154, 199頁)。

第2は内的影響力であり,意思決定主体の内面に働きかけることで,組織にとって有利な意思決定を行うような態度・習慣・心的状態を,つまり「特定の反応」を組織メンバー自身の内部に確立することを目指す。「能率の基準 the criterion of efficiency」と「忠誠心と組織への一体化 loyalties and organizational identification」がこれにあたる。ここで能率の基準とは,「一定の資源の使用から最大の結果を生む代替的選択肢の選択を命ずる」基準である(Simon〔1945, 1976〕p. 179, 229頁)。この能率の基準に基づいて意思決定することで,ひとつの行為のコース内での代替的選択肢間の比較考量が可能となる。しかし,「異なる行為のコースによって達成される価値を比較する問題は,依然として残る。能率の基準は,この比較の問題を解決もしないし無効にもしない」のである(Simon〔1945, 1976〕pp. 179-180, 229-230頁;傍点は筆者による)。そこで,こうした異なる行為のコース間でどのコースを選択すべきかという問題に対して,当該組織に対する結果という観点から諸個人が決定す

る態度・心的状態が問題となる。この態度・心的状態をサイモンは「組織への一体化」と呼び，「人が，意思決定を行うときに，特定の集団にとっての結果の観点から，いくつかの代替的選択肢を評価するとき，彼はグループに自身を一体化している」(Simon〔1945, 1976〕p. 205, 260 頁) と説明する。その上でさらに，個人が一体化する対象によって，組織への一体化は 2 つに分類される。それが，「組織目的 the organization objective への一体化」と「組織の存続 the conservation of the organization への一体化」，である[16]。

このように，組織と管理の研究に「意思決定」概念を導入したサイモンは，諸個人の組織的意思決定の合理性を高めるという管理問題に応えるために，組織を通じて外的および内的影響力を発揮し，「制約された合理性」下での諸個人の多様な＜意味世界＞の構成の可能性を縮減し，諸個人の組織への一体化を促す。これが，サイモンが構想した「管理科学」の核心を成すものである。

第 3 節　サイモン理論の現代的意義
――経営学の主潮流の形成とその問題性――

(1) サイモン理論の歴史的位置・その 1
――諸学説の受容とその科学的精緻化――

サイモンが，自身を経営学の史的展開過程の中にどのように位置づけているかを見るには，『オーガニゼーションズ』を一瞥することが簡便であろう。そのことを通じて，サイモンに先立つ諸学説との間の連続性を見出すことができよう。

『オーガニゼーションズ』においてマーチ＝サイモンは，経営学の史的展開過程に登場してきた 3 つの人間モデルについて言及している。それらは歴史的に見て，① テイラーの科学的管理に顕著に見出せる「受動的・機械モデル」，② 人間関係論以来の「動機的・態度的モデル」，そして ③ 彼ら自身が提唱する「合理的・認知的モデル」である。しかし「これら三組の仮定は，相互になんら矛盾するものではない。人間というものは，これらの側面のすべて，おそらくはそれ以外の側面をも，もっているであろう。組織の中の人間行動につい

ての適切な理論は，人間の行動の『器械的 instrumental』側面も，『動機的・態度的 motivational and attitudinal』側面も，また『合理的 rational』側面をも，考慮しなければならないことになる」(March & Simon〔1958〕p. 6, 11頁）という。マーチ＝サイモンは，これら3つのモデルの総合を目指すが，その強調点はやはり彼らの「合理的・認知的モデル」に置かれる。

またメイヨーと関連づけて言えば，サイモンもまた＜世界＞の抽象化の問題に深く踏み込んでおり，その意味ではメイヨーとの間に連続性を見出すことができる。むしろサイモンによって「認知」問題が積極的に取り上げられたことで経営学の主要な研究領域とされるようになり，その科学的精緻化が促進され，その後の経営学の展開すべき方向性が決定づけられたと言えよう。

さらにフォレットと関連づけて言えば，フォレット経営思想の核心を成す「（全体）状況の法則」を，サイモンは「状況定義」という形で科学的精緻化の対象にしていると解釈可能であろう。その意味ではフォレットとの間に連続性を見出すことができる。サイモン自身は，フォレット経営思想を継承しようと意図してはいないであろう。しかしフォレットが提唱した「状況の法則」の発見自体が認知問題を含んでいるがゆえに，結果としてサイモンは「状況定義」という形でフォレット経営思想を科学的に精緻化する方向で継承したと見ることができる。

(2) サイモン理論の歴史的位置・その2
──諸学説との非連続性──

次に，サイモン理論の特徴を浮かび上がらせるために，諸学説との間の非連続性を検討する。まずはじめに，本書の「問いの原型」をなすメイヨー文明論との比較を行う。メイヨーが文明論的視角から批判した「知識経営の問題性」の核心部分は，「潜在的な意味の多様性を孕んだ＜世界＞の抽象化の仕方の問題」である。サイモンは，メイヨーが指摘した「＜世界＞の抽象化の仕方の問題」を，つまり認知問題を経営学において体系的に展開し，理論化した最初の人物である。その意味で，メイヨーとサイモンとの間には確かな連続性がある。サイモンがモデル化した「管理人」は，「制約された合理性」下において，たとえ同じ立場に置かれたとしても，その状況認知・状況定義の多様性を排除

しえない。サイモンはこの状況認知・状況定義の多様性という問題を管理問題と捉え、様々な組織の影響様式を通じて潜在的な意味の多様性を排除し、＜世界＞（外的環境）を組織的な状況定義によって再構成することを目指した。こうした態度は、メイヨーが文明論的視角から批判した「知識経営の問題性」に向かう態度と対照的である。むしろサイモンは積極的に、＜世界＞の潜在的な意味の多様性の排除へと向かう。メイヨーの批判・憂慮はサイモン理論によってさらに深められることとなった。ここに、メイヨーとサイモンとの間の非連続性を見出すことができる。サイモン理論において「知識経営の問題性」は、つまり①人間協働（＝組織体）に潜在する多様な意味の＜組織の意味＞への一元化、②組織体の活動の日常生活からの乖離という問題は、どのような事態を迎えるのであろうか。

次に、フォレット経営思想とサイモン理論との関係を検討する。フォレットは「管理全般の科学化」一辺倒の進展に対して危機感を抱いていた。フォレットは、「管理全般の科学化」と「科学的管理の哲学」との同時的発展の必要性を主張していた。また、そのことを通じてこそ「組織と個人との統合（機能化即再主体化）」が可能になると考えていた。その「科学的管理の哲学」の核心は、諸個人が全体状況のなかに自身の位置を見出し、機能化即再主体化を実現させることである。サイモンは、フォレットが唱えた「（全体）状況の法則」を「状況定義」として受けとめ、科学的精緻化をはかった。サイモン理論による「組織への個人の一体化」は、組織的な状況定義の共有を通じて果たされていくこととなる。それによって一面では「制約された合理性」しか有していな諸個人がその制約を緩和され、より合理的な意思決定を下すことも可能となり、フォレットが求めた「組織と個人との統合」が果たされる可能性が開かれたように見える。しかし他面では、そこで果たされうる「組織と個人との統合」は組織的な状況定義の共有に基づくものである。そのことはどのような事態をもたらすのであろうか。

(3) 近代経営学の陥穽
―― ひとつの帰結としての「閉じられた人間協働」 ――

フォレットは、組織社会における「組織と個人との統合」という問題の重要

性を意識し，その解決の方途として「管理全般の科学化」と「科学的管理の哲学」との同時的展開の必要性を唱えた。この主張は，経営学の史的展開過程をさかのぼれば，テイラーによる精神革命論（「経験から科学へ」と「対立から協調へ」）にも通じよう。

　このことを踏まえたとき，サイモン理論を経営学の史的展開過程のなかに位置づける際の基本的な視角として，2つのことを指摘できる。それが，ひとつには「経験から科学へ」と引き継がれる「管理全般の科学化」の系譜の観点であり，もうひとつは「対立から協調へ」と引き継がれる「科学的管理の哲学」の系譜の観点である。サイモン理論は論理実証主義を方法論的基盤として，既存理論の科学的精緻化・再構成を目指したものである。それは明らかに，テイラー以来の「経験から科学へ」の系譜に連なる。近代経営学は，バーナードが先駆となり，それをサイモンが部分的に継承し，科学的に精緻化・発展させていったことで，その主潮流が形成されていった。またサイモンは，フォレットが強調した「科学的管理の哲学」の核心をなす「（全体）状況の法則」を「状況定義」という形で受けとめ，彼の理論の基底に据えたと解釈することができる。状況定義は，当該主体の意思決定前提たる価値前提や事実前提に対して，さらには意思決定過程全体に対して非常に重大な作用を及ぼす規定因である（March & Simon〔1958〕pp.154-155, 236頁）。その意味でサイモン理論は，一見すると，「科学的管理の哲学」の系譜をも引き継いでいるように見える。

　しかしここで注意すべきことは，「状況をどのように定義するのか」という問題に関して，サイモンがどのように考えていたかである。サイモン理論における状況定義について稲垣は，意味形成という視点から，「目的の先行性に依拠する階層的目的体系と階層的意思決定体系」にその特徴を見出し，併せてその問題性を指摘している（稲垣〔2002〕134-143頁）。ここで「目的の先行性」とは，サイモンの方法論的基盤をなす論理実証主義と無縁ではない。経験的に検証可能な事実的要素のみを科学の対象とする論理実証主義にとって，目的，すなわち価値的要素は科学の対象から除外される。しかし同時に，意思決定あるいは管理という現象から価値的要素を除外することには，そもそも無理がある。したがってサイモンは，価値的要素の所与視，換言すれば目的の先行性を措定せざるをえない。その上で，（一般的）目的の実現に向けて，「目的－手段

の連鎖」という階層的目的体系（目的のハイアラーキー）が想定され，各階層における（中間）目的を実現させるための意思決定がより下位の意思決定の内容を規定するという階層的意思決定体系（意思決定のハイアラーキー）が想定される[17]。

稲垣が指摘するように，「目的の先行性に依拠する階層的目的体系と階層的意思決定体系」によって，「制約された合理性しか確保できない存在である意思決定者による状況の定義は，本来多様性を孕むものとなるはずであるが，意思決定階層の存在，より正確には上位レベルの意思決定の存在によりこの多様性は削減されることになる。この意味形成の多様性の削減により，組織メンバーの意思決定は組織にとっての合理性を高めるような方向性を付与されることになる」（稲垣〔2002〕137-138頁）のである。もっと端的に言えば，「制約された合理性の『制約』を階層的システムの存在により緩和するということは，個人の意味形成とそれに基づく行動の多様性に階層的システムで枠を嵌めること，すなわち多様性を排除することなのである」（稲垣〔2002〕138頁）。

以上のことを，メイヨーが指摘した「知識経営の問題性」と重ね合わせると，以下のように言い換えることができよう。すなわち，サイモン理論においては，論理実証主義の立場から組織目的を所与視し，その実現に向けた階層的目的体系とそれに対応する階層的意思決定体系の構築，および組織への個人の一体化を通じて，「管理人」たる諸個人の「制約」は緩和され，組織メンバーの意思決定は組織にとっての合理性を高めることも可能となった。しかし，それは同時に組織の観点からの，潜在的な意味の多様性を孕んだ＜世界＞の意味を排除し，＜組織の意味＞への意味の一元化を伴うものであった。しかも，「一体化に欠点がある場合には，それに由来する社会的価値と組織的価値との間の矛盾によって，社会的な能率に損失が生じる」（Simon〔1945, 1976〕p. 211, 267頁）危険性もある。こうした事態をメイヨーは，組織体の活動の日常生活からの乖離問題として指摘している。サイモン理論は，メイヨーが指摘した「知識経営の問題性」を克服するよりも，むしろ助長する危険性を孕んでいると言わざるを得ないであろう。

また，フォレットの経営思想と重ね合わせると，以下の点を指摘できよう。

すなわち，フォレットによれば「組織と個人との統合（機能化即再主体化）」を実現させるために「状況の法則」を発見することが必要なのであるが，それはサイモン理論によれば，「組織への個人の一体化」を実現させることで「制約された合理性」を緩和することを意味する。そのために組織メンバーの状況定義は，より上位の意思決定によって枠に嵌め込まれることとなるが，それは結局，各組織メンバーが組織の状況定義を内面化することに帰着する。フォレットの場合「状況の法則」を発見するために，そこに参加する諸個人が各々プロフェッショナルの立場で討議に参加することを想定しているのに対し（Follett〔1941, 2005〕p.58, 85頁），サイモンの場合，状況定義は階層的目的体系および意思決定体系を通じてどんどん枠に嵌め込まれていく，という重要な相違点がある。そうした組織の状況定義に基づいた組織的意思決定や組織的行動によって実現される組織的価値は，社会的価値と乖離し矛盾する危険性を孕んでいる。サイモン理論のように「組織状況における私の占める位置」（組織への個人の一体化）を見出すことで果たされる自己実現は，矮小化される危険性があるのではないだろうか。

　論理実証主義を方法論的基盤とするサイモンは，価値的要素を科学の対象から除外したがゆえに，逆に組織目的を与件化した。そこから階層的目的体系と階層的意思決定体系が導き出され，サイモン理論を「全体優位の発想」と特徴づけることともなる（稲垣〔2002〕139頁）。村田晴夫は，すでに第2章で引用したように，管理を機械論的管理と有機体論的管理とに分類する（村田〔1984〕12-13頁）。この村田の管理の二分類に従えば，サイモン理論はまさに機械論的管理に分類されよう。

　サイモンがその主潮流を形成していった近代経営学は，科学的に精緻化・発展していくこととなるが，それは同時に，組織とそのメンバーが社会的価値から乖離・矛盾する危険性を孕みつつ，組織という全体性が優越し，その中に組織メンバーたる諸個人が包摂されるという，「閉じられた人間協働」という事態をもたらす論理がその中心を占めることになったということを意味する。

章結　まとめと課題

　本章の課題は，近代経営学の扉を開き，その後の経営学の主潮流を決定づけたサイモンの理論を，経営学の史的展開過程の中に位置づけ，その意味を問うことであった。

　サイモンの意図は，既存理論の科学的精緻化にあった。論理実証主義を方法的基盤に据え，経験的に観察可能な「事実」的要素のみをその対象とし，「価値」的要素を対象から除外した。従来経営学が見逃していた「意思決定」に着目し，「経済人」仮説に替わる新たな人間仮説として「管理人」仮説を提唱した。「制約された合理性」しか有しえない人間は，組織化されることでその制約を緩和され，より合理的に意思決定し行動することが可能となる。ここに，人間にとっての組織の積極的意味を見出し，管理の役割を求めた。このサイモン理論の位置づけをはかる上で，テイラー以来の「管理全般の科学化」への偏重傾向に対する警鐘・批判を展開したフォレットやメイヨーの言説は重要な意義を有する。

　サイモンを，「組織と個人との統合（機能化即再主体化）」を組織社会の基本問題と捉えるフォレットと関連づけると，フォレットが「機能化即再主体化」という事態をサイモンは「組織への個人の一体化」として捉え直していると解釈できよう。その意味でフォレットとサイモンとの間に連続性を見出すことができる。その核心部分は「状況定義」であるが，サイモンが「状況」というとき，それは組織目的を与件とし，「組織的意思決定における合理性をより高めるためには」という組織状況を意味している。それは，「（全体）状況の法則」を組織状況に矮小化する危険性を孕んでいる。ここに，フォレットとサイモンとの非連続性を見出すことができる。

　またサイモンを，「知識経営の問題性」を批判するメイヨーと関連づけると，「潜在的な意味の多様性を孕んだ＜世界＞の抽象化の仕方の問題」を重要な問題として取り上げているという意味で，メイヨーとサイモンとの間に連続性を見出すことができる。しかし「意味の一元化」を，メイヨーが文明論的視角か

ら批判するのに対して，サイモンはむしろ「管理人」たる諸個人の組織的意思決定をより合理的なものとするための「制約」の緩和装置として積極的に評価する。ここにメイヨーとサイモンとの非連続性を見出すことができる。

　近代経営学を理論科学として再構成し，その後の経営学の主潮流を形成したサイモン理論を，このような特徴を有するものと把握した上で経営学の史的展開過程のなかに位置づけるとき，そこからどのような眺望が開かれるのであろうか。端的に言えばサイモン理論は，メイヨーが文明論的に批判した「知識経営の問題性」を克服するよりもむしろ，深刻化させることとなった。言い換えれば，サイモン理論は，経営学の理論的精緻化・再構成を目指し，結果として，＜世界＞に潜在する多様な意味の＜組織の意味＞への一元化・優越を促し，組織的価値を社会的価値から乖離させる危険性を，つまり「閉じられた人間協働」の危険性をより深刻化させたのである。サイモン理論は，「管理全般の科学化」と「科学的管理の哲学」との同時的発展を促すというよりも，論理実証主義に立脚することで価値的要素をその研究対象から除外し，「管理全般の科学化」に偏向する形での経営学の展開を方向づけ促進させたのであった。

　今後の検討課題は，サイモンとともに近代経営学の始祖に位置づけられるC.I.バーナードの理論を検討することである。バーナード理論は，サイモンのように経営学の主潮流とはならなかった。しかしバーナード理論は，サイモンと異なり価値的要素をこそ重視する。ここに，「管理全般の科学化」と「科学的管理の哲学」との同時的発展を促す理論的基盤を見出すことができるのではないだろうか。こうした問題意識から，第2部においてバーナード理論を検討する。

注
1) ただし本書では，筆者の能力の限界もあり，知の巨人であるサイモンの理論体系すべてを網羅することをあきらめ，あくまでも本書の課題と関連すると思われる範囲内での言及に留める。
2) しかし「観察の理論負荷性」を念頭に置けば，本来，＜世界-内-存在＞たるわれわれ人間にとって，＜世界＞をどのように把握するかという問題は「認知」問題に留まらず，むしろわれわれの環世界との関わり方を規定し，われわれ人間の生き方（実践）の問題と不可分に結びつく。
3) サイモンは，経済学における古典派および新古典派経済学を含む「古典的経済理論」を，「古典理論」と呼んでいる。
4) こうした3点をサイモンは，① 知識の不完全性（incompleteness of knowledge），② 予測の困難性（diffficulties of anticipation），③ 行動の可能性の範囲（the scope of behavior possibilities），

第 4 章　サイモン理論の現代的意義　95

として まとめている。
5) 邦訳では「経営人」としているが，本書では「管理人」とする。また，皮肉にも当時のサイモンの主張が経済学者に受け入れられることはなかった。それは「その頃，現在の標準的経済学は確立期を迎えており，ヒックス，サミュエルソン，アローといった数理経済学者が活躍し，物理学を範とする一般均衡理論などの厳密な数学的分析がもてはやされていた時代であった。サイモンの論点は非常に説得力に富んでいたが，きわめて概念的・理念的なものに留まっており，操作可能なモデル化が難しいために標準的経済学者の間には広まらなかったと考えられる」(友野〔2006〕32 頁）という。
6) 植村省三は，代表的なものとして以下のものを挙げている。「たとえば，『計画・組織・経営要素の調達・命令・統制』(ニューマン)，『計画・組織・統制』(デイヴィス)，『計画・組織・人員配置・指揮・統制』(クーンツ=オドンネル)，『計画・組織・調整・動機づけ・統制』(アレン）などである。」(植村〔1982〕258 頁）と。
7) 管理過程学派を代表するクーンツ=オドンネルも，「計画化では，企業全体の目標または企業の一部のための目標の選択およびこれらの目標を達成するための戦略，方針，個別計画，手続きの選択が行われる。もちろん，計画化では多くのものの中から選択するという行為が行われるから，計画化は意思決定である。」(Koontz=O'Donnell〔1976〕pp. 70-71, 137-138 頁）と述べている。
8) 魚津郁夫は，プラグマティズムの代表格である C. S. パースが提唱した「プラグマティック・マクシム」と論理実証主義が主張した「意味の検証理論 the verification theory of meaning」との高い親和性を指摘している（魚津〔2006〕65-67 頁)。パースの「プラグマティック・マクシム」を要約すれば，「ある対象についての概念の意味は，その対象によってひきおこされる『感知可能な効果と考えられるもの』に帰着する，ということである」(上山〔1980〕89 頁脚注 1)。また論理実証主義の「意味の検証理論」とは，「命題の意味を明晰にするためには，具体的な感覚をもたらすような経験的手段を規定すればよく，こうした経験的手段を規定できない命題は無意味である。いいかえれば，命題の意味はその検証方法にほかならない」(魚津〔2006〕66 頁）というものである。このことが意味するのは，サイモンが広い意味で，アメリカに固有の哲学であり，アメリカ経営学を特徴づける「プラグマティズム」の系譜に位置づけられるということである（三井〔2001a〕〔2001b〕参照)。
9) この行は，プラグマティズムを代表する W. ジェイムズが彼の鍵概念である「純粋経験」を語る行を彷彿とさせる（本書 57 頁を参照)。
10) 訳出に際し，髙〔1995〕を参考にした。
11) サイモンはのちに，「諸事実は，観察，知覚，そして推論の複雑な，時としては不安定な基盤に基づいている。諸事実は，とりわけ科学においては，通常，それ自体，理論的な仮定が染み込んでいる用具によって収集される」(Simon〔1983〕p. 6, 6 頁）として，「事実の理論負荷性」を指摘している（稲垣〔2002〕140 頁）が，この指摘の起源を「状況の定義」あるいは「準拠枠」に求めることができるであろう。
　また，ここで用いる「環世界 Umwelt」とは，動物学者ユクスキュルに由来する（Uexküll & Kriszat〔1934〕および日髙〔2003〕を参照)。人間を含めた動物（当該主体）は，「主体として，周りの事物（客観的環境）に意味を与え，それによって自分たちの世界（環世界）を構築している」(日髙〔2003〕31 頁；括弧内は筆者による)。
12) それらの行動についてサイモンは，『管理行動』において，それぞれ「躊躇—選択型 the hesitation-choice pattern」および「刺激—反応型 the stimulus-response pattern」とも呼んでいる（Simon〔1945, 1976〕p. 89, 113 頁)。
13) その満足基準の特徴は「(1) 満足できるぎりぎりの代替的選択肢をはっきりさせる諸基準の集合が存在しており，(2) 当該選択肢が，これら諸基準のすべてに適合するか，もしくはそれを超えて

いる」という点にある（March & Simon〔1958〕p. 140, 214 頁）。
14) サイモンは，真理化され強化された状況定義に基づく「常軌化された反応」を「習慣 habit」として注目し，次のように言及する。「客観的に合理的な行動とは違って，実際の行動においては，意思決定は定まった方向に注目を向けさせる刺激によって始められる。そして刺激に対する応答は，一部は理性的であるが，しかし大部分は習慣的である，といってよいように思われる」（Simon〔1945, 1976〕p. 91, 116 頁）と。「刺激は，外部的，内部的の区別なく，その状況のうち選択された諸側面へと注意を向けさせ，選択を他の方向へと変えさせるかもしれぬような競合的諸側面を排除する働きをもつ」（Simon〔1945, 1976〕p. 90, 114 頁）。習慣的な行動パタンの形成によって，意識的な注意を必要とすることなしに，反復的に生じるある特定の刺激に対する特定の反応を引き出すことも可能となる（Simon〔1945, 1976〕p. 88, 112 頁）。つまり，習慣によってかなりの程度の合理性を確保することが可能になるのである。しかし習慣には，その逆機能もある。「ひとたび習慣が形成されれば，単にある刺激が存在すること自体が，より深い意識的な思考を働かすことなく，習慣的な行動を起こさせる傾向があるからである。かかる状態のもとでは，環境が変化して，その習慣的反応が不適切となった場合でさえも，その反応が生じてしまうことになり，それを防ぐために，実際には意識的な注意を必要とするであろう」（Simon〔1945, 1976〕p. 89, 113 頁）と。

また，サイモンが「習慣」に言及する際，プラグマティズムを代表する W. ジェイムズや J. デューイを頻繁に引用している（Simon〔1945, 1976〕の脚注など p. 88, p. 90, p. 93, 139-141 頁）。このことからも，論理実証主義を方法論的基盤に据えるサイモンが，プラグマティズムと大いに親和性をもっていることがうかがえる。
15) サイモンはオーソリティとコミュニケーションとを明確に区別し論じる。それに対して C. I. バーナードはオーソリティを，「公式組織におけるコミュニケーション（命令）の性格」（Barnard〔1938, 1968〕p. 163, 170 頁）と規定している。バーナードのオーソリティに関して，筆者は別の視角から，第 7 章において論じている。
16) 稲垣は，こうした 2 種類の「組織への一体化」について，以下のように説明する。すなわち，「組織目的に一体化しているメンバーには，組織をとりまく状況が変化していても本来の組織目的に固執するあまり，組織の存続を危うくしてしまうような意思決定を行なうことになるかもしれない。また，組織の存続に一体化している場合には，組織の存続にとって必要であれば本来の組織目的から逸脱する内容の意思決定をも行なうかもしれない。」（稲垣〔2002〕131-132 頁）と。
17) サイモンのオーソリティの定義（本書 86 頁を参照）からも，より上位の意思決定内容がより下位の意思決定内容を規定する，とサイモンが考えていることを見て取れる。

第 2 部
経営学の課題

　本書の第1部では，近代経営学の主要学説を通時的に検討することで，現代経営（学）の諸課題に共通する問題性として，「知識経営の問題性」を指摘した。しかもこの事態は，現代経営（学）に固有の問題性であるというよりはむしろ，およそ100年に亘る経営（学）の基調に孕まれた問題性であることを改めて指摘しておかなければならない。ここに，経営学の基本問題が見出される。それは，＜組織の意味＞の優越に伴う，人間協働に潜在する諸他の意味の看過・無視・ひいては排除といった「組織の不寛容」という事態である[1]。それが，環境破壊や消費者保護，企業の社会的責任，労働の人間化問題などとして顕在化してきたと考えられる。そこから，いかにして人間協働に潜在する意味の多様性を認めるのか，という「寛容」(tolerance)の問題が導き出されてくる。

　しかし，経営学ではこれまで，本格的に寛容論は展開されていない。それゆえ本書の第2部では，経営学において寛容論を展開することの理論的可能性を探究する。その手がかりとして，バーナードの言説を考察する。バーナードは，現代経営学の基本的な枠組みとしてひとつの壮大な理論体系を提供している。そのバーナードが，人間協働における寛容の問題を論じていることは余り知られていない。バーナードは，主著『経営者の役割』（1938年）に先立つ「ジレンマ」論稿（1936年）のなかで，① 全体と個のバランスの問題，② 権威の確立と維持の問題，③ 寛容の確保の問題を論じている。こうしたジレンマの相関については，すでに序章において触れたので，簡単に振り返っておく。

　人間協働が成立・存続・発展するためには，全体と個のバランスの確保が問題となる。しかし，このバランスの問題について，主観的要素を排除しえな

い。したがって，人々が受容可能な全体と個のバランスに関わる主観的権威を確立・維持する必要がある。しかし，主観的権威の確立・維持の必要性を認めるということは，とりもなおさず多様な主観的権威の成立可能性を認めることとなる。そこで，多様な主観的権威を排除しあうよりも，むしろ相互に認め合う寛容の確保が問題となってくる。この3つのジレンマをその都度調整していくことが，人間に課された不変の課題なのである。

　第2部では，バーナード理論を手がかりとして，経営学における寛容論の基本視角を検討する。その際，第1部での考察を踏まえ，「知識経営」に象徴される「管理全般の科学化」への偏重の意味を，人間協働における全体と個のバランスの問題，権威の確立と維持の問題，という視角から考察する。そのことを踏まえ，いかにして人間協働に潜在する意味の多様性を認めるのかという「寛容」の問題への理論的接近の可能性を検討する。

第5章
人間協働の存在原理
――分析枠組みとしてのバーナード理論――

序　問題の所在

　本章の課題は，人間協働の中核を成す組織とは何か，人間にとって組織とは何か，である。こうした問いを立てる理由は，本書第1部で検討してきたように，およそ100年に亘る経営学の史的展開過程の主潮流を成す「管理全般の科学化」が，われわれにとってどのような意味を有しているのかを考察するためである。これまで経営学は，われわれが生きる社会的世界に遍在する人間協働という現象の中から，様々な科学的研究の対象を見出してきた。そこで得られた科学的知識が経営実践にも適用（知識の知識への適用）され，経営学は「知識社会」とも呼ばれる現代社会の生成・発展と歩調を合わせ展開されてきたと言える。われわれはこうした経営学の史的展開過程の意味を，C. I. バーナードの理論を分析枠組みとして考察して行く。

　バーナードは，その主著『経営者の役割』（1938）において，「全人仮説」と言われる新たな人間観を提示し，組織を根本的に考察している。本章では，バーナードの捉える人間と組織との関係を，主に，「公式組織 formal organization」と「非公式組織 informal organization」との関係の考察を通して検討して行く。そこに，人間と組織との関係の根本的なものが見出されるからである。

　われわれ人間にとって組織とは必要不可欠な存在であり，同時にまた，組織にとっても人間は欠くことのできない存在である。われわれは，組織に対して何らかの活動を提供する形で貢献している。そのことによってはじめて，組織は成立し，存続することも可能となる。両者は，密接不可分な関係にある。し

かし同時に両者は，相対立する傾向にあると言えるだろう。組織は，われわれ人間に基盤を置きながらも，諸個人の意図を離れ成長して行く傾向にある。われわれ諸個人の意思を基盤に据えているにもかかわらず，われわれの意思を超えて行く傾向にある。環境問題も，人間の様々な協働行為の意図せざる結果である。

　こうした人間と組織との関係を，どのように捉えればよいのか。組織を「目的合理的な手段」として捉えることで，はたして組織の全体性を捉えたことになるのであろうか。人間にとって組織とは何か。これらの問いが本章の主題である。

　従来から経営学の主潮流は，組織の目的合理性，手段性を強調し，その効率的な実現を検討の対象とし，その理論的精緻化を進めてきた。しかしその反面，組織が基盤としての人間の意思を離れて行くという，いわば組織の非合理性を看過することになったのではなかろうか。「人間の意思を離れて行く」とは，組織自身に固有の指向性があり，主体的な存在として組織が生成されていくことを意味している。

　この組織の非合理的な側面こそが，すなわち論理化しにくい側面こそが，"組織の主体性"，"組織の意識"，あるいは"組織固有の価値"として議論される組織固有の＜意味＞の側面である。バーナードの基本問題は，「個と全体との統合」であると言われることがある。このことを換言すれば，バーナードの基本問題は「＜個の意味＞と＜全体の意味＞との対立と統合」であるとも言えよう。＜組織の意味＞の優越という知識経営の問題性を踏まえたとき，改めてバーナード理論を検討する意義も見出せよう。

　バーナードの組織論の特徴は，組織の合理的側面のみならず，非合理的側面をも捉えようとする点にある。そうした特徴を有する組織論を基盤に据えて，その上に管理論を展開しているがゆえに，バーナード理論は潜在的な理論的発展の可能性を大いに秘めている。本章では，バーナード理論を手がかりとして組織を単なる「目的合理的な手段」以上の存在として捉えたうえで，個人と組織との関係を考察する。

第1節　バーナード理論の基本問題
——全体と個との統合——

(1) バーナード理論の世界観と方法
——垂直同型性と有機体論的システム論——

以下ではまず，バーナードが「個と全体との統合」をどのように把握していたのか確認することからはじめる。

村田晴夫は，バーナード理論における「個と全体との関係」の把握の仕方を，「垂直同型性」と特徴づける（村田〔1990〕201-206頁）。村田は，垂直同型性と対をなす水平同型性とともに説明する。それによれば，まず「同型」であることの意味として，形式あるいは構造が同じであることに加え，① 構成原理（いかにして構成されているかということ）が同じである，② 存在原理（何によって存在させられているかということ）が同じである，と述べる[2]。この，水平同型性と垂直同型性とを分かつものは，同型関係を結ぶもの（AとB）が相互に独立しているか否かである。水平同型性とは，互いに独立した二者AとBの間の同型性を言う。それに対して，垂直同型性とは，AがBに含まれているときの，またAが下位システムでBがその上位システムであるときの，AとBの間の同型性を言う。ここでいうAが個であり，Bが全体である。

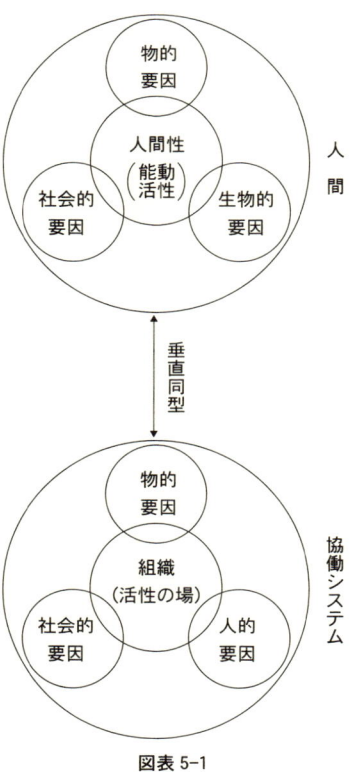

図表 5-1
出典：村田晴夫〔1984〕54頁。

図表5-1を参考にしながら，バーナード理論における同型性を概観しよう。バーナード理論において「個と全体との関係」の把握の仕方を理解するには，個人（＝人間）と「協働システム coöperative system」との間の同型性を検討することがわかりやすい。まず，バーナードの基本的な考え方は，システム論的アプローチをとるところにある。社会諸科学において，システム論を基礎に据えることは広く受け入れられていると思うが，ここでシステムとは「各構成要素が相互関係によって複合した全体」を意味し，物事の成り立ちをそのようなものとして理解しようとする方法論的接近をシステム論という（村田〔2002〕213頁）。バーナード自身，「システムとは，各部分がそこに含まれる他のすべての部分とある重要な方法――その構成要素が相互依存的な変数であるということ――で関連をもつがゆえに全体として扱われるべきものである」(Barnard〔1938, 1968〕p. 77, 80-81頁）と述べている。村田は，バーナード理論に見るシステム論的アプローチを「有機体論的システム論」と特徴づける。つまり，各々のシステムが「生きている」と理解する。有機体論は，「生きている」状態として，全体性の創発（emergence），目的性，創造性などに注目する。その典型は A. N. ホワイトヘッドや L. ベルタランフィ（Ludwig von Bertalanffy, 1901-1972）に見られる。ホワイトヘッドの「有機体の哲学」によれば，有機体の基本は，諸々の要因に限定づけられながらも，それらを却って積極的要因に転化し，主体的・能動的に統合しつつ自己を創造的に生成することにある[3]。システムは，諸要因を統合することによって構成されるわけだが，それら諸要因の単なる総和ではなく，そうした諸構成要素に還元できない当該システム固有の特性が創発され，それによってむしろ積極的に諸構成要素を主体的・能動的に統合しつつ自己を創造的に生成しつつある過程として理解される。

次に構成原理について見ていく。個人というシステムは，物的，生物的および社会的諸要因とそれらをひとつにまとめあげる「人間性 person」の複合体である。それに対し協働システムは，物的（生物的要因を含む），人的および社会的諸要因とそれらをひとつにまとめあげる公式組織（組織要因）の複合体である。しかも個人と協働システムの両者は，どちらに注目するかによって上位システム－下位システムの立場が入れ替わる階層的相互性という特徴を有す

る。それは，個人というシステムに注目すれば協働システムは社会的要因として個人を構成する下位システムの地位となり，協働システムに注目すれば個人というシステムは人的要因として協働システムを構成する下位システムの地位となる，ということを意味する。

続いて存在原理について見ていく。個人にしろ協働システムにしろ，それらは最初から，独立した固有の主体性をもって存在しているわけではない。個人というシステムの場合，人間性は，過去および現在の物的，生物的および社会的諸要因の「結合 combination・合力 resultants・残基 residues」として創発されてくるものである。このことは，当該個人が固有の「動機 motives」を有するようになってくることを意味する。それは，当該個人の主体性の強度や指向性の固有さに応じて，「欲求 desires」にはじまり，「衝動 impulses」を経て，「欲望 wants」へとその強度を高め，より個性的に成り行く事態を意味する。また協働システムの場合も，公式組織（組織要因）は，過去および現在の物的・生物的，人的および社会的諸要因の結合・合力・残基として創発されてくるものである。それは，P. セルズニック（Philip Selznick, 1919-2010）流に言えば，何らかの共通目的達成のために形成される機械的手段としての組織が，当該組織に固有の価値が創発されてくることで「制度 institution」化してくると言い換えることも可能であろう（Selznick〔1957〕）[4]。「人間（＝個人）と協働システムとはともにその存在原理において自己の創造という共通のものを有するのである」（村田〔1990〕203 頁）。

このようにバーナード理論においては，個人と協働システムの間に垂直同型性が見出される。しかしこの関係は，個人と協働システム間の関係に限定されない。バーナードは，この世界を垂直同型的に理解する。こうした発想があらゆる存在に適用される。それは，あらゆる存在——例えば「社会」も含まれる——を「生きている」と捉える有機体論的システム論の立場である。

(2) バーナード理論に見る文明論的視点
——歴史の動因としての起動力——

以下において，バーナードの「ジレンマ」論稿を検討する。その理由は，「ジレンマ」論稿を検討することで，バーナード理論の文明論的視点を浮かび

上がらせることができるからである。そのことを通じて，文明と人間協働との関係を検討するという本書の課題にとって必要な分析枠組みが，提供される。

　バーナードは，われわれが知覚しうる宇宙における唯一妥当な一般的事実として，「変化 change」の存在を挙げる。この「変化」は，自然的世界について妥当するのみならず，われわれが生活する「社会的世界 social world」についても妥当する。しかもバーナードは，2種類の「変化」を指摘する。ひとつは「自ずから変わっていく」変化と，もうひとつは「人間が世界を変えていく」変化，である。社会的世界においては，とりわけ後者の変化が重要となる。この社会的世界を生きるわれわれにとって，諸「変化」は促進的要因とも，中立的要因とも，あるいは阻害的要因ともなりうる。それゆえわれわれ人間には，この絶えざる「変化」に対する不断の（再）調整と修正とが要請される。

　バーナードによれば社会的世界の「変化」は，＜世界＞に渦巻く諸力——物的，生物的，人的，社会的諸力——と，2つの「起動力 powers」——個人および協働システム——に由来すると言う（Barnard〔1936, 1986〕p. 29, 41頁）。この社会的世界は諸力および起動力によって動かされているがゆえに，絶えず変化している。

　こうした諸力は，「継続して相互に作用し合い，しばしば相互に対立し，あるいは対抗するゆえに，これらの基本的で対抗的な諸力と起動力を利用し，方向づけ，バランスをはかり，調和させることが人間に課された免れ得ない仕事となるのである。これを効果的に行なおうとする奮闘は人間にとって終わることのない運命である」（Barnard〔1936, 1986〕p. 30, 42頁）と，バーナードは言う。諸力の（再）調整という要請に応えるものこそが，バーナードによって「起動力」として指摘された2つの要因，すなわち，「個人」と「協働システム」である。バーナードは，この2つの「起動力」に関して，「それら（起動力）は，先にのべたすべての諸力がそれによって社会的行動に適用でき，社会的行動に転換されるか，あるいは，それによって表出される特別な経路(channels)」（Barnard〔1936, 1986〕p. 29, 41頁；括弧内は筆者による）であると言う。

　バーナードはここで，「諸力」は「起動力」を通じて方向づけられ調整され

て，具体的に観察可能な「社会的行動」に適用・変換されて表出する，という一連のプロセスを述べている。この事態は，次のように示すことができる。

諸力　→　起動力　→　社会的行動

さらにバーナードは，「文明の程度は，これらの対立的な諸力の間に調節をもたらすように適用され，そして，それらの諸力が相互に対抗し合うよりもむしろ確実に強化し合うように適用される，知識（knowledge）と技能（skill）によって規定され」(Barnard〔1936, 1986〕p. 35, 51頁)，「人間の技芸（art）は，それによって相反する諸力が一つの調整されたシステムのなかに共存できたり，またしばしば相互に強化しあえるような複雑な手段を考案してきた」(Barnard〔1936, 1986〕p. 43, 62頁) と言う。およそ文明の程度というものは，相反する諸力を調整する「組織化能力の革新」・「起動力の革新」という「社会的発明 social invention」，すなわち「人間の art」の程度に依存するのである（Barnard〔1937, 1986〕p. 78, 113頁）[5]。

それゆえバーナードは，放置すれば矛盾・対立する諸力を，むしろ相互に補完・強化し合うように（再）調整する「起動力」の必要性を指摘する。しかし，起動力によって確保された諸力の調和も，しばらくすれば再び矛盾・対立するようになる。それは，起動力による諸力の（再）調整作用自体が，諸力の源泉である物的・生物的・個人的および社会的諸要因を新たな状況へと変化させるからである。この世界は生きた，動的な，つねに変化するプロセスとして生成しつつある（Barnard〔1936, 1986〕p. 28, 40頁）。人間は，矛盾・対立する諸力の絶えざる（再）調整を実現しなければならない。それが，人間が背負わざるを得ない運命であり，「諸力の矛盾・対立の危機」の（再）調整過程によって個人や協働システムは試される。諸力の（再）調整に成功することもあれば，失敗することもあろう。こうした諸力の（再）調整過程は，個人や協働システムにとって，「存続の危機」であると同時に，「発展の契機」でもありうる。さらにマクロに見れば，「諸力の矛盾・対立の危機」の（再）調整過程こそ，「人類発展の契機」でもありうる。

こうした諸力の（再）調整過程において中核的な役割を果たすものが「起動力」としての個人および協働システムである。以上見てきたように，バーナー

ドは歴史の動因としての起動力の地位を，つまり個人および協働システムの地位を認めるという，文明論的視点を内包している。以下では，「起動力」内部でどのようなプロセスが展開され，諸力の（再）調整が行われているか，垂直同型性に貫かれた個人および協働システムに共通する論理を抽出しよう。

第2節　バーナード組織論の概観
――組織化の過程――

(1) 組織現象に見る3つの位相
――＜諸力の三様態＞と＜組織場＞――

バーナードは「公式組織」を，"*a system of consciously coördinated activities or forces of two or more persons*"（Barnard〔1938, 1968〕p. 73）と定義している。バーナードは，教会，政党，友愛団体，政府，軍隊，企業，学校，家庭などに代表されるような，それぞれに目的の異なる具体的協働情況を「協働システム coöperative system」として一般化する。バーナードは，協働システムを「矛盾・対立する諸力の具体的統合物」と見なす（Barnard〔1938, 1968〕p. 21, 22頁）。バーナードは，協働システムを構成する要因――物的，人的，社会的要因および公式組織（組織要因）――のうち，公式組織に対して他の3要因とは異なる特別の地位を認めている。公式組織こそが，放置すれば相互に矛盾・対立する物的，人的および社会的諸要因を具体的協働情況へと調和のうちに統合する，能動的な機能を果たす「諸力の結合因」となる。換言すれば，協働システムにおいて公式組織は能動的・主体的な地位にあり，協働に参加する諸個人は他の諸要因と同様に，公式組織によって統合される客体の地位にある。バーナードは，個人に主体性を認めるのと同様に，協働システムにも主体性を認める。バーナードの捉える公式組織とは，協働システムを構成する他のサブ・システムを具体的協働情況へと統合する能動的・主体的な諸力の結合因である，と言えよう。公式組織によりその他の諸要因が結合され，「主-客統合体としての協働システム」が生成されるのである。

バーナードは公式組織を「電磁場」に喩えて，「人力の場 a field of personal "forces"」，つまり「組織場 the organization field」と把握する（Barnard〔1938, 1968〕pp. 75-76, 78-79頁）。バーナードは公式組織について次のように述べる。「人間は，組織場を占有する組織力（organization forces）の客観的源泉である。その力は，人間にのみ存在するエネルギーから由来する。この力は，一定の条件が場の中で生ずる場合にのみ組織力となり，言語，行動のような一定の現象によってのみ立証され，あるいはかかる行動に基づく具体的な諸結果によって推論される。しかし人間にせよ，またその客観的な諸結果にせよ，それ自体が組織ではない」（Barnard〔1938, 1968〕p. 76 (footnote), 79頁脚注)[6]と。

飯野春樹が明らかにしているように，ここには公式組織の「構成部分」と「基本要素」とが区別されている。飯野は言う。「（公式）組織の構成部分は人びとの『諸活動または諸力』activities or forces であるが，活動や諸力そのものは，個別的であれ集団的であれ，協働的であれ非協働的であれ，公式組織との関係以外にも一般に広く存在しているものである。それらを，ほかでもない，その特定公式組織の調整されたインパースナルなシステムの構成部分たらしめる要件が，公式組織の基本要素 the elements of an organization，つまり，(1)共通の目的，(2)コミュニケーション，(3)協働意志，である」（飯野〔1978〕170頁；括弧内は筆者による）と。それゆえ「バーナードの公式組織とは，3要素によってくくられた（規定された），これら諸力の交叉する場，といわざるをえないのである」（飯野〔1978〕176頁）。つまり，場に生じる「一定の条件」こそは「組織の基本要素」に他ならない。基本要素の成立によって，＜人間のエネルギー＞が調整され＜組織力＞に変換され，さらに＜組織的行動やその具体的な諸結果＞として具現化するのである。本書では便宜上，＜人間のエネルギー → 組織力 → 組織的行動・具体的な諸結果＞を，**＜諸力の三様態＞**と呼ぶこととする。

以上，バーナードは＜諸力の様態＞を3つの異なる位相に区別している。第1の位相は，組織力の客観的源泉として各個人に内在する＜エネルギーの集合＞である。第2の位相は，＜組織場＞を占有する＜組織力＞である。第3の位相は，そうした組織力の存在を推論させる，客観的に観察可能な人々の＜組織的行動やその具体的な諸結果＞である。

このことを図示すれば，以下のようになろう。

```
客観的に観察可能な組織的行動・具体的諸結果
              ↑
    ＜組織場＞を占有する組織力
              ↑
組織力の客観的源泉としての「エネルギーの集合」
```

図表 5-2　＜諸力の様態＞の 3 つの位相

　バーナードの言う「組織」つまり「公式組織」とは，各個人に内在する「エネルギー」の集合を組織力に変換し，組織的行動やその具体的な諸結果によって推論されるのみの＜組織場＞を指すのである。附言すれば，われわれが客観的に観察することが可能なのは，第三の位相に限定される[7]。公式組織という＜場＞の存在は，実体として触知可能なものではなく，ただ客観的に観察可能な人々の組織的行動やその具体的な諸結果によってのみ立証され，その背後に推論される＜場＞という関係なのである。
　＜諸力の三様態＞と＜組織場＞との関係を図示すれば，以下のようになる。

```
エネルギーの集合 → 組　織　力 → 組織的行動・諸結果
                         ↑
                  ＜組　織　場＞
```

図表 5-3　＜諸力の三様態＞と＜組織場＞との関係

　「ジレンマ」論稿を検討した際に，起動力（個人および協働システム）を媒介して，＜世界＞に渦巻く諸力が社会的行動に変換される（＜諸力 → 起動力 → 社会的行動＞）という，バーナードの着想を確認した。そうであるならば，確認すべきことは，以下の点である。
　第 1 に，「エネルギーの集合」を組織力に変換する際に＜場＞に生じる「一定の条件」とは何か。飯野が指摘する通り，諸力を公式組織の「構成部分」たらしめるのは，＜組織場＞の中に組織の基本要素——共通目的，コミュニケーション，協働意志——が生ずる場合である。それによってはじめて，各個人に内在する「エネルギー」の集合が組織力に変換される。つまり「一定の条件」とは組織の「基本要素」に他ならない。

第2に，＜組織場＞とは何か。これは公式組織である。重要なことは，公式組織それ自体は触知しえず，ただ客観的に観察可能な人々の組織的行動やその具体的な諸結果によってのみ，その存在が推論されるに過ぎないということである。

　さらに附言すれば，「エネルギーの集合」を人間に限定せず，「＜世界＞に渦巻く諸力」と解釈することも許されるだろう。その上で，バーナードの垂直同型的世界理解を想定すれば，協働システムという起動力について言われている事態を，個人という起動力に対して類推的に適用することも許されるのではなかろうか。つまり，＜組織場＞として言及されるところに，個人の＜人間性＞を同型的に当てはめることも許されるのではないだろうか。

　以下では，起動力としての個人および協働システムが，その中核を担う人間性および公式組織（組織要因）を媒介して，いかにして＜世界＞に渦巻く諸力を組織化し，社会的行動やその諸結果へと結びつけていくのか，その共通の論理を見ていく。

(2) 組織化の3つの位相
——協働システムの道徳的制度化——

　バーナード理論では，個人および協働システムに共通な＜能動性の3段階＞[8]を定式化しうる。それが，＜動機－目的－行動＞図式である。およそ「動機」とは，過去および現在の物的・生物的・個人的・社会的諸力の結合・合力・残基である。「動機」は諸力に由来する「緊張」であることが多く，この「緊張」を解消するために何らかの「目的」を設定し，その「目的」達成に向け＜能動性＞が，客観的に観察可能な「行動およびその諸結果」にまで具現化される。ただし，この＜動機－目的－行動＞図式は，能動性の3つの異なる位相を示すもので，必ずしも生成の順序を示さない。つまり，なんらかの目的の設定，あるいは特定の行動の要請によって，なんらかの心的状態が惹起されうる。

　この＜能動性の3段階＞は，個人のみならず協働システムにも垂直同型的に見出される（村田〔1984〕25-26頁）。それが＜人間のエネルギー－組織場－組織的行動およびその諸結果＞（Barnard〔1938, 1968〕pp. 75-76, 78-79頁），

つまり＜非公式組織－公式組織－組織的行動およびその諸結果＞である。ただしこの場合も，協働システムにおける能動性の3段階を示すもので，必ずしも生成の順序を示さない。ただ，人間協働が成功裡に存続・発展するためには，すべての位相が必要となる。

　以下では，バーナードが挙げる公式組織の発生に関わる4つの方法の中から，公式組織の自然発生的な過程を取り上げ，その関連で＜能動性の3段階＞を検討する。それは，この過程こそ人間協働の原初的形態であり，人間と組織との関係がより明確に浮かび上がってくるからである。ここで「公式組織の自然発生的な過程」とは，非公式組織から公式組織が立ち現れてくる方法である（Barnard〔1938, 1968〕pp. 101-102, 106-107 頁）。論稿「世界政府の計画化について」（Barnard〔1943, 1948〕）を検討すると，そこに2種類の非公式組織が存在することに気づく。ひとつは「社会」や「共同体」を意味する非公式組織であり，もうひとつは特定公式組織の成立に随伴する「非公式組織」である。この2種類の非公式組織を，本書では「第一次非公式組織 primary informal organization」と「第二次非公式組織 secondary informal organization」として区別する[9]。

　継続的な第一次非公式組織での相互作用を通じて，諸個人の「動機」は「斉一な心的状態 uniform states of mind」にもたらされる（Barnard〔1938, 1968〕p. 123, 129 頁）。これが「組織固有の動機」をもたらす。「人々が（第一次）非公式組織を通じて，利害，理解，理想の共有状態に結合されるとき，この共同体の維持および彼らそれぞれの利害はともに，意識的に承認された目的を達成する明確な協働事業を形成させるようになる」（Barnard〔1943〕pp. 149-150, 150 頁；括弧内は筆者による）。すなわち，「公式組織」の成立である。そしてこの共通目的の実現に向けて能動性が，「組織的行動およびその諸結果」として客観的に観察可能なまでに具現化される。しかしいったん公式組織が成立すると，今度は，公式組織はそれ自身の第二次非公式組織を創造し，第一次非公式組織とは異なる性格が創発されてくる。この第二次非公式組織が，個人の動機に作用するようになる。以後，特に混乱のない限り，「第二次非公式組織」を単に「非公式組織」と表記する。またあわせて，「公式組織と第二次非公式組織の結合したもの」を単に「組織」と表記する[10]。

非公式組織および公式組織はそれぞれ一定期間存続すると，それぞれに人々の経験の共有や相互接触を通じて固有の道徳準則を創発させ[11]，非公式組織の無意識的な社会過程を通じて「非公式制度 informal institution」が，同様に公式組織の意識的な過程を通じて「公式制度 formal institution」が発展してくる。この両制度が相互に修正し合う過程で（Barnard〔1938, 1968〕p. 116, 121-122 頁），人々の間に「斉一な心的状態」が醸成され，結合・合力・残基としての「組織の動機」が非公式組織の深層に沈殿・堆積し，人間協働の基盤を成す組織の「道徳的基盤」が形成される。この組織の道徳的基盤を基礎として，当該組織に固有の組織準則が生成されてくる。この組織の道徳的基盤こそ，当該組織に固有の「文化」の核心を成し，協働システムを「自律的な道徳的制度 autonomous moral institutions」たらしめる要因である。

(3) 起動力の2側面——目的性と道徳的基盤——

非公式組織の深層に潜む道徳的基盤は，慣習，文化様式，＜世界＞についての暗黙の仮説，深い信念，無意識の信仰を表現しあるいは反映し，＜この世界＞の意味を提供し保証する根拠である。道徳的基盤は，それを共通の存立基盤とする人々に＜この世界＞の自明性を，つまり「常識 common sense」を提供する。それは自明であるがゆえに，敢えて問い返されることはない。道徳的基盤は，「それは全世界からきたり，全世界に展開する。それは，ふかく過去に根ざし，未来永劫に向かって」（Barnard〔1938, 1968〕p. 284, 296 頁）開かれている。道徳的基盤は，一定の空間的および時間的拡がりを有する。空間的拡がりとは，共時的に見て，それを共有する人々を共通の＜この世界＞に結合することを意味している。また時間的拡がりとは，「道徳」の定義からも明らかなように，通時的に見て，＜現在＞にのみ配慮した衝動的な「動機」を禁止・統制・修正して，＜現在＞を生きる諸個人を深く＜過去＞に根ざさせ，＜未来＞への予期（目的の予見性・理想性）を与えること，つまり＜現在＞を＜過去＞および＜未来＞という時間的拡がりの中に位置づけることを意味する。

「起動力」としての個人および協働システムに共通して見出せる「道徳的基盤」と，「（共通）目的」とを区別することは重要である。まず空間的拡がりに

おいて，両者はそれぞれ，共有された＜この世界＞の意味つまり公共的＜世界＞了解と，＜この世界＞の中で追求される〔私〕の生きる＜意味＞に対応する。公共的＜世界＞了解に立脚しているからこそ，〔私〕は"安心"して＜この世界＞の中で固有の「目的」を主体的に設定し，その充足（満足）を追求できる。また時間的拡がりにおいて，およそ「目的」とは＜現在＞に立脚しつつ＜過去＞と＜未来＞とを架橋するものである（Barnard〔1938, 1968〕p. 209, 219頁）。「目的」は，＜過去＞の経験を反映し，＜未来＞への予期を必要とする。それゆえ「目的」の定式化には，＜過去＞に根ざし，＜未来＞に向かって開かれた道徳的基盤が重要なのである。

また「(共通)目的」と「道徳的基盤」とを，「有効性」と「能率」との関連で区別することも重要である。有効性とは＜現在＞に立脚する目的の達成度であり，それゆえ＜現在＞の問題である。他方で能率とは満足の獲得であり，有効性の達成過程の結果，つまり＜未来＞の問題である。それゆえ能率の獲得は，時間的拡がりを有する道徳的基盤を必要とする。

このことを協働システムの場合で言えば，およそ協働システムの「目的」とは組織の共通目的であり，共通目的が立脚する＜現在＞とは，〔いま・ここで・現に協働している〕協働システムの＜現在＞である。また協働システムの＜未来＞とは，「協働に参加する個人が，人間としての主体を回復する瞬間に訪れる」（村田〔1984〕91頁）。各個人は協働の＜現在＞（有効性）に身を投じ，協働の＜未来＞での成果分配（主体性の回復・能率の獲得）を期待する。

以上で確認すべきことは，起動力としての個人および協働システムが＜世界＞に渦巻く諸力を組織化する際に，固有の（共通）目的をもって諸力を組織化するわけだが，その際に固有の道徳的基盤によって，（共通）目的の設定や組織化の仕方が規定されるということである。起動力が＜世界＞に渦巻く諸力を組織化する際，その契機には（共通）目的および道徳的基盤という価値的要素が不可分に進入してくるのである。

第3節　人間協働におけるコンフリクトの不可避性と人間の"art"の役割

(1) 複雑な道徳的システムとしての起動力
―――道徳的複雑さとコンフリクト―――

　人間協働には，不可避的に価値の問題が進入してくる。バーナードはそれを，「道徳準則 moral code」の問題として扱う。バーナードは道徳を，「個人における人格的諸力，すなわち個人に内在する一般的，安定的な性向であって，かかる性向と一致しない直接的，特殊的な欲望，衝動，あるいは関心はこれを禁止，統制，あるいは修正し，それと一致するものはこれを強化する傾向をもつものである」（Barnard〔1938, 1968〕p. 261, 272頁）と定義する。

　こうした道徳は，「人間としての個人に外的な諸力から生ずる」（Barnard〔1938, 1968〕p. 262, 273頁）ものであり，しかもそれは「通常の意味での法規（code）ではなくて，個人に対して現に働きかけている累積された諸影響の合成物」（Barnard〔1938, 1968〕p. 262, 273頁）であると言う。このことは，バーナードが「道徳準則」と言うとき，それは通常われわれが一般的に想定する「法律」や「慣習」，「社会規範」のみにとどまらず，当該個人の言動を「現に規定する諸力」をも含意している。

a) 複雑な道徳的システムとしての個人

　バーナードによれば個人とは，物的，生物的，社会的諸要因，およびそれらの結合・合力・残基であるところの人間性から成る複合体である。このことは，およそ人間とはこうした物的，生物的および社会的諸要因に制約されながらも，却ってこうした諸要因を自らの存立基盤としつつ，自己を創造的に生成しつつある過程であることを意味している。個人は，そうした諸要因に由来する物的道徳準則，生物的道徳準則，社会的道徳準則およびそれらの結合・合力・残基であるところの私的道徳準則（個人準則）から成る複雑な道徳的システムなのである。私的道徳準則（個人準則）とは，その他の物的道徳準則，生物的道徳準則，社会的道徳準則をどのように受容（消極的あるいは積極的に）

し，どのように主体として応答するのかという問題に関わる準則を意味する。

これら，諸道徳準則間では，相互促進的（矛盾せず強化しあう）な関係もあれば，相互に無関係なものも，そして相互に矛盾・対立する関係もあろう。問題は，同等の効力あるいは力をもった道徳準則間のコンフリクトが生じた場合である。その場合，個人として諸道徳準則をどのように受容（消極的あるいは積極的に）し，どのように主体として応答するのかという問題が生じる。その帰結は，第1は行動の麻痺状態が生じ，感情的緊張を伴い，挫折感，梗塞感，不安あるいは決断の喪失および自信の欠如にいたる場合，第2はあるひとつの準則の遵守と他の準則の侵害があり，罪悪感，不愉快，不満足あるいは自尊心の喪失にいたる場合，第3は直接欲望，衝動，関心，あるいはひとつの準則の指令を満たしながら，他のすべての準則にも合致する代替行動が見出される場合，である（Barnard〔1938, 1968〕p. 264, 275-276頁）。

およそ人間は，成長過程での様々な協働への参加を通じて様々な道徳準則を内面化しながら，そうした諸準則からの要請を主体的にどのように調整するのかという経験を積み重ねる中で，自身に固有の私的道徳準則（個人準則）を生成し，その調整能力の強化に伴い，より個性的な個人人格を生成しつつある過程である。コンフリクトの経験を通じて，われわれはつねに「主体性の強度」を試されつつある。村田晴夫は「主体性の強度」について，「主体性の強度が強いものは，情報処理の仕組みが複雑であり，習得的情報処理を多様に合わせ持って，複合度が高くなっている」（村田〔1990〕34-35頁）と指摘する[12]。附言すれば，「主体性の強度」とは必ずしも「主体性の硬度」ではない。むしろ，多様な準則からの要請に対する「応答可能性の柔軟さ」をこそ意味すると理解すべきであろう。こうしたコンフリクトをうまく処理できない場合，「個人の人間性の危機」をもたらす。それが第1の場合である。人間はコンフリクトを克服するために，諸々の要請を矛盾なく受容することが可能となるような，新たな私的道徳準則（個人準則）の創造を必要とする。そのことがひいては，個人の「主体性の強度」を高め「個人の発展」にもつながる。それが第3の場合である。

b）複雑な道徳的システムとしての協働システム

次に，協働システムについても垂直同型的に，個人の場合と同様の議論が当

てはまる。協働システムは，物的・生物的，人的，社会的諸要因，およびそれらの結合・合力・残基であるところの組織要因から成る複合体である。このことは，およそ協働システムも，こうした物的，生物的および社会的諸要因に制約されながら，却ってこうした諸要因を自らの存立基盤としつつ，自己を創造的に生成しつつある過程であることを意味している。協働システムは，そうした諸要因に由来する物的・生物的道徳準則，私的道徳準則（個人準則），社会的道徳準則およびそれらの結合・合力・残基であるところの組織固有の道徳準則（組織準則）から成る複雑な道徳的システムである。組織準則とは，その他の物的・生物的道徳準則，人的道徳準則（私的道徳準則），社会的道徳準則をどのように受容（消極的あるいは積極的に）し，どのように主体として応答するのかという問題に関わる準則である。

およそ組織も，物的（生物的）道徳準則，個人準則，そして社会的道徳準則からの諸要請を，主体的にどのように調整するのか——どのように応答するか——という経験を積み重ねる中で，当該組織に固有の組織準則を生成しつつある過程である。コンフリクトの経験を通じて，組織はつねに「主体性の強度」を試されつつある。つまり組織は，多様な準則からの要請に対する「応答可能性の柔軟さ」を試されつつある。

個人の場合と同様に，協働システムにおいても，諸準則間のコンフリクトが生じる危険性をつねに孕んでいる。協働に参加する諸個人にとってそれは，組織準則と他の組織準則間の，あるいは組織準則と個人準則との間のコンフリクトという形を取る。こうしたコンフリクトをうまく処理できない場合，協働に参加する諸個人にとっての「個人の人間性の危機」をもたらす。しかしそのことは同時に，諸個人の貢献を引き出す必要がある組織にとっても「協働の危機」を意味する。バーナードは，協働におけるコンフリクトを克服するために，諸々の準則を矛盾なく受容することが可能となるような，「新たな道徳準則の創造」を必要とすると言う。バーナードにとって，これこそが，経営者の役割の核心を成すと考えられる。そのことがひいては，組織の「主体性の強度」を高め「協働の発展」にもつながるのである。協働におけるコンフリクト状態は，「協働の危機」であり「個人の人間性の危機」でもあると同時に，「協働と個人との同時的発展」の契機ともなりうるのである。

(2) 「起動力の革新」の2つの契機
――道徳性と目的性――

　起動力たる個人および協働システムには，そこに共通する論理を見出すことができる。起動力たる個人および協働システムは，＜世界＞に渦巻く諸力に規定されながらも，却ってそれらを自身が有する目的性と道徳性に導かれて統合しつつ，自己自身を創造的に生成しつつある過程である。しかも両者は，お互いに，他方を自身の構成要素として内包しつつ，また他方の構成要素として包摂される密接不可分な（垂直同型的な）関係にある。

　しかし密接不可分ではあるが，両者はともに人間協働での経験の蓄積を通じて，より個性的な存在へと生成され行く。両者はそれぞれに固有の目的性と道徳性とを形成しつつある過程である。起動力たる個人および協働システムはともに，多様な起源に由来する多様な道徳準則間の均衡を存立基盤とする。それゆえ，多元的な道徳準則間の不均衡は，一面では人間存在の根底を揺るがす「個人の人間性の危機」であり，他面では組織の存立基盤を揺るがす「協働の危機」でもあると言える。しかし，この事態は「個人および協働の同時的発展」の契機ともなりうるのである。

　バーナードによれば，およそ文明の程度というものは，相反する諸力を調整する「起動力の革新」（人間の art）の程度に，すなわち目的性や道徳性の革新の程度に依存するのである。したがって，様々な道徳準則間に生じるコンフリクトを解消するために，新たな道徳準則の創造（起動力の革新）が必要とされるのであるが，「道徳性は展開するにつれてますます複雑化し，その対立はますます多く深くなり，（責任の）能力に対する要請はますます高くなり，道徳性が理想を達成することができなければ，（その対立は）ますます悲劇的となるに違いない」（Barnard〔1938, 1968〕p. 284, 296 頁；括弧内は筆者による）。こうした人間協働の不変のジレンマを，人間は引き受けていかなければならない。

　しかしここで問題となるのは，新たに創造される道徳性の方向性や内容である。その条件としてバーナードは，「道徳的抱負の高さ the height of moral aspirations」および「道徳的基盤の広さ the breadth of moral foundations」の2条件を提出する（Barnard〔1938, 1968〕p. 284, 297 頁）。「起動力の革新」

の成否は、この2条件の調和ある実現にかかってくる。

　道徳的抱負の高さとは、換言すれば、「目的の高邁さ」である。「これらの目的が高くて、多くの世代の多数の人々の意思が結合されるときには、組織は永続することとなる」（Barnard〔1938, 1968〕p. 284, 296頁）のである。個人や組織、社会などの、多種多様で多元的な道徳準則は、高い理想性すなわち高い目的に向かって促される必要がある。

　しかし同時に、多種多様な道徳準則がコンフリクトを生じることなしに共存可能となるような、共通の存立基盤を必要とする。それが「道徳的基盤の広さ」の問題であり、寛容の確保の問題である。共通の基盤を確保することで、多元的な道徳準則が受容可能となる。協働システムは、組織の道徳的基盤に立脚することで、人々の意思を結合する。組織が存続し、コンフリクトの解消を通じて組織は発展する。このように、コンフリクトを乗り越え組織が永続化する過程で、意思の結合される道徳的基盤は拡大して行くと言えよう。協働の存立基盤を成す道徳的基盤は、「全世界からきたり、全世界に展開する。それは、ふかく過去に根ざし、未来永劫に向かって」（Barnard〔1938, 1968〕p. 284, 296頁）開かれている。その結合の範囲は、たんに空間的拡がりのみならず、時間的拡がりをも有する。すなわち、組織が成功裡に存続し、さらには発展するためには、協働に携わる過去－現在－未来の人々の意思が結合されることが必要なのである[13]。組織が継続する中で、多くの人々の意思が結合される。それは国境を越え、時代を越えた意思の結合である。逆に言えば、人々の意思の結合が、国境を越え、時代を越えるような普遍的な目的性や道徳性を獲得し得ない場合、組織の永続は不可能である。

　上述の「目的の高邁さ」（目的性）および「道徳的基盤の広さ」（道徳性）とは、起動力が内包する、＜世界＞に渦巻く諸力を統合する2つの契機である。文明の程度は、この目的性や道徳性を契機とした諸力の（再）調整を実現させる「人間の技芸art」の程度に、換言すれば「諸力の組織化の程度」に依存する。このことを協働システムとの関連で言えば、「＜artとしての管理＞の程度」に依存すると言える。

(3) バーナード理論の哲学的基盤
——ホワイトヘッド「有機体の哲学」との関連で——

最後に，改めてバーナード理論の哲学的基盤について検討する。ここで，ホワイトヘッドの「有機体の哲学」について言及する。その理由は，主として3つある。第1は，ホワイトヘッドの哲学が，バーナード理論の哲学的基盤にあると指摘されることである。第2は，ホワイトヘッドの文明論が，本書の問題関心である「現代文明における経営学の役割」を検討するうえで，重要な示唆を与えてくれるからである。第3は，ホワイトヘッドが自身の哲学を展開するうえで，本書でも取り上げてきたW. ジェイムズをはじめ，J. デューイやH. ベルグソンに大いに影響を受けたと述べている（Whitehead〔1929, 1985〕p. xii, iii 頁）が，その意味でも本書との連続性があると言えるからである。

ホワイトヘッドの哲学は，20世紀哲学説のなかでも屈指の難しさがあると言われる。その背後には，19世紀末から20世紀にかけて起こった科学革命——電磁気学，相対論，量子論——があり，「哲学は，こうしたもろもろの科学の成果を，具体的で複雑な，この世界と調和させなければならない」（中村〔2007〕24頁）として，新たな科学的知見を受けとめたうえで「有機体の哲学」を構想していることにある[14]。まず，ホワイトヘッドとバーナードの論理の共通点を確認しよう。

ホワイトヘッドの「有機体の哲学」は，人間的経験を宇宙論にまで拡大し，その中で改めて人間的経験を含むあらゆる経験を捉え返すという構図である（村田〔1990〕137頁）。ホワイトヘッドは，経験の構造を抱握理論として捉える。あらゆる経験の主体を「アクチュアル・エンティティ actual entity」と呼ぶ。ホワイトヘッドは，いくつかの事物を統合して統一体にするところの，統合の「活性 activity」を「抱握 prehension」という用語で呼ぶ（村田〔1984〕181頁）。抱握は，つねに，① 抱握する主体，② 抱握される与件，③ その主体が与件をいかに取捨選択的に抱握するかという「主体的形式 subjective form」の3つの要因から成る（Whitehead〔1929, 1967〕p. 24, 39頁）。人間は自らの経験において，多なるものを一へと統合する「合生 concrescence」過程で，事物を「知り」，「創作し」，そして自らをも「作って」いくのである。そして，こうした合生過程を目的論的に嚮導する原理が「主体的指向 subjective aim」

なのである（山本〔1991〕130頁）。それは，その主体が目指す理想であって，生成する主体が何であるべきかを導くものである（田中〔1998〕281頁）。

以上のことをバーナード理論に引きつけて言えば，以下のような一致を見出せよう。起動力たる個人および協働システムは等しくアクチュアル・エンティティであり，＜世界＞に渦巻く諸力に規定されつつも，却ってそれらを抱握しつつ，自らを創造的に生成しつつある過程である。起動力たる個人および協働システムは，諸力の抱握に際し，道徳的基盤という主体的形式と目的性という主体的指向を契機とする。

さらに，＜世界＞はアクチュアル・エンティティから成り，アクチュアル・エンティティは抱握という活性によってつねに新しく作られている。アクチュアル・エンティティの生成は過程である（村田〔1984〕183頁）。この過程には，アクチュアル・エンティティ自らが主体化する過程である合生と，他のアクチュアル・エンティティの抱握の与件として自らを客体化する過程である「移行 transition」とがある。抱握が終結するのは，すべてのことが決定されて現実化されたときである。ここには主体的に見たときにひとつの充実がある。それを「満足 satisfaction」と呼ぶ。このことをバーナード理論に引きつけて言えば，以下のように言えよう。起動力たる個人および協働システムは，過程である。その過程は，与件である諸力を統合しつつ自らが主体化する合生過程と，満足して（必ずしも「有効性の獲得」ではなく，「能率の獲得」を通じて）自らを他のアクチュアル・エンティティの抱握の与件として客体化する移行過程から構成されている。

次に，ホワイトヘッドの文明論に言及する。ホワイトヘッドは，＜世界＞の「文明化」を「真理 truth」，「美 beauty」，「芸術 art」，「冒険 adventure」，「平安 peace」，によって特徴づけている。本書の課題は，「現代文明における経営学の役割」を問うことにあった。第1部で検討したように，経営学の主潮流は経営あるいは組織現象に関わる真理の探究に偏重し，そこで見出された「知識の知識への適用」を通じて，「知識社会」たる現代社会（現代文明）の形成・発展に対し重要な役割を果たしてきた。そこには，「知識経営の問題性」とそれによって惹起される現代経営学の文明論的諸課題がある。真理の探究に偏重した経営学が，「知識社会」たる現代文明を築き上げてきたのである。そ

の意味で,「真理への偏重」という事態がどのような意味を有するのかということを検討する必要がある。ホワイトヘッドの枠組みを手がかりとすることで,真理へと偏重する現代経営学や現代文明・社会の真相に迫ることも可能となるのではないか。

第1部第3章において,ジェイムズの「真・美・善」に関わる議論を援用しながらメイヨー文明論を再構成した。ここから,真理へと偏重する現代経営学や現代文明・社会を問うための切り口としての「真・美・善」の枠組みの有効性を見出すことができた。しかし,ジェイムズの議論は基本的に個人レベルの「真・美・善」を語るにとどまり,メイヨー文明論は「知」あるいは「真理」という観点から現代文明に接近するにとどまる。そこに限界がある。本書にとって必要な枠組みは,「真・美・善」を人間協働のレベルにおいて語ることが可能な枠組みであり,しかもそれが文明論をも語りうる枠組みである。この要請に適う枠組みとして,本書ではホワイトヘッドに注目する。

叙上のようにホワイトヘッドは,＜世界＞がアクチュアル・エンティティから成り,アクチュアル・エンティティの抱握によって,絶えず創造的に前進しつつある＜世界＞を描き出す。そうした,つねに創造的に前進しつつある＜世界＞を,ホワイトヘッドは「文明化」の概念で把握する。それを,真理,美,芸術,冒険,平安,によって特徴づけているのである。

真理は,＜実在＞と＜現象＞との一致である（Whitehead〔1933, 1967〕p. 241, 331頁）。しかし美を度外視すれば,真理は,善でも,悪でもない。真理は,美の増進に奉仕することから,こうした自己正当化の力を引き出してくる（Whitehead〔1933, 1967〕p. 267, 368頁）。

では,美とは何か。美は,「経験の契機におけるいくつかの要因の相互適応（mutual adaptation）である。…中略…『適応』は,目的を含意する」（Whitehead〔1933, 1967〕p. 252, 347頁）。「現象が実在に対して目的論的に適応するところに,真は美と結びついてくる。そこに真的美（truthful beauty）が成立する。」（山本〔1991〕175-176頁）[15]。

「芸術（art）は,現象の実在に対する目的論的適応である。…中略…芸術の完成は,真的美というただひとつの目的のみを有する」（Whitehead〔1933, 1967〕p. 267, 368頁）。「人為的 artificial であることが,芸術の本質である。

しかし依然として芸術でありながら，自然に復帰すること return to nature が，その完成である。…中略…最広義において，芸術は文明である」（Whitehead〔1933, 1967〕p. 271, 373 頁）。山本は，「現象の実在に対する目的論的適応とは，別言すれば，自然性と人為性とのコントラストに基づく調和ということに外ならない」（山本〔1995〕180 頁）と言う。経営学において，「管理は art である」と言われることがあるが，それはまさに真的美の実現を目指すということを意味するといえよう。アクチュアル・エンティティとしての個人も協働システムも，ともに諸力に由来する諸道徳準則と固有の目的性との統合体として生成しつつある過程である。この両者を調和のうちに統合することが「技芸 art」なのである。そして，「現実世界は美的であるとき，善的である」（Whitehead〔1933, 1967〕p. 267, 371 頁）。目的を抜きにして善を語りえないことを思えば，そうであろう。「芸術の本質は絶えざる完成への努力である。そして道徳もまた停滞を許さない」（村田〔2000b〕123 頁）。なぜなら，＜世界＞はつねに創造的に前進・変化し続けているのである。道徳性は＜世界＞に渦巻く諸力に起源を有しているがゆえに，「停滞は，道徳性の不倶戴天の敵である」（Whitehead〔1933, 1967〕p. 269, 370 頁）。

　冒険は，アクチュアル・エンティティが自らの創造を終え，後続するアクチュアル・エンティティの与件として客体化することを意味する。そのことによって，世界の一要素としての新しい価値を加え増す。「時代によって流動する道徳を思想と芸術の冒険によって切り開き，社会の，あるいは人類の退落をかえって進歩へともたらすことである」（村田〔2000〕123 頁）。

　最後に平安は，広義には「自我が消えて，個々の関心がより広いものへ向かっていること」である（Whitehead〔1933, 1967〕p. 285, 394 頁。村田〔2000〕124 頁）。平安には，青春的平安と悲劇的平安がある。青春的平安とは，いまだ悲劇を経験せざる平安であり，悲劇的平安は経験した悲劇を超えて，それによってより深い背景を人為の空間に据えることによって得られる平安である[16]。そして，偉大な調和とは，背景の統一の中で，諸個人が生き生きと自己主張し，自由であることなのである。（村田〔2000〕124 頁）

章結　まとめと課題

　本章の主題は，人間協働の中核を成す組織とは何か，人間にとって組織とは何か，を原理的に検討することであった。バーナードは，起動力たる個人および協働システムによる＜世界＞に渦巻く諸力の組織化の革新力に，歴史の動因を見出している。それは，諸力に限定されつつも，却ってそれらを主体的形式（道徳的基盤）と主体的指向（目的性）とを契機として抱握しつつ，自己を創造的に生成する＜真的美＞の実現を目指す。＜真的美＞の実現を目指す人間の＜技芸 art＞に，文明の程度が規定される。翻って，「知識社会」たる現代社会は，そして「管理全般の科学化」を指向する経営学の主潮流は，どうであろうか。「知識の知識への適用」は，真理，美，芸術，冒険，平安といった観点からすれば，どのような文明化の特質を示すのであろうか。

　「知識社会」を切り拓いた「知識経営」は，経営あるいは組織現象のさらなる真理を探究し，その意味で大いなる冒険を続けてきた。しかし真理は，美を度外視すれば，善でも，悪でもない。真理は，美の増進に奉仕することで自己正当化も可能となる。知識経営においては，目的的・組織的に「知識の知識への適用」が推進されてきた。知識経営において真理は，組織目的の効果的な実現（組織の有効性）のために奉仕してきたのである。そうした形での＜真的美＞の実現を目指す＜art としての管理＞によって「マネジメント革命」がもたらされた。

　ホワイトヘッドは＜美＞の完全性について，次のように定義する。「＜美＞の完全性は，＜調和＞の完全性として定義され，＜調和＞の完全性は，細部における，そして最終的総合における＜主体的形式＞の完全性ということで定義される。また，＜主体的形式＞の完全性は，『＜力強さ Strength＞』ということで定義される。」(Whitehead〔1933, 1967〕pp. 252-253, 348頁）と。この＜力強さ＞には2つの要因があり，それが＜重厚さ Massiveness＞と＜適切な強度 intensity proper＞である。＜重厚さ＞とは効果的なコントラストを伴った細部の多様性（variety of detail）であり，＜適切な強度＞とは質的

多様性に無関係な,相対的な大きさ (comparative magnitude) である。そして最大限の＜適切な強度＞は,結局のところ,＜重厚さ＞に依存していると,ホワイトヘッドは述べている。これまでのバーナードの議論に引き寄せれば,＜美＞の完全性たる＜主体的形式＞の完全性とは,道徳的基盤の完全性ということになろう。そしてこの道徳的基盤の完全性は,効果的なコントラストを伴った細部の多様性,つまり多様な価値間の調和を実現させる主体性の強度に依存する。翻って知識経営が実現した＜真的美＞とは,人間協働に潜在する多様な意味に対して＜組織の意味＞が優越し,その結果多様な意味の看過・無視・排除を伴うものであった。知識経営は,＜組織の意味＞という一元的な価値の実現を目指し,「より大なる利潤,規模的拡大を追求する」あまり,環境破壊や消費者保護運動,企業の社会的責任問題,労働の非人間化といった「自然性と人為性との不調和」をもたらした。知識経営における＜真的美＞は,組織目的の効果的な実現という意味では「小さい形の美 the minor form of beauty」を実現できたが,自然性と人為性との不調和をもたらしたという意味では「大きい形の美 the major form of beauty」を実現できなかった。またそれは,組織目的の実現に執着するあまり「小さい形の美」にとどまり,「自然性と人為性との調和」の確保を後回しにしたという意味で,悪でもあった。その結果は,平安からほど遠いものとなってしまった。

　人間協働を媒介して経験される諸力の相互作用が蓄積され,必然的に道徳準則間のコンフリクトが生じてくる。それをホワイトヘッドに引きつければ,「自然性と人為性との不調和」と表現できよう。道徳準則間のこうしたコンフリクトは,一面では「協働の危機」であり,他面では「個人の人間性の危機」でもある。しかしその同じ事態は,「協働と個人との同時的発展の契機」を,ひいては「人類発展の契機」をも意味する。こうした人間協働をめぐるコンフリクトを解消するために,「共通目的」および「組織の道徳的基盤」に関連する「新たな道徳性の創造」を,換言すれば＜組織場＞の革新を必要とする。ここに＜art としての管理＞の必要性がある。＜art としての管理＞が実現すべき＜真的美＞は,自然性と人為性とのコントラストに基づき細部の多様性を確保した調和,すなわち＜重厚さ＞に依存する。＜art としての管理＞は,「大きな形の美」を目指し,つねに冒険するのであり,その限りで善的でもある。

バーナードの「創造的管理論」とは，上述の意味での＜art としての管理＞である。それは，単に「知識（真理）の創造」をのみ目指すのではなく，「真的美の，そして善の創造」をも目指し，つねに冒険するものである。だからこそバーナード理論に，「知識経営の問題性」を克服するための理論的展開可能性を見出すのである。

注
1) 「人間協働に潜在する意味の多様性」として，本書では大まかではあるが，例えば，自然環境（生態系）の意味，諸社会の意味，諸組織の意味，諸個人の意味などを想定している。
2) 村田は「同型性」について，次のようにも説明する。「2 つのシステムが同型だということは，システムの実体や内容とは無関係に，両者が同じ構造ないし形式をもっているということを意味する。構造というのは，関係に基づいて構築されるものであるから，1 つのシステムで言えた関係的命題は，他のシステムでも言えることになり，それによって，相互性，全体性，機能等の特徴が，両システムにおいて共通的な様相をもっていることが洞察できるわけである。この概念が厳密化されれば，数学における同型 isomorph の概念になっていくが，同型性の最も原初的な形態は『類比』analogie において見出される。類比ということは因果的必然性をまったく含んでいない。因果性は原因と結果の間に時間的な関係があるけれども，類比においては時間は無視されてよい」（村田〔1990〕169 頁）と。
3) 村田は有機体を ① 全体性，② 能動性，③ 過程性，の 3 つの条件に整理する。村田はそれぞれ次のように説明する。「(1) 全体性とは，単なる個の総和ではなく，それを超えるところのものとして統合されていることを言う。それは決して個に還元されることができない。(2) 能動性とは，外力に対して機械的に反応するのとは対照的に，自らの内面の力によって活動することを言う。(3) 過程性とは，もろもろの要因や客体を統合していくこと，そしてその統合によって達成された全体性を，新たな要因や客体として，次の統合へと移行することを言う。新しい全体性を創造することが過程性のもつ普遍的な意味である」（村田〔1984〕66-67 頁）。
4) セルズニックは，手段的機械としての組織が「制度」化する過程を次のように説明する。「道具としての組織は，それが果たす心理的・社会的機能から付加的な意味を引き出す。そうするうちに，それ自体価値をもつようになる」（Selznick〔1957〕p. 20, 29 頁）と。そして，そのように形成された価値は，「組織のもつべき関与領域 commitment を設定し，それによって，それに特徴的な独自性 identity を与える」（Selznick〔1957〕p. 16, 24 頁）のである。
5) ここには，重大な問題が潜んでいる。それは，歴史観に関わる問題である。「起動力」の内的過程を検討しなければならないが，バーナードの歴史観は唯物史観とは異なるのではないか。
　ちなみにバーナードは，「社会的発明」の例として，次のものを挙げている。(1) 数字による，あるいは位取り表記法，(2) 家父長制と長子相続，(3) 慣習や法における占有と所有権，(4) 代議政体，(5) 株式会社，(6) 連邦システム（Barnar〔1937, 1986〕pp. 78-81, 114-119 頁）。
6) 本書において Barnard〔1938, 1968〕を引用する場合，山本安次郎・田杉競・飯野春樹訳『新訳 経営者の役割』（ダイヤモンド社，1968 年）に拠りつつ，適宜文脈に沿って修正する。
7) 後ほど検討するが，バーナードは，活性（activity）と行動（behavior）とを区別している（Barnard〔1938, 1968〕p. 13, 13 頁）。それに拠れば行動とは，活性が観察可能なまでに具体化したものであると言える。つまり活性と行動とは，同じ「能動性」の異なる位相を表現したものである。この点をさらに精緻化し，優れたバーナード解釈を展開しているのが北野利信〔1982〕〔1987〕〔1996〕および村田晴夫〔1984〕である。

第 5 章　人間協働の存在原理　　*125*

8）　この着想は，北野利信〔1982〕・〔1996〕および村田晴夫〔1984〕に多くを負っている。ただし北野が北野〔1982〕と〔1987〕〔1996〕との間で，〔activity-action-act〕の訳語を変更している。〔1982〕では〔活性-活動-行為〕が，また〔1987〕〔1996〕では〔活動-行為-所行〕が当てられている。しかしその理由は明らかではない。本書では個人および協働システムで共有しうる用語の必要上，北野の議論との混乱を避けるために，〔活性-活動-行為〕という洗練された用語に代えて，〔動機-目的-行動〕という拙い用語を用いた。ただし，バーナード自身がこうした＜能動性の3段階＞を明確に区別しているわけではない。また，バーナードが「行動」(behavior)とするところを，北野は「行為」(act)に置き換えている。
　また，北野の＜能動性の3段階＞説は，記号論理学のソシュール＝丸山解釈で鍵概念を成す「ランガージュ-ラング-パロール」と非常に親和性が高いように思われる（丸山〔1981〕79-92頁，丸山編〔1985〕63-68頁）。

9）　ただしバーナード自身は "secondary informal organization" と表記してはいるが，"primary informal organization" とは表記していない。"primary informal organization" という表記は，バーナードの論稿の文脈から判断して，筆者が "secondary informal organization" と対応させたものである。

10）　村田晴夫は，次のことに注意を喚起する。それは，「公式組織」および「非公式組織」概念による分析の有効性に関わるものである。この両概念による現実の諸組織の分析は，「"科学"のレベルに属する。"科学"を附加的な手段として，管理の"技"に迫ろうとするとき，われわれは現実が公式組織と非公式組織に二分されたものとしてではなく，それらが一体として，全体をなしていることに気づかされる。管理の技はそういう全体を，全体として統合して行く過程である」（村田〔1984〕139頁）。

11）　バーナードは道徳準則の生成に関して，物的・生物的，人的，社会的諸力が公式および非公式組織における人々の経験の共有や接触に由来すると述べている（Barnard〔1938, 1968〕p. 269, 281頁を参照）。

12）　さらに村田は，主体性の強度を高めるための必要条件として多様な行為準則（村田は基礎コードと呼ぶ）の複合度を高めること，また十分条件として当該主体に固有の，純粋な指向性の強さ，を挙げている（村田〔1990〕60頁）。

13）　このような，時代を越えた人々の間の意思の結合という問題は，環境倫理学などで言われる「世代間倫理」問題と呼応する。ただし，「世代間倫理」において言われていることは，われわれ現在世代とは直接交渉を持たない未来世代との間に，どのような関係を築き上げればよいかということが問題になる。そこでは，現在世代と未来世代との関係は，不連続である。しかし，バーナードにおいては，過去-現在-未来の世代が，「協働の連続性」（協働の持続可能性）に基礎を置いているために，世代を越え時代を越える意思の結合の可能性を問題にするという点で，環境倫理学の言う「世代間倫理」とは異なる。

14）　ホワイトヘッドは，哲学の仕事として以下のことを述べる。「哲学は，それぞれ独自の小さな，抽象的諸観念の図式を擁して，それを完成し改善しようと努めている，もろもろの科学と同類のものではない。それはもろもろの科学を総覧するものであり，科学を調和させ完全にするという特殊の目的を有する。…中略…それはもろもろの科学を具体的事実と対決させる」（Whitehead〔1925, 1967〕p. 87, 120-121頁）ことなのであると。

15）　山本誠作は，次のように真的美を説明する。「われわれが実在，つまり環境的世界に適応するだけでは，真的美は生み出されえない。実在に対して適応するというのは，別のことばでいえば，実在によって限定されるということであろう。こうして限定されながら，自らを限定していくという仕方で新しいものを創造してはじめて，現象が実在に対して目的論的に適応した，といういうのである」（山本〔1991〕175-176頁）と。

16) ホワイトヘッドは「青春（Youth）の最深の定義は，まだ悲劇（tragedy）に触れたことのない＜生命 Life＞である」（Whitehead〔1933, 1967〕p. 287, 3796）と言う。

補論 I
文明の転換期における経営学の役割[1]
―― ホワイトヘッドの文明論と関連づけて ――

序　問題の所在

　現代社会を生きるわれわれは，これまでの生活様式の問い直しを迫られている。A. N. ホワイトヘッドは，ひとつの時代から他の時代への際立った移行は，いつでも，2つの要因が作用していると言う。それが，＜無感覚な作用者 senseless agencies＞と＜説得的な作用者 persuasive agencies＞である。＜無感覚な作用者＞とは，それぞれの文明を，それらが受け継いだ秩序様態から駆逐する，現状にとどまることを許さない力である（Whitehead〔1933, 1967〕p. 5, 7 頁）。それに対し＜説得的な作用者＞とは，明瞭にされた信念・意識的に公式化された理想の力である。これが，それぞれの時代を革新する（Whitehead〔1933, 1967〕p. 6, 7 頁）。そして，「際立った移行の時代には，習慣となっていた無言の行為と情緒のパターンは過ぎ去っていき，新しい習慣の組み合わせがやってくる」（Whitehead〔1933, 1967〕p. 7, 8 頁）。

　現代社会を生きるわれわれは，自然環境破壊，テロリズム，グローバルに展開する資本主義，金融危機，そして孤独死や過労死，職場における精神疾患の増大，あるいは諸個人の価値観の多様化などを，＜無感覚な作用者＞として想起することができるのではないか。現代文明は，これまでの生活様式（習慣）の問い直しを迫られているのではないか。それに対して，現代社会における＜説得的な作用者＞にあたるものは何であろうか。こうした＜説得的な作用者＞を見出しにくい時代だからこそ，現代文明は変化を迫られているにもかかわらず，われわれは閉塞感に苛まれていると言えるのではないか。われわれは，習慣化され自明化された生活様式を問い直し，新しい習慣の組み合わせを

創造する時期に，言い換えれば，われわれは文明の転換期に立っているのではないか。

　20世紀以降の現代文明を支え，主導してきたものは企業である。企業活動が，現代文明の特徴を成す「大量生産－大量消費－大量廃棄」の生活様式を生成・発展させてきた。企業を研究対象の中心に据えつつ展開してきた経営学は，その意味で，こうした現代文明を支え，時には主導してきたと言えよう。経営学が現代文明の形成にあたって一定の役割を果たしてきたとすれば，こんにちの文明の転換期に立って如何なる貢献が可能であろうか。そのために，「転換期における経営学の役割」という問いに向き合いたい。ただし，ここでいう「転換期における経営学の役割」には，ふたつの含意がある。第1の含意は「現代文明の形成に際してこれまで経営学が果たしてきた役割」であり，第2の含意は「新たな文明の形成に向けて今後経営学が果たしうる役割」，である。本書の課題は，主として第1の含意に集中し，そこに潜む問題性を明らかにし，第2の含意へと接続するための方途を探ることである。

　これまで経営学は，現代文明における物質的豊かさの実現に対して貢献してきたと言えよう。しかし，現代文明が転換期に立っていることを考えるとき，経営学も自らを問い直し，新しい文明の形成に貢献しうる「新しい経営学」の構想が求められるのではないか。本書は，そのための予備的考察である。

第1節　文明化と人間協働
―――＜状況の人為化＞と＜artとしての管理＞―――

　序章で述べた通り，そもそも「文明」とは「自然性」に対置される「人為性」であり，文明を「自然の徹底的人為化」指向と特徴づけることができる。しかし，人間はなぜ「自然の人為化」を指向するのか。それは，自由の問題と深く関わっている。ホワイトヘッドは，「自由 freedom の本質は，目的の実行可能性 the practicability of purpose である」(Whitehead〔1933, 1967〕p. 66, 90頁) と言う。しかも「自由は状況を超え出る beyond circumstance ところにある」(Whitehead〔1933, 1967〕p. 67, 92頁)。

ここでいう「状況 circumstance」は，バーナード理論に見る人間論や協働論を念頭に置けば，当該主体を取り巻く与件としての諸力（自然環境のみならず，社会環境や人間環境も含めて）と考えることができる（図表補Ⅰ-1を参照）。その意味で本書では，「自然の人為化」を「状況の人為化」として概念的に拡張して用いる。与件としての状況によって限定づけられつつも，却ってそれらを積極的要因に転換し，当該主体固有の目的を設定し，その実現を追求するところ（目的の実行可能性）に，自由の本質をみる。

人間の歴史を概観するとき，われわれ人間は人間協働の拡大・精緻化を通じて「状況の人為化」を促進させ，それに伴って諸個人の自由度を増大させてきたと言えよう。ここには「人間協働に参加することで可能になる自由」という意味で「人間協働における自由」の問題が潜んでいる。C.I.バーナードは「状況の人為化」を促す歴史の動因として，個人および協働システムという「起動力」を据える（Barnard〔1936, 1986〕）。変化しつつある社会的世界には，放っておけば矛盾・対立する諸力が渦巻いている。人間には，個人としてあるいは協働システムとして，そうした諸力を相互に補完・強化し合うように（再）調整する「人間の art」（＝諸力の組織化という主体的行為）の発揮が期待される。起動力には，主体的指向（目的性）と主体的形式（道徳的基盤）の2つの契機があり，それによって諸力の組織化のパタンが異なる。

およそ文明化（＝状況の人為化）の程度は，当該システム固有の目的の実行可能性と諸状況（自然的，社会的および人間的環境）との調和を実現させる「人間の art」の程度に依存する。ここに，現代文明を支える人間協働における art，すなわち＜art としての管理＞の文明論的な意味が見出される。「人間の art は，それによって相反する諸力が一つの調整されたシステムの中に共存できたり，またしばしば相互に強化しあえるような複雑な手段を考案してきた」のである（Barnard〔1936, 1986〕p. 43, 62頁）。art とは，目的に応じて諸力・諸状況を調整・組織化する主体的行為である。

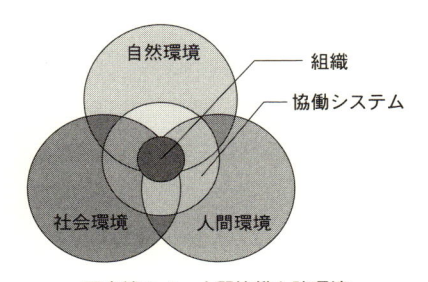

図表補Ⅰ-1 人間協働と諸環境

第2節　ホワイトヘッド文明論
――＜art＞を中心に――

　第5章第3節(3)において言及したように，art は人為的でありながら，諸状況の本性 nature との調和を目指すことであり，その調和の程度が文明化の程度をはかるものともなる。「要するに，art は自然の教育 the education of nature である」(Whitehead〔1933, 1967〕p. 271, 373頁)。ホワイトヘッドによれば，「偉大な＜調和＞とは，背景の統一性において結合された，もろもろの存続する個体の調和 the harmony of enduring individualities である」(Whitehead〔1933, 1967〕p. 281, 388頁)。「art はそのさまざまな構成体の細々とした構成要素のうちに，個体性を生み出すこと the production of individuality を目指すべきである」と，ホワイトヘッドは述べる (Whitehead〔1933, 1967〕p. 282, 389頁)。

　ここでホワイトヘッドが言う「自然の教育」とは，「e-（外へ）＋-duc（導く）＋-ate＝能力を導き出すようにする」という"educate"の語源からすれば，個体性を引き出す方向で，自然に潜在する諸可能性を顕在化させることを意味するであろう。ただし，諸状況の本性と調和しない art は，「うわべだけの，不自然な artificial」ままにとどまり，そうした「art は，自然の奥深くにある諸機能が病的に育ちすぎる morbid overgrowth」傾向を有すると，ホワイトヘッドは指摘する (Whitehead〔1933, 1967〕p. 271, 373頁)。

第3節　「協働の学としての経営学」の主潮流
――現代経営学の文明論的諸課題の生成――

　経営学は，19世紀末から20世紀初頭にかけての世紀の転換期に成立してきた。当初経営学は，営利を追求する私企業の管理を問題としていた。しかしこんにちでは，経営学は企業を研究対象の中心に据えつつも，もっと広範な対象

（企業をはじめ，行政，学校，病院，宗教教団，軍隊，クラブ活動，家庭など）の管理を問題とするようになってきている。それは，企業を含めた「協働の学としての経営学」という性格づけである。

人間協働（＝協働システム）は，その置かれた環境（状況）によって制約されつつも，そこから「必要あり」と評価したものを経営資源（ヒト，モノ，カネ，情報など）として引き出してくることで積極的要因に転換し，却って固有の目的達成を目指して経営諸資源を組織化することで，環境（状況）に能動的に働きかけながら自己を生成しつつある過程である。

「協働の学としての経営学」の主潮流は，本書第1部で論じてきたように，およそ次のような過程を経てきた。

経営学の嚆矢をなすF. W. テイラーは，労使の協調を果たすために，熟練工が有する作業に関わる主観的・経験的知識の客観的・科学的知識への徹底的変換を目指した。この「個々の作業の科学化」が，テイラーの唱えた科学的管理の要諦である。

その後の経営学は，個々の作業の科学化にとどまらず，管理者の有する管理全般に関わる主観的・経験的知識の客観的・科学的知識への徹底的変換を目指すことになる。こうした「管理全般の科学化」を，G. E. メイヨーは「知識経営」化と名付けて批判的に論じている。知識経営化は，当該主体が状況を対象化し，その興味・関心にしたがって状況を要素に分析し，それら要素を排列することで，個々の具体的な個別性を捨象した状況の高度な抽象化を行う。その結果知識経営化は，① 人間協働に潜在する多様な＜意味＞の中から＜組織の意味＞を優越させるという＜意味の一元化＞および ② 人間協働の存立基盤である諸状況からの自律化という＜生からの乖離＞という問題性を孕むことになる。ここに，知識経営化する人間協働と諸状況との＜調和の破れ＞の可能性を見ることができる。

第4節 ＜artとしての管理＞の役割
──ホワイトヘッドの文明論と関連づけて──

　現代文明は,「状況の人為化」の徹底を促進してきた。それは言わば,諸状況の本性に復帰することを忘れ,ひたすら「状況の人為化」を推し進める＜うわべだけの・不自然なart＞による文明化である。しかもそれを支えたものは,メイヨーが批判する知識経営化の進展という趨勢である。

　協働システムは,物的・生物的,社会的,個人的諸要因とそれらの結合因としての組織要因の複合体である。当該組織はその存続過程で,そうした諸要因に由来する物的・生物的,社会的および個人的道徳準則に対して,どのように主体的に応答するのか,その応答の経験の蓄積を通じて当該組織固有の組織準則を生成しつつある過程である。当該協働システムはその存続過程で,複雑な道徳的制度へと生成されつつある[2]。

　協働システムは,その中核を成す当該組織固有の共通目的（主体的指向）と組織準則（主体的形式）の有り様に応じて,世界に渦巻く諸力を組織化する。＜artとしての管理＞は,本来,当該システム固有の目的の実行可能性と諸状況（自然的,社会的および人間的環境）に由来する道徳準則間との調和をはかる必要がある。ところが知識経営化の進展は,協働システムに潜在する多様な＜意味＞の中から特定の＜組織の意味＞を優越させるという事態を招いた。それは言い換えれば,諸状況の具体的な個別性を無視し,協働システムに潜在する諸他の道徳準則よりも当該組織固有の組織準則を優先させることを意味する。知識経営における＜artとしての管理＞は,諸状況に由来する諸他の道徳準則を無視あるいは軽視し,協働システムの存立基盤を成す諸状況の本性との調和を忘れ,ひたすら当該組織固有の目的の実行可能性（組織の有効性）を追求した。そのことは,＜artとしての管理＞が,当該組織固有の目的の実行可能性の観点に立ち,諸状況に潜在する諸可能性の中から一方的に当該組織に都合のよいものを顕在化させる「うわべだけの不自然な」ものであったことを意味する。

そうした諸状況の本性に復帰しない＜うわべだけの・不自然な art＞は，協働システムと諸状況との＜調和の破れ＞を惹起し，それが現代経営学の文明論的課題（① 環境問題，② 文化多元性の問題，③ 人間性の問題）として顕在化してくることになる。

こうした＜調和の破れ＞に対して，＜art としての管理＞に求められることは何であろうか。バーナードは，協働システムを構成する物的・生物的（自然環境），社会的（社会環境），個人的諸要因（人間環境）および組織要因の個別性を引き出しつつ，それらの調和を目指すために，諸状況と調和しうる新たな道徳性の創造という冒険を核心とする「創造的管理論」を唱える。それは，① 全体と個のバランスの問題，② 権威の確立と維持の問題，③ 寛容の確保の問題，という3つのジレンマとの不断の格闘を意味する。

こうした観点からすれば，経営学の主潮流を成す知識経営化の進展は，特定の＜組織の意味＞が優越することで，① 人間協働の諸々の構成要素の個体性が看過され，全体と個のアンバランス化が進行し，② 特定の＜組織の意味＞に基づくそのアンバランスが固定化され，さらには権威化され，③ その他の多様な権威の可能性に対する「組織の不寛容」が惹起される，という事態をもたらしたと言える。

章結　むすびにかえて

およそ文明は，「状況の人為化」を指向する。それは，人間が状況の制約を超え出て，より大きな自由の獲得を目指すからである。そのために人間は，人間協働の拡大・精緻化を進めてきた。人間協働を通じて「状況の人為化」の程度を高め，それによって可能となる自由を享受してきた。そこで必要とされる「人間の art」は，人為性を本質としながらも，諸状況の本性とのより大きな調和を目指すものである。

本来は当該システム固有の目的の実行可能性と諸状況（自然的，社会的および人間的環境）との調和を指向する＜art としての管理＞が，知識経営化の進展に伴って，＜組織の意味＞を優越させるあまり，人間協働の諸状況からの乖

離をもたらした。それは知識経営が，組織目的を与件として，＜特定の可能性＞を抽出するための制御の対象に状況を据え，状況の中から重要と思われる要素（変数）を抽出し，要素の徹底的な操作を試みることを意味する。そのことが，現代経営学が抱える文明論的諸課題を惹起させることにつながった。

　文明の転換期に立って，いま＜art としての管理＞に求められることは，当該主体固有の目的の実行可能性（人為性）が，それを取り巻く諸状況の本性と調和するような諸可能性の内で具体化されることである。諸状況の本性に復帰できるような人為性の発揮が，つまり＜art としての管理＞の発揮が望まれる。

注
1) これは，経営哲学学会第 27 回全国大会統一テーマ「未来を拓く文明と経営哲学」・サブテーマ I「文明と科学技術を問う」（2010 年 9 月 7 日）での筆者の報告を再構成し，日本ホワイトヘッド・プロセス学会第 32 回全国大会研究発表・自由論題報告（2010 年 9 月 19 日）の際の「報告時配付資料」を基に，加筆修正を加えたものである。翌年，藤沼〔2011〕を発表するが，そこでの分析枠組みとして本補論 I での議論を内容の一部としている。
2) 当該主体が多様な呼びかけ（道徳準則）に対してどのように主体的に応答するのかという点に関わって，3 つの重要な契機が見出される。それは，① そもそも何らかの呼びかけに対して気づくことができるかどうか，② 何らかの呼びかけに気づいたとして，それをどのように（消極的ないし積極的に）解釈・評価するか，③ その呼びかけに対して，当該主体が具体的にどのように応答するか，である。「どのように解釈・評価し，どのように応答するのか」に関わって，当該主体には応答の仕方に自由度が，つまり主体性を発揮する余地がある。

第 6 章
現代経営学の底流と課題
―― 全体と個のバランスの変容 ――

序　問題の所在

　第1部では，広義の近代経営学の主要学説の考察を通じ，現代経営（学）を検討するためのパースペクティブを検討してきた。これまでの考察に通底するものは，近代経営（学）が「作業の科学化」にはじまり，その後「管理全般の科学化」へと拡張されてくるなかで作業や管理全般に関わる主観的・経験的知識（具体的知識）を徹底的に客観的・科学的知識（抽象的知識）へと変換しよう，あるいは経営ないし組織の真理を探究しようとする指向性である。こうした指向性を本書では，「管理全般の科学化」あるいは「知識経営化」の系譜と表現してきた。

　本章の課題は，こうした指向性を有する経営学の主潮流の文明論的意味を問うことにある。そのために本章では，前章で考察したバーナード理論を分析枠組みとする。それは，バーナード理論が通時的な分析を可能とするような人間協働の一般理論を構築しているからである。その際，バーナード理論が人間協働の抱える不変のジレンマとして，① 全体と個のバランスの問題，② 権威の確立と維持の問題，③ 寛容の確保の問題という文明論的視点を設定していることは重要である。以下，第 6 章および第 7 章では，こうしたジレンマの観点から，バーナード理論を分析枠組みとして，経営学の主潮流を再構成する。本章では，「全体と個のバランス」という観点から経営学の主潮流の特徴に言及することを目指す。

第1節　科学的管理の進展と組織社会の出現

(1) 科学的管理の進展に伴う組織の官僚制化
###　　　──非公式組織の変容──

　テイラーに始まる科学的管理の展開は，職務細分化を通じて官僚制化を，換言すれば専門化を通じて公式組織構造の階層組織化を促進した。バーナードは，テイラーの科学的管理に直接言及してはいない。しかし上述の事態の進展が，「公式組織とそれに伴う機能的専門化との分裂的効果による非公式組織の細分化」(Barnard〔1943, 1948〕pp. 146-147, 147頁) を，ひいては＜非公式組織の分裂・崩壊＞の危機を惹起すると指摘する。それゆえ本節の課題は，科学的管理の展開過程で「非公式組織」に何が生じたか，その今日的意味を，バーナード理論を導きの糸として考察することである。そのため，もう少しバーナードの問題提起について検討する。

　バーナードは「われわれの社会の非公式組織の統一は，それ独自の習慣と言語をもつ無数の第二次非公式組織の発展によって，こわされがちである」(Barnard〔1943, 1948〕p. 148) と言う。第二次非公式組織によって"こわされがち"な「われわれの社会の非公式組織の統一」を，バーナードは「非公式組織の一次的な統一」(Barnard〔1943, 1948〕p. 146, 147頁) とも呼ぶ。

　前章でみたように，バーナードはいわゆる「社会」や「共同体」を「第二次非公式組織」とは別種の非公式組織として，つまり「第一次非公式組織」として把握する。第一次非公式組織とは，特定の人間協働とは無関係に存在する，例えば「社会」や「共同体」のような広範な人々の相互作用を意味し，第二次非公式組織とは特定公式組織の成立に随伴する限定的な人々の相互作用である。

　2種類の「非公式組織」を区別すれば，上述の問題提起は，次のように再定式化されよう。すなわち，特定公式組織の成立とその高度な専門化・階層組織化（官僚制化）の進展は，多数の単位公式組織と第二次非公式組織とを創出し，それに伴う「社会結合の専門化 associational specialization」(Barnard

〔1938, 1968〕p. 131, 137 頁）によって，＜第一次非公式組織の細分化＞ひいては＜その分裂・崩壊＞の危機が惹起される，と。

バーナードは＜社会の衰退＞の根源として，大規模な経済的協働システムの台頭を指摘する。「近年までの経済的諸活動はほとんどまったくといっていいほど個人的で地域的であり，そして特定地域の慣習によっておおいに左右されていた」（Barnard〔1936, 1986〕p. 41, 59 頁）。この「特定地域の慣習」こそ，第一次非公式組織に固有の「文化」である。だが大規模な経済的協働システムは，「その規模がきわめて大きいものなので，それはこれまでの幾世紀かに存在した国家や教会に匹敵する，目立ちはしないが組織化された 1 つの権威になっている」（Barnard〔1936, 1986〕p. 41, 59 頁）。こうした特定公式組織の中で個々人の活動が多く為されるようになると，「これら（特定公式組織）が，彼らにとっての大部分の主要関心事の焦点」（Barnard〔1943, 1948〕p. 147, 148 頁；括弧内は筆者による）になる。すなわち上述のバーナードの問題提起は，人々の個人的あるいは社会的諸行動を規定する「文化」の，「第一次非公式組織の文化」から「第二次非公式組織の文化」への移行，あるいは＜個人の特定組織への包摂＞であるとも言える。

以上，バーナードの問題提起には 2 つの特徴がある。第 1 に＜第一次非公式組織の細分化＞ひいては＜その分裂・崩壊＞の危機，つまり＜伝統的社会関係の解体・変容＞である。この問題は 19 世紀中も大いに論じられた（K. マルクス＝F. エンゲルス〔1951〕初版は 1848 年，レオ 13 世〔1961〕初版は 1891 年等）。第 2 に＜個人の特定組織への包摂＞である。これは 20 世紀に顕著な事態である。科学的管理の進展に伴う専門化や組織構造の官僚制化の進展が，なぜ＜個人の特定組織への包摂＞をもたらすのか。科学的管理が展開する深層で，「非公式組織」に何が生じたのか。この問題を抱えながら，以下では同様の問題を探求したレスリスバーガーに注目する。

(2) 科学的管理の進展に伴う「仕事の脱魔術化」

レスリスバーガーは，近代経営による組織の道徳的基盤の変容の問題を，「仕事の脱魔術化」（Roethlisberger〔1941〕p. 52）との関連で論じる。第 2 章第 3 節(3)において既に引用したように，「各々の職務は，それ自身の社会的

価値と，その社会的等級内での社会的地位とをもっている」(Roethlisberger〔1941〕p, 65, 76 頁)。仕事の社会的等級は，諸個人間ならびに集団での日常的な相互行為を通じて形成され，このいくつかの日常的な相互行為パタンが，一般的通念の形をとって，事象についての善悪，優劣などの区別を生じさせる。相互行為パタンの社会的格付け作用によって，個々人や諸集団はそれぞれの社会的価値の担い手として配列され，その社会的距離が示される。これにより，諸個人や諸集団は全体の社会組織の中で特定の社会的位置をもつこととなるが，この社会的位置は固定されておらず，職業上の昇進あるいは相互行為パタン自体の変更によって変化しうる。

いかなる経済活動も「その社会組織を表現する一連の信念や態度といった背景から切り離しては十分に理解し得ない」(Roethlisberger〔1941〕p. 65, 75 頁)。しかし，テイラーの科学的管理に象徴される近代経営は，経済的機能を社会組織から分離して，「組織の有効性の達成」という主体としての組織の興味・関心に沿って，技術的な観点から「仕事に関わる具体的知識の抽象的知識への転換」を促進した。その結果として，仕事それ自身の社会的価値とその社会的等級内での社会的地位とに変容をきたしたのである。これが近代経営によってもたらされた「仕事の脱魔術化」という事態である。

「脱魔術化」といえば，M. ウェーバーが連想される。M. アルベッソン (Mats Alvesson) ＝H. ウィルモット (Hugh Willmott) が，ウェーバーの科学的知識に対するアンビバレントな態度を啓蒙的側面と破壊的側面に整理していることに倣って，ここでは「仕事の脱魔術化」を，啓蒙的側面と破壊的側面に整理してみよう。少し長くなるが，彼らを引用する。

> ウェーバーの科学に対する態度は，深くアンビバレントなものである。一方でウェーバーは，科学を神話的通念や偏見を払拭するための強力で積極的な力と捉えている。…中略…他方でウェーバーは確立された伝統や道徳価値に対する科学の魔法を解く効果によって，深い不安を抱え込んだ。ウェーバーは次のように警告する。どこに科学的権威の限界があるかということが十分正しく認識されていない，すなわち，科学の仮面を剥ぐパワーというものが，科学的には守り難いにもかかわらず，それにもかかわらずそこに参加する人々に対して，大いなる充足感と有意味さをもたらす諸制度や諸慣行を破壊しうる。

(Alvesson & Willmott〔1996〕p.45)

　すなわち，科学という抽象的知識には，既存の伝統や道徳価値の魔法を解く効果を示す啓蒙的側面と，そうした伝統や道徳価値によってもたらされる諸個人の充足感や有意味さを解体する破壊的側面があると見ることができよう。
　「仕事の脱魔術化」は，技術的観点から，仕事に関する具体的知識を科学的知識である抽象的知識へと変換することで遂行されてきた。各々の仕事は従来，当該社会に独特な階層的価値体系の中に固有の位置価（社会的地位・価値）を占めていた。それは，身分制社会との密接不可分な結びつきを有するものであった。テイラーの科学的管理に象徴される近代経営による「仕事の脱魔術化」は，その啓蒙的側面からは，当該社会の既存の価値体系からの仕事の分離を，換言すれば身分制社会からの個人の解放を促したと言えよう。他方，破壊的側面からは，当該社会の既存の価値体系からの仕事の意味の分離すなわち仕事の社会的意味の無化をもたらしたと言えよう。さらにその後の経営学の展開を射程に入れれば，「仕事の脱魔術化」は，仕事の意味を「社会的価値体系」から「組織に固有の価値体系」の中に移植し，「仕事の再魔術化」の可能性を切り拓いたと言えまいか。このように理解すれば，「仕事の脱魔術化」は，組織が社会から自律化して行くひとつの重要な契機になったと言えるであろう。

第2節　「知識経営」化の意味
──協働システムにおける知の変容と道徳的基盤の動揺──

(1) 公式組織の科学化とそれに伴う道徳的基盤の変容
　およそ100年に亘る経営学の史的展開を概観したとき，そこに貫徹する共通点のひとつとして，次のことを指摘することができる。それは，経営学の歴史とは「組織知」の創造とその経営実践への適用の歴史であり，その端緒をテイラーの科学的管理に見出すことができる，というものである。その後の経営学の展開は，テイラーの「作業の科学化」にとどまらず，「管理全般の科学化」へと進展していった。それは，管理全般に関わる具体的知識の抽象的知識への

全面的転換の推進を意味するものであった。こうした事態をメイヨーは,「知識経営」化と呼び, その事態について文明批評の視角から論じていることをすでに確認した (Mayo〔1945〕)。

知識経営化の進展は, 管理全般に関わる具体的知識の抽象的知識への全面的転換を推進するものであり, それは「公式組織の科学化」を目指すものであった。知識経営化の進展による「公式組織の科学化」は, 当該公式組織と密接不可分な第二次非公式組織と相互作用することで, 特定組織体の「道徳的基盤への科学の侵蝕」をもたらした。知識経営化の進展は, 組織が, 組織の有効性の達成という特定の意味を実現させるために, 管理全般における抽象的知識の獲得・集成・適用を目指し, 一切の諸要素を対象化し, 組織の目的と調和しない諸要素を排除し, 社会的行為準則・習慣とは異なる当該組織に固有の行為準則・習慣に則って活動することを促進させる。

道徳的基盤への科学の侵蝕は, 個別組織体の社会的価値体系からの乖離・自律化という事態をもたらし, 従来の伝統的な社会的価値体系の解体を促進し, さらには特定組織の価値・意味を所与として, その効率的な実現を目指す傾向を強化する。それは, 経営・管理, 組織, そして人間の意味を問うことの空洞化をもたらす。あるいはせいぜい, 組織の有効性の実現に有益である限り配慮されるに過ぎない。科学的知識は価値中立的であるよりはむしろ, 特定の意味・価値を所与とした＜世界＞の焦点化によるひとつの厳密な意味体系である。

知識経営化の進展は, 組織の有効性の実現にとって大いなる成果を上げ, 今日のわれわれの物質的・経済的生活局面の繁栄の基礎を提供してきた。しかしこの事態が他方では, 組織体の活動のわれわれの〈生〉からの乖離や, 組織体に潜在する多様な意味に対する＜組織の意味＞(組織の有効性の達成)の優越を伴う＜意味の一元化＞(多様な意味の排除)を惹き起こした。この事態を本書では,「知識経営の問題性」と呼んできた。「知識経営の問題性」を端的に述べれば, 第3章で述べたように, 人間協働の「道徳的基盤への科学の侵蝕」による「道徳的基盤の狭窄化」であり, それに伴う「閉じられた人間協働」化を意味する。

バーナードは, 人間協働の道徳的基盤について, その空間的および時間的拡がりを指摘する。ここで道徳的基盤の空間的拡がりとは, 特定の道徳準則が共

時的に受容されうる（調和しうる）範囲を意味し，また時間的拡がりとは，当該主体の現在にのみ配慮した動機（欲求・衝動・欲望）の実現を禁止・統制・修正して，当該主体の現在を過去および未来という時間的膨らみの中に位置づけ，それが受容されうる（調和しうる）範囲を意味する。

　道徳的基盤に対して，バーナードは，目的は＜現在＞に立脚しつつ，＜過去＞と＜未来＞とを架橋するものと捉える（Barnard〔1938, 1968〕p. 209, 219-220頁）。つまり組織の共通目的は，〔いま・ここで協働している〕という協働の＜現在＞を意味する。協働の＜現在＞においては，組織の有効性が第一義的に追求される。それに対し協働の＜未来＞においては，組織の能率が第一義的に追求される。

　組織の共通目的の達成を第一義的に目指す知識経営化の進展は，協働の＜現在＞に注意・関心を集中させる。知識経営は，当該組織の共通目的を所与とし，その有効性の実現のために，組織知の創造（具体的知識の抽象的知識への全面的転換）を目指す。しかしそのことが，人間協働の存立基盤を揺るがす「道徳的基盤の狭窄化」をもたらす。すなわちそれは，空間的拡がりにおいて，特定組織体の道徳的基盤に潜在する多様な道徳準則よりも，当該組織固有の組織準則を優越させることであり，また時間的拡がりにおいて，過去‐現在‐未来の時間的調和（持続可能性）よりも，協働の＜現在＞を優越させることをもたらす。知識経営化の進展は，協働の＜現在＞における組織の有効性を第一義的に追求する「閉じられた人間協働」化をもたらした。協働の＜現在＞においても能率は獲得されうるが，それは「組織の有効性」実現の限りにおける手段としての能率の獲得にとどまるものであり，その究極にあるものは組織の有効性の実現である。「閉じられた人間協働」化の根底には，組織体の行動の「われわれの〈生〉からの乖離」と，組織体に潜在する多様な意味に対する＜組織の意味＞の優越による「意味の一元化」（多様な意味の排除）という，「知識経営の問題性」が潜んでいる。

(2)　＜組織の意味＞の優越と＜組織の不寛容＞の生成
　　──近代経営学のひとつの帰結──
　経営学の深層には，＜組織の意味＞の優越による「多様な意味の組織体から

の排除」（＝道徳的基盤の狭窄化）という問題が伏在している。

　協働システム（＝経営体あるいは組織体）は，物的要因（生物的要因を含む）に由来する物的（生物的）道徳準則，人的要因に由来する諸個人の私的道徳準則（個人準則），そして社会的要因に由来する社会的道徳準則，およびそうした諸準則の結合・合力・残基である当該組織に固有の組織準則から構成される複雑な道徳的システムである。協働システムには，物的（生物的）道徳準則，個人準則，社会的道徳準則および組織準則といったそれぞれの要請（呼びかけ）に対して，主体として応える能力（response-ability）が必要となる。要請（呼びかけ）に応えることが，すなわち「責任」（responsibility）を意味する。

　しかし，知識経営化の進展によってもたらされた人間協働の存立基盤を成す「道徳的基盤の狭窄化」は，組織が，「協働のいま・ここ」に狭窄化された組織準則の要請（組織の有効性の実現・組織存続に対する責任）に応答することを優先させ，他の諸準則の要請に対する応答の看過・軽視を，すなわち物的（生物的）責任，人的責任，および社会的責任の看過・軽視をもたらした。こうした事態を本書では＜組織の不寛容＞と呼びたい。ただし，組織準則に対する責任の埒内で，その他の諸要因に対する責任を考慮することは可能であり重要でもあるが，それはあくまでも協働の＜現在＞に対する責任である。協働の＜現在＞に対する責任と併せて，協働の＜未来＞に対する責任も要請されよう。それは，物的（生物的）要因の満足，人的要因の満足，社会的要因の満足を意味する。こうした底流があって今日，① 環境問題（物的（生物的）責任の看過・軽視），② 人間性の問題（人的責任の看過・軽視），③ 文化多元性の問題（社会的責任の看過・軽視）が，現代経営学の文明論的諸課題として顕在化してくるのである。しかしこうした諸課題は，現代経営学に固有の問題であるというよりはむしろ，「管理全般の科学化」へと邁進する経営学100年の基調が孕む基本問題であると言える。「多様な意味の＜組織の意味＞への一元化」（多様な意味の排除）という＜組織の不寛容＞の問題を克服するために，いかにして組織体が＜組織の意味＞と多様な意味との調和を実現させるか，という「寛容」の問題への原理的応答が要請される。

第3節 「知識創造経営」論の位置
――知の創造を超えて――

(1) 「知識創造経営」論の位置
――メイヨー「知識経営」論との異同――

　近年，野中郁次郎によって提唱されたいわゆる「知識創造経営」論が少なからぬ注目を集めている。庭本佳和が指摘するように「野中の組織的知識創造理論は今なお進化している」（庭本〔2006〕220 頁脚注 39）。『知識創造の経営』（1990 年）にはじまり，『知識創造企業』（1995 年）の英語での出版を経て，「組織的知識創造 organizational knowledge creation 理論」は世界に向けて発信された。それがいまや『美徳の経営』（2007b）や『経営の美学』（2007c）にまで展開されている。野中理論は，「知（真）の創造」を超えて，「美・徳（美・善）の経営」にまで進展してきている。それゆえ，本書の問題関心上，野中理論をどのように位置づけるかという問題は重要な意味を持つ。

　ただし，ここで注意を要することは，「組織的知識創造理論」が世界に向けて発信され，浸透しつつある過程で，野中の意図とは異なる展開を示すようになってきたということである。野中は，組織的知識創造理論の英語表記である「ナレッジマネジメント knowledge management」を広義と狭義に分類する。まず，「広義ナレッジマネジメント」とは，『知識創造の経営』を起源とする組織的知識創造理論であり，これを「知識経営」と呼ぶ。それに対して「狭義ナレッジマネジメント」とは，米国企業で急速に広まったものであり，「企業内ベストプラクティスの共有」や「意味情報の活用」といった既存の知識資産の活用プロセスに限定される「形式知寄り」の「知識管理」を指す（野中・紺野〔1999〕）。広義ナレッジマネジメント（知識経営）は，狭義ナレッジマネジメント（知識管理）を包摂し，一部とする体系なのである。このように野中自身の立場を示す「知識経営」（広義ナレッジマネジメント）と「狭義ナレッジマネジメント」は区別される。本書では，メイヨーが文明論的視角から批判した「知識経営 intelligent management」と区別するために，野中の提唱す

る「組織的知識創造理論＝知識経営」を「知識創造経営」論と呼ぶこととする。知識創造経営論は，本書でこれまで検討してきた「知識経営」論といかなる異同をもつものであろうか。われわれの関心は，知識創造経営論によって「知識経営の問題性」（＝組織の不寛容）は根本的に克服されるのか，という点にある。はたして，知識創造経営論に見られる「創造的管理論」（＝組織知の創造を指向する管理論）は，寛容の問題に根本から応えるものであろうか。

　知識経営は管理全般に関わる具体的知識の抽象的知識への全面的転換を指向する[1]。しかし知識創造経営論は，具体的知識と抽象的知識との知識スパイラルを強調し，抽象的知識の具体的知識への変換過程も理論の射程に収めている。知識経営においては＜組織の意味＞が優越するあまり，組織体に潜在する多様な意味は看過・無視・排除され，「意味の一元化」や「＜生＞からの乖離」という「知識経営の問題性」をもたらす。その結果，＜組織の不寛容＞を惹起することになる。しかし知識創造経営論においては，人間を，主体的に知識を作り出し，そのことを通じて創造された組織的知識を社会に問う創造的存在と捉える（野中〔1997〕11-12頁）[2]。したがって，組織的知識を創造するために，諸個人の創造性を確保する必要があり，事情の許す限り諸個人の自律性や意味のゆらぎ・多様性を保証しなければならないとされる。つまり知識経営と比較すれば，知識創造経営論において組織は格段に「寛容」である。

　以上の考察からも，知識経営と知識創造経営論との間には大きな非連続性を見出すことができる。しかも「寛容さ」の程度が高まるという，本書にとって重大な非連続性が存在する。しかし，知識経営と知識創造経営論の両者は，その深層において依然として「組織の有効性の実現」という＜組織の意味＞を第一義的に追求するという連続性を有すると見なければならない。それはやはり，「組織的知識創造理論と戦略論の融合を考えなくてはならないだろう」（野中〔1997〕15頁）からである。この，知識創造経営論と戦略論との融合の意味は重要である。

　小笠原英司が，経営学の史的展開過程を踏まえ，現代経営の基本的経営原理（指導原理）として，①効率性（E），②人間性（H），③社会性（S），④適応性（A）の四大原理とそれらを統一する⑤創造性（C）を加えた五大原理を挙げる（図表6-1）。本来，組織の原理は＜E・H・S・A＞を全体として統合

する創造性の原理＜C＞であるが，「1960年代以降の環境適応論を見れば，その適応性の原理＜A＞は創造性の原理＜C＞によってそのレベルと方位を定められた創造的適応性であったというよりも，有効性の範疇に大きく傾斜したものであったように見え」（小笠原〔2004〕186頁），「創造性と言えば，これまでのそれはあくま

図表6-1

```
┌──────────┬──────────┐
│ 物的 s    │ 生物的 s  │
│          │          │
│   E      │    A     │
│    ┌─────┐        │
│    │組織 s│        │
│    │  C  │        │
│    └─────┘        │
│   H      │    S     │
│          │          │
│ 人格的 s  │ 社会的 s  │
└──────────┴──────────┘
```

出典：小笠原英司〔2004〕186頁。

でも手段的創造性に力点を置きがちであった」（小笠原〔2004〕340頁）と指摘する。戦略論はその出自を辿れば環境適応論（コンティンジェンシー理論）とともに適応性の原理＜A＞に主導されてきた。したがって戦略論との融合を課題とする知識創造経営論もまた，「変化適応の組織構造と管理システムの開発が課題とされ，かかる方策的知識を蓄積し，加工し，編集し，革新する」（小笠原〔2004〕340頁）ものとして，その理論構築を進めてきた。すなわち，組織知の創造を指向する知識創造経営論は，組織の有効性を第一義的に追求することに大きく傾斜し，それゆえ組織の有効性を獲得するための手段的創造性という意味合いが強いと言えるだろう。

(2) 知識創造経営論による「知識経営の問題性」の深化

「知識経営の問題性」は，「組織の不寛容」という問題を孕んでいるが，それに対し知識創造経営論は，一見すると諸個人の主体的・創造的・自律的な「自由な協働」を出現させる。こうした事態を，バーナード理論を分析枠組として解釈してみよう。先に，知識経営化の進展がもたらした「道徳的基盤の狭窄化」という事態を，その空間的・時間的拡がりおよび組織責任という観点から検討した。これに倣って，知識創造経営論を簡潔に検討しよう。

まず第1に，組織の道徳的基盤の空間的拡がりという点で，知識創造経営論は組織的知識を創造するために，諸個人の創造性を確保する必要があり，事情の許す限り諸個人の自律性や意味のゆらぎ・多様性を確保しようとする。また創造された組織的知識を社会へ問いかけ，社会によって受容されることを指向

してもいる。その意味で知識創造経営論は，知識経営論と対比した場合，組織準則のみならず多様な準則に配慮しており，その空間的拡がりを格段に拡張していると見ることができる。

　第2に，組織の道徳的基盤の時間的拡がりという点で知識創造経営論は，知識経営と同様に，依然として「組織の有効性の実現」という＜組織の意味＞を第一義的に追求しており，その意味では協働の＜現在＞にその注意・関心を集中させ，協働の＜現在＞の延長を指向していると見ることができる。

　知識創造経営論は，知識経営との多くの非連続性を有しながらも，＜組織の意味＞の埒内において，＜組織の意味＞の実現に貢献する範囲内で，諸個人の主体性・創造性・自律性や意味のゆらぎ・多様性を保証するにとどまっている。このことは，組織体の活動の「＜生＞からの乖離」と多様な意味の排除による「意味の一元化」という「知識経営の問題性」が，こんにち，「多様な＜生＞の＜組織の意味＞への包摂」へと問題を深化させていることを含意する。知識創造経営論における諸個人の主体性・創造性・自律性や意味の多様性とは，組織の有効性を追求するという協働の＜現在＞の埒内において保証され，促進され，その結果としてわれわれは主体性・創造性・自律性を発揮するよう追い立てられるだけであると言えまいか。

　こうした事態は，三戸公が「組織が与えた自由はあくまで限定した自由であり，無制限・無限定の自由ではない。すなわち，組織が与える自由は組織の存続，機能性の発揮のかぎりにおける自由である」（三戸〔2000〕130頁）と指摘する事態と符合する。知識創造経営論が保証し推奨さえする諸個人の自由や意味の多様性とは，＜組織の意味＞（組織の有効性の実現）の埒外に出ることを許さない。知識創造経営論が許容する「寛容さ」は，知識経営と比較するとき，その程度を大幅に拡大させている。しかしそれはあくまでも，当該組織の観点から＜組織の意味＞（組織の有効性の実現）の埒外に出ることを許さないという「不寛容さ」を依然として潜在させていることを，指摘しなければならない。

章結　まとめと課題

　本章において，「管理全般の科学化」への偏重的展開という事態を，バーナード理論を分析枠組みとして，その再構成を目指してきた。その過程で明らかになったことは，科学的管理の展開には少なくともふたつの側面があるということである。

　そのひとつの側面は，職務細分化を通じて官僚制化を，換言すれば，専門化を通じ公式組織構造の階層組織化を促進したということである。

　もうひとつの側面は，「仕事の脱魔術化」といって，その啓蒙的側面からは当該社会における既存の価値体系からの仕事の分離（個人の身分制社会からの解放の促進）をもたらし，その破壊的側面からは仕事の社会的意味の無化をもたらしたのである。

　そしてこの両側面に通底する事態が，公式組織と非公式組織との相互修正の過程で生成される当該組織に固有の組織文化の核心をなす特定組織体の「道徳的基盤への科学の侵蝕」という事態である。そのことが，一面では伝統的な社会的価値体系の解体を促進し，他面では特定組織体に固有の価値体系の自律化を促進したのである。こうした事態を本書では，メイヨー文明論の再構成から「知識経営の問題性」として，すなわち①＜組織の意味＞の優越とそれに伴う組織体に潜在する多様な意味の排除の問題，②組織体の活動のわれわれの生活からの乖離の問題，として指摘したのである。しかし本来この両面性は，コインの裏表の関係にある。

　バーナード理論を分析枠組みとするとき，この「道徳的基盤への科学の侵蝕」という事態は，道徳的基盤が有する空間的および時間的拡がりにおける狭窄化を，換言すれば，組織体というアクチュアル・エンティティの主体的形式の狭窄化をもたらすと言えるのである。空間的拡がりにおける狭窄化は，当該＜組織の意味＞を優越させるあまり共時的に存在している多様な意味・価値観との調和の破れという問題を引き起こす。また時間的拡がりにおける狭窄化とは，人間協働における過去－現在－未来の時間的調和の破れが生じ，協働の

＜現在＞における組織の有効性の獲得に専心するという問題を引き起こす。このことをフォレットの問題関心に引き寄せれば，人間協働における過去－現在－未来の時間的調和を通じて「機能化即再主体化」の可能性が開かれるのであるが，協働の＜現在＞に専心するという時間的拡がりにおける狭窄化は，諸力の徹底的機能化・手段化を意味する。こうした一連の事態が，「管理全般の科学化」への偏重的展開過程で生起していたのである。こうした経営学の基調が孕んでいる問題を「組織の不寛容の生成」あるいは「寛容の確保の問題」として，本書では主題化することになる。

　こうした知識経営の問題性の解決の方途を探る過程で，野中郁次郎の知識創造経営論に注目した。それは，知識経営との重要な非連続性を見出せたからである。しかし検討した結果，知識創造経営論は組織の有効性を実現させるために，多様性を排除するよりもむしろ多様性を確保する方が重要であるという認識に立つものである。結局は知識創造経営論も＜組織の意味＞の埒外に諸個人がでることを許さない。知識経営における「＜組織の意味＞の優越に伴う多様な意味の排除」は，知識創造経営によって「＜組織の意味＞の優越に伴う多様な意味の包摂」へと，問題を深化させることとなった。

　経営学の基本問題として「寛容の問題」に応答しようとする場合，「知（真）の創造を指向する野中流の創造的管理論」ではなくて，むしろ「新たな道徳性の創造を指向するバーナード流の創造的管理論」が要請されるのではなかろうか。ただし，いまだ進展を続ける野中理論は，いまや単なる「知識創造」を超えて，「美徳の経営／経営の美学」へと向かって展開されてきている。「真・美・善」の枠組みから「知（真）」偏重の経営学の主潮流の意味を問う立場からすれば，こうした野中の新たな展開は注目するに値する。

　以上振り返ってきたように，「管理全般の科学化」の系譜は，「組織の道徳的基盤への科学の侵蝕」という事態を惹起し，諸力を抱握するための主体的形式に変調をきたし，結果として全体と個のバランスの不調和が甚だしくなってきたと言えよう。それは，組織体を重要視するあまり，生態系との関係や社会との関係，あるいは個人との関係に変調をきたしてきたことを意味する。次章では，こうした全体と個のバランスに変調をきたした経営学の主潮流が「権威の確立と維持の問題」についてどのように向き合ってきたのか考察を加える。

注

1) 本書では，具体的知識と暗黙知とが，また抽象的知識と形式知とが，それぞれ対応するものとして取り扱う。

2) しかし組織的知識創造の過程を個人的知識あるいは個人から出発する野中に対して，批判もある。庭本はむしろ実践共同体としての組織（公式組織＋第二次非公式組織）の役割の重要性を指摘する。「組織的知識を知識から語る以上に組織から語ること」（庭本〔2006〕210頁）が必要である。それは「『眼に見えるもの』ないし形式知を意味づけるものが『眼に見えないもの』，つまり組織コンテクストないし認知的暗黙知にほかならない」（庭本〔2006〕211頁）からである。「実践共同体が実践的知識の共有に威力を発揮するのは，実践が知識を生み出し支えるコンテクストとして機能するからである」（庭本〔2006〕214頁）。つまり，実践共同体の組織文化（組織的認識枠組）の如何によって，諸個人によって創造される組織的知識の指向性が規定される。

第7章
バーナード「創造的管理論」の現代的意義
―― 寛容の確保を目指して ――

序　問題の所在

　前章において，「管理全般の科学化」の系譜への偏重的展開が，組織の道徳的基盤への科学の侵蝕をもたらしたことを見出した。また，それに伴って全体と個のバランスの不調和が甚だしくなってきたことも併せて確認した。本章の課題は，こうした全体と個のバランスの不調和が，いかにして権威化され人々の間で受容されたのかを検討することにある。

　従来権威論は，特定組織体内部の「職務・権限・責任」を問題にしてきたと言える[1]。その典型を，既出のH. A. サイモンの「オーソリティ」の定義に見出すことができる。本書ではこうした事態を「閉じられた権威」問題と呼ぶこととする。従来の権威論の傾向をこのように特徴づけると，今日的な問題群――具体的には，近年盛んに議論されている，コーポレート・ガバナンスや企業の社会的責任，ビジネス・エシックスなどである――の根底に潜む「組織体の存在根拠」や「組織体の正当性」の問題が，社会的文脈の中に特定組織体を位置づけた上での権威問題の解決を要請する，という特徴が浮かび上がってくる。このことを本書では「開かれた権威」問題と呼ぶこととする。

　従来権威論は，特定組織体内部の「閉じられた権威」問題へと偏重し，その裏返しとして「開かれた権威」問題を看過ないし軽視したのではないか。その今日的帰結が，コーポレート・ガバナンスや企業の社会的責任，ビジネス・エシックスなどの議論として顕在化してきたと考えられる。こうした問題意識を持って，本章では，権威論の現代的意義を問う。権威論は，今日的な問題群に通底する「開かれた権威」問題に応答することができるのであろうか。それが

可能であるとすれば，それはどのようにして可能なのであろうか。

その手がかりとして本章では，バーナードの権威理論を検討する。それは，バーナードが「オーソリティ」を定義する際に，特定組織体内部の組織貢献者（具体的に言えば，経営者・管理者や従業員など）のみを射程に入れているのではなく，むしろより広範な組織貢献者たち（今日風に言えば，その他の多様な利害関係者たち）をも射程に入れているからである。バーナードによれば「オーソリティとは，公式組織における伝達（命令）の性格であって，それによって，組織の貢献者（contributor）ないし『構成員 member』が，伝達を，自己の貢献する行為を支配するものとして，すなわち，組織に関してその人がなすこと，なすべからざることを支配し，あるいは決定するものとして，受容するのである」(Barnard〔1938, 1968〕p. 163, 170 頁；傍点は筆者による)。ここで「組織貢献者」とは，経営者，管理者および従業員などのいわゆる「組織メンバー」のみならず，株主，顧客，行政，地域社会（住民）など，いわゆる「利害関係者 stakeholder」をも含んでいる。

このようにバーナードは，多様な利害関係者を射程に入れて権威理論を展開しているので，バーナード理論を手がかりとして「開かれた権威」問題への理論的接近の可能性を探ることとする[2]。そのことを通じて，従来の権威論の「閉じられた権威」問題への傾斜傾向およびその問題性を明らかにし，その上で「管理全般の科学化」への系譜によって惹起された「全体と個のバランス」の調和の破れを克服するための「開かれた権威」の確立と維持の可能性，換言すれば経営学の基調が孕む「寛容の確保の問題」の解決の方途を探りたい。

第 1 節　権限受容から責任受容への展開

バーナードは，オーソリティをふたつの側面から捉えている。それは，伝達を権威あるものとして受令者が受容することを意味する「主観的権威」（権威）[3]の側面と，受容される伝達そのものの性格を示す「客観的権威」（権限）の側面とである。以後本章では「オーソリティ」を，飯野春樹に倣い「権威」と「権限」とに区別した上で，適宜必要に応じて使い分ける。ここで権限とは特

定組織体内部における法律的・制度的な権力ないし権利を意味し，権威とは権限が現実に受容されている状態を意味するものとして，それぞれ取り扱う（飯野〔1978〕190頁，脚注1）。あくまでも，ひとつの伝達が権威をもつか否かの意思決定は受令者側にあり，発令者側にあるのではない（Barnard〔1938, 1968〕p. 163, 171頁）。バーナードは，客観的権威のみを問題とする伝統理論（上位説・法定説）を批判して，それに替えて受容説を主張する[4]。

しかしバーナードは，伝統理論を批判し棄却するのではなく，それを受容説の中に改めて位置づけ直す。それは「無関心圏 zone of indifference」を語る中に出てくる。無関心圏とは，その圏内で伝達が発せられる限り，その伝達は受令者によって権威の有無を意識的に反問されることなく受容される範囲を意味する。この無関心圏の圏域の拡がりや強度を規定するのが協働意思の強度（誘因と貢献のバランス）や非公式組織の機能であり，その非公式組織の根底に「コモン・センス common sense」がある，とバーナードは言う。バーナードは，「非公式に成立した共同体のコモン・センスは，人々の態度に影響を与え，彼らに，無関心圏あるいはそれに近いところにある権威を個人として問題にすることを忌避させる。このコモン・センスを形式的に述べたものが，権威は上から下へ下降し，一般的なものから特殊的なものにいたるという仮構（fiction）である」（Barnard〔1938, 1968〕pp. 169-170, 178頁）と言う。この仮構こそが「客観的権威」であり，伝統理論が問題としてきた「権限」であった。

ここで問題は，非公式に成立した共同体のすなわち非公式組織の「コモン・センス」とは何かということであるが，それは後ほど共通感覚論との関連で取り上げる。ここではもうしばらく，主著出版後のバーナードの権威理論の展開を概観する。

飯野（飯野〔1978〕・〔1992〕）が明らかにしているが，バーナードは主著『経営者の役割』(1938)の出版後，「私の本の最大の欠点は責任と責任の委任の問題を正しく取り扱っていないということです。副次的な主題である権威にあまりにも力点を置いています」（Wolf〔1972〕p. 15, 21頁）と自己批判している[5]。「権限は本質的に責任の受容から生じ」る（Barnard 1956年5月22日付，Bertrand de Jouvenelへの手紙。飯野〔1978〕199頁）と，飯野が指

摘するように「責任優先説」を強調するようになっていく。

　では，責任がある主体によって受容されるとはどういうことか。「責任 responsibility」の原義は，前章で既に確認したように，何ものかからの呼びかけ・問いかけに「応答する能力 response-ability」である。呼びかけ・問いかけに応答する用意と能力とを有し，実際に応答する限りにおいて「責任」[6]を受容したことになる[7]。「呼びかけ・問いかけに対する応答の仕方」によって，当該主体の「責任の受容の仕方」には多様性がある。その多様性とは，「責任の受容」過程に内在する 3 つの契機に起因する。第 1 の契機は，そもそも「呼びかけ・問いかけ」に当該主体が気づけるか否かである。第 2 の契機は，たとえ「呼びかけ・問いかけ」に気づいたとして，当該主体がその軽重をどのように解釈・評価するかである。そして第 3 の契機は，その解釈・評価に基づいて，当該主体として具体的にどのような行動を示すかである。この「責任の受容」過程の 3 つの契機からもわかるように，当該主体には「呼びかけ・問いかけ」に対する応答の仕方に大いに自由度（多様性）があり，こうした多様性をもたらす要因について，次節以降で検討する。

　では，組織体（＝協働システム）における呼びかけ・問いかけとは何か。既出図表 5-1（本書 101 頁）を参考に簡潔に述べれば，組織体は，物的・生物的，人的，社会的諸要因，およびそれらの結合・合力・残基であるところの組織要因から成る複合体である。組織体は，そうした諸要因に由来する物的・生物的道徳準則，私的道徳準則（個人準則），社会的道徳準則およびそれらの結合・合力・残基であるところの組織固有の道徳準則（組織準則）から成る道徳的制度である[8]。したがって組織体には潜在的に，物的・生物的道徳準則への応答＝物的・生物的責任，私的道徳準則への応答＝人的責任，社会的道徳準則への応答＝社会的責任といった「組織の責任」と，組織準則に対する諸要因の応答すなわち「組織に対する責任」が内包されている[9]。

　飯野は，「責任優先説の立場に立って，社会における道徳的制度としての企業（＝組織体，筆者による）はまずそれにふさわしい責任を自覚し，受容することによってはじめて，社会からその存在を許されるという考え方が認められてもよいのではないかと思う」（飯野〔1978〕234 頁）と述べる。本章での議論と関連づければ，以下のように言い換えることも許されよう。組織体は，人

間協働に潜在する多様な要因からの道徳準則への応答可能性を何らかの「組織の責任」という形で受容し，それらに促されあるいは制約されつつ，組織の共通目的を実現させるために「組織に対する責任」を諸力・諸要因あるいは組織貢献者に附与していく。そして「組織に対する責任」を受容する人々を保護するために権限が委任されていく[10]。

　問題は，当該組織体に固有の「呼びかけ・問いかけに対する応答の仕方」，つまり「責任の受容の仕方」はどのような機制なのか，である。この問いに応えるために，客観的権威という仮構を成立させ，また主観的権威の存立基盤をも成す非公式組織の「コモン・センス」とは何か，という問題を検討する。

第2節　組織の道徳的基盤
——共通感覚論を視座として——

　中村雄二郎によれば「コモン・センス」にはふたつの次元がある[11]。「コモン・センスには，社会的な常識，つまり社会の中で人々が共通（コモン）にもつ，まっとうな判断力（センス）という意味があり，現在ではもっぱらこの意味で解されている。けれどももともと＜コモン・センス＞とは，諸感覚（センス）に相渉って共通（コモン）で，しかもそれらを統合する感覚，私たち人間のいわゆる五感（視覚，聴覚，嗅覚，味覚，触覚）に相渉りつつそれらを統合して働く総合的で全体的な感得力，つまり＜共通感覚＞のことだったのである」（中村〔1979〕7頁）。共通感覚と常識との相互関係を端的に述べれば，「一人の人間の裡での諸感覚の統合による総合的で全体的な感得力＝共通感覚は，あたかも，一つの社会のなかで人々が共通にもつ，まっとうな判断力＝常識と照応し，後者の基礎として前者が想定される。後者は内在的な前者の外在化されたものである」（中村〔1979〕10頁）。

　しかしそうは言っても，「私が『赤い』と感じとっている感覚内容と，他の人が『赤い』と感じとっている感覚内容とが同一であるかどうかはけっして判らない。同じ砂糖をなめた場合，私と他人とが同じ味覚を感じとっているかどうかを比較してみることはできない。しかし，私が『甘い』といい，他の人が

『甘い』といった場合，この『甘い』という意味内容については，私たちは相互了解を持つことができる。…（中略）…私たちはめいめい，自分自身の世界を持っている。…（中略）…しかし，このように各人がそれぞれ別の世界を有しているというのは，私たちが認識的な態度をやめて実践的な態度で世界とのかかわりをもつようになるとき，私たちはそれぞれの自分自身の世界から共通の世界へと歩みよることになる」（木村〔2003〕30頁）のである。すなわち共通感覚が，＜意味＞の共有を可能とする基盤であり，そのことを通じてわれわれには「共通の世界」が開かれうるのである。この共通感覚によって基礎を与えられ，「共通の世界」を成り立たしめる＜意味＞の共有が，常識へとつながっていく。以下において，「コモン・センス」の「共通感覚」および「常識」というふたつの次元について，もう少し見ていく。

　第1の次元は，「共通感覚」としての「コモン・センス」である。共通感覚とは，人間の5つの個別感覚（五感）を，ひとつの世界像へと統合する「五感の特定の統合パタン」を有する根源的な＜世界＞の構成力を意味する。共通感覚によって，潜在的な＜意味＞の多様性を孕んだ＜世界＞から，特定の＜この世界＞が抽象化され再構成されてくる。共通感覚によって，われわれ人間とわれわれを取り巻く環世界とが根源的に通路づけられる。ただし，共通感覚の有する「五感の特定の統合パタン」は，生物学的あるいは生理学的な要因によって，一義的に決定されるものではない。そうした要因によって一定の制約を受けるとしても，あくまでもこのパタンは社会的相互作用の所産であり，われわれ諸個人が主体的に＜世界＞を再構成する余地を残している。つまり，共通感覚の有する「五感の特定の統合パタン」は，多様でありうる。この点が「コモン・センス」の第2の側面と深く関連する。

　第2の次元は，「常識」としての「コモン・センス」である。「五感の特定の統合パタン」は社会的相互行為を通じて人々の間で社会的に共有され，その範囲内で＜この世界＞が他者とともに共通に開かれ，われわれが相互に了解し合う共同性も可能となる。「共通感覚による五感の統合の或る仕方が惰性化されて人々に共有されたものであり，知覚に際して行われる或る選択が固定化されて人々に共有されたもの」が，社会通念としての常識に他ならない（中村〔1979〕28頁）。この「＜社会通念としての常識＞は，私たちの社会生活の基

礎としては，むしろなくてはならないものだとさえいえる。しかしそれは，安定していることが要求されるために，また繰り返されることで，どうしても固定化され，惰性化される」（中村〔1979〕30頁）。このことは，われわれ人間と環世界との根源的な通路づけの固定化・惰性化を意味する。つまりそれは，われわれの＜この世界＞との関わり方の固定化・惰性化を意味する。

　共通感覚の固定化・惰性化によって，＜この世界＞の自明性がもたらされる。これこそが「常識」に他ならない。「常識」としての「コモン・センス」は，固定化・惰性化された＜この世界＞との関わり方，すなわち＜この世界＞内でのわれわれの振る舞い方・道徳準則の固定化・惰性化を意味する。こうした道徳準則は自明であるがゆえに，われわれの意識に上ることがほとんどない。われわれの諸活動を規定する道徳準則が「規範や範型として客体化され，それが＜型＞あるいは＜様式＞と呼ばれるものにほかならない」（中村〔1979〕188頁）。共通感覚が固定化・惰性化されることで，そのパタンによって再構成される＜この世界＞の自明性も強化され，＜この世界＞におけるわれわれの諸活動を規定する道徳準則が固定化・惰性化され，常識として規範化されてくる。この常識が客体化・形式化され取り出されたところに，様々な行動様式や制度が成立してくる[12]。＜この世界＞の自明性があるからこそ，われわれはいちいち＜この世界＞内での他者との関わり方について熟慮・反省せずに済む[13]。われわれは，常識が提供する＜この世界＞内での道徳準則を参照しながら行動する。しかしこのことが却ってわれわれを，＜この世界＞の再生産・再構成に深く関与させることになる。それは，常識が提供する＜この世界＞内での道徳準則あるいは＜この世界＞の意味の自明性は，＜この世界＞におけるわれわれの実践的な相互行為を通じて常に験証され，強化あるいは修正されつつあるからである。

　ただし＜この世界＞の自明性が諸個人にとって抗いがたい頑強さを有することは確かであり，＜この世界＞の自明性の固定化・惰性化によってわれわれは，「多様性をもった豊かな現実，変化する生きた現実に対応し対処することができなくなるのである。人間の営みの可能性と創造性とに対応することができなくなるばかりか，かえってそれらを妨げる」（中村〔1979〕30頁）ことにもなる。

中村の共通感覚論をバーナード理論に、さらにはホワイトヘッドの哲学（第5章）に引き寄せて表現すれば、当該主体は共通感覚のパタン・主体的形式に基づいて、＜世界＞に渦巻く諸力——物的、生物的、人的および社会的諸力——を積極的あるいは消極的に受容、すなわち「抱握する」（ホワイトヘッド）ことで＜世界＞を特定の＜この世界＞へと再構成し、自身固有の目的（主体的指向）を設定し、その目的達成を目指して＜この世界＞に働きかけていく、と言えよう。

先に触れたように、バーナードは「コモン・センス」が非公式に、つまり非公式組織において成立してくると言う。バーナードによれば非公式組織は、「共同ないし共通目的ではなくて、むしろ個人的目的にもとづく人々の相互作用は、その反復的な性格のために、行為や思考の習慣に影響を及ぼし、また斉一な心的状態（uniform states of mind）を促進することによって、体系的となり組織化される」（Barnard〔1938, 1968〕p. 123, 129頁）と言う。この「斉一な心的状態がしきたり、慣習、制度へと結晶化していく」（Barnard〔1938, 1968〕p. 123, 129頁）。

すなわち、非公式組織において反復される人々の相互作用を通じて、「諸力の特定の統合パタン」（主体的形式）の生成・共有化が進み、斉一な心的状態が促進される。ここに、特定の＜この世界＞を共に生きているという共同性が成立する。この共通感覚の統合パタンの固定化・惰性化に伴い、＜この世界＞の自明性も強化され、＜この世界＞でのわれわれの道徳準則も強化されてくる。こうした道徳準則は自明であるがゆえに、われわれの意識に上ることがほとんどない。これが「無関心圏」という事態である。われわれの諸活動を規定する道徳準則が客体化され形式化されることで、しきたり、慣習、制度といった仮構へと結晶化されていくのである。こうした事態をバーナードは非公式組織の「非公式制度」化と呼ぶ。

第5章第2節(2)で述べたように、公式組織および非公式組織は時間的経過とともに「公式制度」と「非公式制度」を発展させ、両者による相互修正の過程で人間協働の基盤を成す組織（＝公式組織＋第2次非公式組織）の道徳的基盤が形成される。この道徳的基盤こそが特定の統合パタンを有する共通感覚あるいは主体的形式であって、当該組織に固有の文化の核心を成し、組織を自律

的な道徳的制度たらしめるのであった。組織の道徳的基盤は，組織固有の慣習，文化様式，＜世界＞についての暗黙の仮説，深い信念，無意識の信仰を表現しあるいは反映し，＜この世界＞の意味を提供し保証する根拠である。この道徳的基盤の共有が主観的権威の成立の契機を成すのであり，＜この世界＞についてのわれわれの強固な自明性を担保する。これが「無関心圏」という事態である。この，組織の道徳的基盤が客体化・形式化されることで，しきたり，慣習，制度といった仮構へと結晶化されていく。これが客観的権威（権限）の成立である。

しかし，共通感覚が有する「諸力の特定の統合パタン」は生物学的あるいは生理学的な要因によって一定の制約を受けるとしても，それによって一義的に決定されず，あくまでも選択の余地を残している。すなわち，共通感覚のパタンというのは地域や時代などによって，あるいは組織ごとに多様でありうる。

それにもかかわらず，このパタンは固定化・惰性化する傾向があり，またそうした傾向が必要でもあるが，＜世界＞に渦巻く諸力の特定の統合パタンを受容する人々によって，特定の＜この世界＞が，つまり特定の＜組織の常識＞が絶対的に自明化され，その他の＜この世界＞の可能性が排除される危険性を孕んでいる。特定の＜組織の常識＞は根本的に相対的であるにもかかわらず絶対視される傾向を有し，その他の＜組織の常識＞あるいは＜社会の常識＞が特定の＜組織の非常識＞として排除される危険性を常に引きずっている。こうした事態は裏を返せば，特定の＜組織の常識＞がその他の＜組織の非常識＞，あるいは＜社会の非常識＞となる危険性を常に孕んでいることを意味する。ここに，「オーソリティのジレンマ」の契機が認められる。

第3節　バーナード権威理論の現代的意義

バーナードは「オーソリティのジレンマ」について，それは「個人のイニシアチブと能力を破壊することなく，全体として社会的協働の量が増加されるように，そして，大きな諸力のどれかひとつがその他のいずれかの諸力に対する人為的な支配を社会的行為によって得ようとする企てを防止するために，いか

にオーソリティとレスポンシビリティを配分するか，である」（Barnard〔1936, 1986〕p.38, 55頁）と述べる。オーソリティには，客観的権威および主観的権威という2つの次元があることを想起すれば，それぞれの次元において，個（個人）と全体（協働）との同時的発展を促しつつかつ諸力間の均衡を確保するために，いかにオーソリティとレスポンシビリティを配分するかが「オーソリティのジレンマ」である。

　上述のジレンマに対して，人類は歴史上，それぞれに対応するふたつの社会的発明を果たしてきた[14]。第1の社会的発明は，客観的権威の次元に関わるジレンマに対応して，「オーソリティの委任」である。「オーソリティの委任」は，特定の＜組織の常識＞に基づいて，すなわち何らかの形で既に「組織の責任」を受容した－潜在的に多様な呼びかけのうち，あるものには積極的に応答（受容・抱握）し，他のあるものには消極的に応答（排除・抱握）した－上で，当該組織の共通目的を実現させるために，組織の有効性の範囲内で，個人の能力を伸長させる方向で，諸力あるいは組織貢献者に対してどのように権限と組織に対する責任を附与するか，諸個人にどれほど主体性・自律性・創造性を認めるのか，という問題を内包する。これは従来から，特定組織体内部の「職務・権限・責任」という組織機構をいかに設計するかという形で議論されてきた。これは，究極的には組織の有効性に関わる問題である。

　第2の社会的発明は，主観的権威の次元に関わるジレンマに対応して，「オーソリティの配分」である。「オーソリティの配分」は，＜世界＞に渦巻く物的，生物的，人的および社会的諸力といった呼びかけ・問いかけに対して組織が応答する際に，諸力の各々に対してどのように権威と組織の責任をウェイトづけするかという「組織の責任の受容・抱握の仕方」の問題を内包する。これは，究極的には組織の能率に関わる問題である。

　オーソリティの委任およびオーソリティの配分と関連づけて，これまでの経営学の史的展開過程を概観するとき，およそ経営学の歴史は主として「オーソリティの委任」の精緻化の歴史である，と言えよう。換言すればそれは，組織の有効性の範囲内において，個人の能力を伸長させる方向で，諸個人にいかにより多くの権限と組織に対する責任を附与するかに関わる工夫の歴史である，と言える。

経営学の嚆矢を成すテイラーは，作業の計画に関わる一切の仕事を計画室に委ね，一般の労働者は計画室によって設定された課業の執行にのみ特化した。すなわち，「計画と執行との分離」が推進された。テイラー以降も，こうした「計画と執行との分離」に基づき，個々の労働者には，非常に限定された範囲内での権限と組織に対する責任が附与されるにとどまっていた。
　しかし，こうした潮流に対する見直しが求められ，「目標管理」あるいは「参加的管理」や「職務拡大」，「分権化」に典型的に見られるように，個人内部における「計画と執行との再結合」が目指されるようになってきている。例えば，ドラッカーは「目標管理」を掲げ，個々の労働者の果たすべき課業を自身で設定し，またその達成を目指すことで，「計画と執行との再結合」を果たそうとした。これにより，個々の労働者には従来よりも広範囲の権限と組織に対する責任が附与され，特定組織体内部で，個人が自身の主体性や自律性，創造性を発揮する余地が大幅に認められるようになってきた。これも一種の「機能化即再主体化」と言えようか。その後も今日まで，「オーソリティの委任」は，人事評価と連動しながら，諸個人により多くの権限と組織に対する責任を附与することで協働の精緻化を促進する方向へと，確実に進展してきている。しかし，「オーソリティの委任」と対を成し，より根本的な問題である「オーソリティの配分」は，「オーソリティの委任」ほどの展開を示していない。経営学の，こうした「オーソリティの委任」への傾斜的発展傾向は何を意味するのであろうか[15]。
　ここには，留意しなければならない問題が潜んでいる。「オーソリティの委任」はあくまでも，特定の＜組織の常識＞に基づいて，組織の有効性の範囲内で，諸個人により多くの権限と組織に対する責任を附与することを指向する。この事態をオーソリティのジレンマの第2の次元から見れば，「オーソリティの委任」は，＜世界＞に渦巻く諸力に由来する多様な呼びかけ・問いかけに対して，既に何らかの形で権威と組織の責任が固定化・惰性化されていることを意味する。
　この事態の意味するところを端的に示しているのが，テイラーの科学的管理である。テイラーは，作業場という＜世界＞を経済的権威の貫徹するあるいは貫徹すべき＜この世界＞と捉え，その他の民族的，宗教的および政治的権威―

例えば、各々の民族や宗教に由来する儀礼や慣行、あるいは労働組合運動など──は、作業場においては「無駄なもの」として、これを排除しようと企図した。テイラーの科学的管理において作業場は、たとえ民族的、宗教的および政治的権威を排除し去ることが不可能だとしても、否、不可能であるからこそ、極端に経済的権威に偏重する＜この世界＞として再構成された。しかしこの傾向はひとりテイラーのみではなく、むしろその後の経営学あるいは経営実践にも引き継がれている。

　レスリスバーガーは「近代経営」の一般的特徴として、「近代経営には、人間協力 (group collaboration) の問題を軽視し、生産および能率に関する技術的問題によってすべてが解決されると考える傾向がある。その結果、人間協力とは、何よりも個々人の経済的関心に訴えることによって人々を協働させる、一種の論理的な方策として考えられている」(Roethlisberger〔1941〕p. 65, 75-76頁) と、指摘する。バーナードもまた、大規模な経済的協働の台頭によって経済的権威が肥大化し、人間の物質的な関心が組織化された崇拝にまで引き上げられ、その結果、諸力の間のアンバランス状態が生じ、新たなバランスと寛容を図るための方法の模索という問題が創出されてきた、と指摘する (Barnard〔1936, 1986〕pp. 41-42, 59-60頁)。

　すなわち、経営学あるいは経営実践の史的展開過程にみる主潮流は、組織体（＝人間協働）における経済的側面を過度に強調してきたきらいがある。人間協働の原型が「生活」にあることを想起すれば、われわれの「生活」は経済的要因のみならず様々な側面を有することが直ちに了解できよう。小笠原は、経営体（＝組織体）を＜協働「生活」体＞と把握するが、これまでの経営学あるいは経営実践の主潮流の帰結として、確かにわれわれの「生活」は物質的・経済的豊かさを享受しているとしても、＜協働「生活」体の部分化＞、ひいては結局＜個人「生活」の部分化＞をもたらしてはいまいか（小笠原〔2004〕）。

　たとえ今日、諸個人の職務遂行を通じた自己実現を唱導し、より多くの「権限と組織に対する責任」を諸個人に附与する方向へとどれほど進展してきたとしても、当該組織体は、それ特有の＜組織の常識＞に基づき偏重・固定化した「権威と組織の責任」への配慮をますます強化し、その他の＜この世界＞の可能性やその他の「権威と組織の責任」の可能性から乖離し、さらにはそれらに

対して不寛容となる傾向を有する。これまで経営学あるいは経営実践は，組織体を「経済的」人間協働と概念し（人間協働の矮小化），経済的要因に対する「組織の責任」を過剰に受け止め，経済的要因に色濃く染まった「組織に対する責任」を優越させるあまり，物的・生物的呼びかけの看過・排除（＝自然環境破壊の問題）や社会的呼びかけの看過・排除（＝組織体の社会的責任の問題），人的呼びかけの看過・排除（＝人間的＜生＞の充実の問題），という「組織体の不寛容」の問題をもたらした。経営学のこうした「オーソリティの委任」への傾斜的発展は，ここに，経営学の基本問題としての「寛容の確保」の問題を生起させる。

　経営学あるいは経営実践における「オーソリティの委任」は，これまでも，そしてこれからも大いに進展していくであろう。しかし，こうした「オーソリティの委任」への傾斜的発展傾向という事態は，特定の＜組織の常識＞を頑強なまでに自明化し，その結果，特定の「権威と組織の責任」へと偏重・惰性化し，組織の有効性を実現させる限りにおいて「権限と組織に対する責任」を精緻化するという「閉じられた権威」化の危険性を孕んでいる。

　その結果は，組織体に潜在する多様な物的・生物的，社会的および人的呼びかけ・問いかけの看過・排除という不寛容を生起させる。バーナードは，寛容とは均衡を確保する問題である，と言う（Barnard〔1936, 1986〕p. 40, 57-58頁）。ただし，ここで注意することは，「『均衡』ということを静態的に捉えるのではなく動態的に捉えること，そして量的にのみ捉えるのではなく質的・価値的に捉えることが要請されてくる」（村田〔1995〕62-63頁）ということである。すなわち，「大きな諸力のどれかひとつがその他のいずれかの諸力に対する人為的な支配を社会的行為によって得ようとする企て」（Barnard〔1936, 1986〕p. 38, 55頁）によって生じる諸力間の不均衡＝不寛容を超え出て行くためには，組織体に潜在する多様な呼びかけ・問いかけの間に均衡＝寛容をもたらすことが必要なのである。言い換えれば，組織体に潜在する多様な道徳準則間の対立をひとつの調和ある全体（one harmonious whole: Barnard〔1936, 1986〕p. 45, 65頁）へと向かわせる均衡の確保，すなわち寛容の確保が求められる。そのために「オーソリティの配分」に基づき，＜世界＞に渦巻く諸力からの呼びかけ・問いかけに対して組織が応答する際に，それらに対してどのよ

うに権威と組織の責任をウェイトづけするかという「組織の責任の受容・抱握の仕方」の革新（起動力の組織化能力の革新）が必要になる。

この課題に応えるためにバーナードは，「創造的管理論」を唱える。それは，＜世界＞には様々な道徳準則が渦巻いており，それら多様な道徳準則間の対立をひとつの調和ある全体へと向かわせる，つまり寛容を確保するために，経営者には「新たな道徳性の創造」が要請されることを論じている。バーナードが唱える「創造的管理論」の特徴は，野中流の「知の創造を指向する創造的管理論」とは異なり，既述の通り「新たな道徳性の創造を指向する」点にある。その際の条件としてバーナードは，道徳的抱負の高さおよび道徳的基盤の広さを指摘する。これはアクチュアル・エンティティが有する主体的指向および主体的形式という抱握の契機を意味する。

「管理全般の科学化」に偏重する経営学の主潮流は，経営あるいは組織の「真理」を探求し，組織目的の達成にその「知識の知識への適用」（マネジメント革命）を果たしてきた。それが一定の成果を収めることで検証され真理化されてきた。しかし，そこで実現された真的美は「小さい形の美」にとどまるものであった。その結果が，悲劇として経験される既述の文明論的諸課題として顕在化してきた。こうした文脈でバーナードの「創造的管理論」を再構成すれば，"art" としての「創造的管理」を通じて，いかにして悲劇を超えて「大きな形の美」を実現させるかが課題となる。

ホワイトヘッドによれば，真理とは＜実在＞と＜現象＞との一致であるが，美を度外視すれば真理は善でも悪でもないという。そこで真理と美の結合である真的美の実現を目指す "art" が重要な役割を果たすこととなる。"art" は自然性と人為性とのコントラストに基づく調和にほかならない。

真的美の実現とは，組織体にとっての物的・生物的，人的および社会的諸要因からの呼びかけ・問いかけ（自然性）を主体的形式を通じて何らかの形で受容し抱握しつつ，主体的指向にしたがって自己実現すること（人為性）を意味する。このようにして実現される真的美は，多様な道徳準則の具体的統合物として現実化する。つまり，真的美の実現は，実際には＜真・美・善＞の具体的統合を意味する。自然性と人為性とのコントラストに基づく調和を実現させることが "art" の役割であるが，"art" としての「創造的管理」にも同様に，人

間協働における物的・生物的，人的および社会的諸要因を背景としつつ，それらと調和する形で組織目的を実現させる＜真・美・善＞の具体的統合を目指すことが求められる。「大きな形の美」すなわち経験した悲劇を超えて実現される悲劇的平安に向けた＜"art" としての管理＞に要請されることは，「新たな知の創造」を超えた「新たな道徳性・価値の創造」であり，＜真・美・善＞の具体的統合の実現を目指す冒険である。その意味でバーナードの創造的管理論には，現代経営学の文明論的諸課題に対し，根本から応えていく可能性が秘められていると思われる。

上述の「新たな道徳性の創造」の問題を具体的行為と関連づけるならば，「責任（能力）創造の経営」（谷口〔2000〕56頁）が要請されている，と言い換えることも許されよう。ここで言う責任能力の創造とは，「組織の責任」と「組織に対する責任」との調和の実現を目指すことを意味する。

「創造的管理論」をめぐって組織責任の観点から見れば，知識創造経営論は，特定の「権威と組織の責任」を所与化したうえで，「権限と組織に対する責任」の（再）配置を考慮するにとどまる。それは結局，協働の＜現在＞に対する責任にとどまるということである。協働の＜現在＞に対する責任は，その手段として組織体に潜在する物的・生物的，人的および社会的諸要因の部分能率を確保するにとどまるにすぎない。それが，「戦略的」な組織的行動を意味するのかも知れない。重要なことは，手段的能率（部分能率）の確保は，必ずしも諸力の全的充足（満足）を意味しないという点である。

協働の＜現在＞の埒内で，組織体に潜在する物的・生物的，人的および社会的諸要因に対する「組織の責任」を考慮するのは可能であろうし，また必要でもあろう。しかし，協働の＜現在＞に対する責任と併せて，協働の＜未来＞に対する責任も要請される。協働に参加する諸個人の全人的満足（創造能率）の場合で考えてみれば，協働の＜現在＞における諸個人の満足とは，組織貢献者（組織人格）としての満足を意味する。この場合の諸個人の満足は，組織への貢献の仕方に応じて，従業員満足，顧客満足，あるいは株主満足等々といった形での満足である。こういった諸満足は，全人としての個人（個人人格）にとっての部分能率を意味する[16]。どんなに協働の＜現在＞の埒内において，組織の有効性が追求・実現され，その対価として能率が提供されようとも，そ

れは組織体に潜在する多様な意味の全的充足とはならないのである。

　組織体に潜在する多様な意味の全的充足を果たすためには，協働の＜未来＞に対する責任を果たす必要がある。その時組織は，多様な意味の全的充足のために自らを客体化する。知識創造経営論は「組織知の創造を指向する創造的管理論」ではあるが，そこにおける創造性は組織の有効性（組織の意味）を達成するための手段的創造性にとどまっている。それでは，協働の＜現在＞を超え出ることはないのではなかろうか。

　人間協働は，あくまでも「協働の未来を創造するための創造性」を必要とする。小笠原は言う。経営の統一原理としての「創造性の原理とは，手段の創造である前に目的・価値の創造を意味する」（小笠原〔2004〕340頁）と。まさに，「目的・価値の創造」を指向する創造的管理論こそが，今日求められている[17]。その原点でありかつ壮大な理論体系の中で創造的管理論を展開しているのが，バーナード理論にほかならない。バーナード理論を理論的出発点として，現代経営学の文明論的諸課題に向かっていくことが，今後の課題である。

章結　「開かれた権威」のために

　本章は，組織体の自律的な道徳的制度化に伴って，＜組織の常識＞の生成，さらにはその権威化が生じてくることをみた。＜組織の常識＞は根本的に相対的であるにもかかわらず，絶対化傾向を有しており，そのことが多数の「閉じられた権威」を生じさせ，その他の諸権威あるいは潜在的な諸可能性に対する不寛容を招く。ただし，そうした「閉じられた」諸権威に通底する重要な特徴として，経済的要因の配慮への過度の傾斜を指摘することができよう。従来経営学あるいは経営実践は，特定組織体内部の「職務・権限・責任」の組織機構の設計を問題とする「閉じられた権威」問題に多くの関心を払ってきた。その結果各々の＜組織の常識＞は自明化され強化され，それ自身問い直されることのない無関心圏内であった。

　近年，コーポレート・ガバナンスや企業の社会的責任，ビジネス・エシックス等の議論が盛んであるが，それはこれまで経営学あるいは経営実践が，

「オーソリティの委任」という「閉じられた権威」問題に傾斜してきたことにひとつの重要な契機を見出すことができる。経営学あるいは経営実践が組織の有効性を追求するあまり，これまで看過され排除されてきたその他の諸力からの呼びかけ・問いかけが，今日様々な「社会的責任」として顕在化してきている。そうした事態を，社会的責任投資のチェック項目に見出すこともできる。

バーナード権威理論の検討を通じて，現代経営学および現代経営が「開かれた権威」問題という「オーソリティのジレンマ」を抱えていること，この課題に応えるために「組織の責任の受容・抱握の仕方」の再構成を，つまり「オーソリティの配分」の再構成を必要とすることを見た。その解決の方途としてバーナードは，人間協働が抱える諸力の対立を調和ある発展へと転換させるために，「新たな道徳性の創造」を核心とする創造的管理論を主張する。われわれはいま一度，バーナード理論を手がかりとして，そこから経営学の基調に孕まれた「寛容の確保の問題」への理論的展開の可能性を探る必要があろう[18]。

本章には，なお言及すべき多くの問題が残されている。とりわけオーソリティをめぐっては経営学にとどまらず関連諸分野において多くの重要な研究蓄積があるにもかかわらず，今回ほとんど関説することができなかった。また本章では，経営学における「オーソリティの委任」への傾斜的発展が「組織体の不寛容」をもたらすこと，「寛容の確保」のために創造的管理を必要とすること，といった方向性を示すにとどまった。

注
1） 小笠原英司が，H. ファヨール以来管理職能論において古典的位置を占めるに至った管理論的組織論（組織化の管理論）の特徴を次のように指摘する。組織化の管理職能を組織構造の編成と理解し，しかもこの場合の組織構造（organization structure）が「しばしば組織機構（organization mechanism）と同義とされ，組織構造の形式面が強調されてきたきらいがある。いわく，〔組織化とは組織構造を編成することであり，それは職務内容を明細化し，職務の体系化をはかり，職務権限と責任を配分し，命令と報告の経路を指示することである〕と」（小笠原〔2004〕225頁）。また，「組織構造といえば，すでに構造化される対象が経営体（＝組織体）の「内部」組織に限定されている感がある。ここで内部組織とは，〔経営体に所属する『成員』の職務活動のシステム〕を意味する」（小笠原〔2004〕228頁）。
2） 小笠原英司は，本来，組織化の問題は組織の〔内部〕や〔外部〕といった境界線を超えて，多様な組織貢献者の活動を調整することを通じて，いかにして活動システムとしての組織を活性化させるかに向かうべきところが，これまで経営学においては境界線〔内部〕の〔経営体に所属する「成員」の職務活動のシステム〕という組織機構の設計問題が，過度に強調されてきたきらいがある，と指摘する（小笠原〔2004〕225頁）。ただし小笠原は，M. ウェーバーの2種類の「支

配」類型——「利害状況による支配」および「権威(命令権力と服従義務)による支配」——を援用しつつ,経営体(=組織体)の〔内部〕と〔外部〕において支配類型が異なることを指摘する(小笠原〔2004〕)。【まず広義の支配とは「力—すなわち自己の意思を他人の行動に対して押しつける可能性」(Weber〔1956〕S.542,訳書『支配の社会学Ⅰ』5頁)の意味であり,狭義の支配とは,「一人または数人の『支配者』の表示された意思(『命令』)が,他の(一人または数人の『被支配者』の)行動に影響をおよぼそうとし,また事実,この行動が,社会的にみて著しい程度に,あたかも被支配者がこの命令の内容を,それが命令であるということ自体の故に,自分たちの行動の格率としたかのごとくに,おこなわれる(『服従』)というほどに,影響をおよぼしているという事態である」(Weber〔1956〕S.544,訳書『支配の社会学Ⅰ』11頁)。またウェーバーによれば,「前者は,被支配者の・単に自己の利害にのみしたがっている・形式的には『自由な』行為に対して,何らかの仕方で確保されている財産(あるいは市場価値ある技能)の力によって,影響力を揮いうるということだけにもとづいており,後者は,一切の動機や利害関係を無視した・絶対的な服従義務が要求される,ということにもとづいている」(Weber〔1956〕S.542,訳書『支配の社会学Ⅰ』6頁)。】

小笠原によれば「経営体の〔内部〕の成員の組織関係は,『権威による支配』の関係であるが,その前段階では,成員は経営体の〔外部〕にあって経営体との間に——労働市場における需給状況に応じて——雇用契約を締結する。経営体と彼との関係は,経済的な利害関係——『利害状況による支配』——のもとにあるにもかかわらず,ひとたび雇用関係が成立した瞬間から両者は『権威による支配』のなかに組み込まれる。ところが,経営体の『組織』はその活動システムという性格上,経営体の〔内部〕にとどまらず,基本的に経営体という具象的システムの<境界>をこえてその〔境界〕にも〔外部〕にも広く遍在的に発生する。そうした命令権力に拠らない貢献者間の(広義の)支配関係は,命令階統の構造のなかに——いずれそのなかに部分的に構造化される契機はあるにしても——始めから組み込まれるのではなく,原理的にはそれとは異なる様式によって構造化するものと理解される」(小笠原〔2004〕230頁)。小笠原のこの指摘に倣えば,これまで経営学はとりわけ権威理論は,「権威による支配」をもっぱら問題としてきたのであり,その結果,権威理論が組織の〔内部〕に議論を限定し,「閉じられた権威」問題に傾斜してきたことも肯ける。

3) バーナードは受容の4条件として,次のことを挙げる。① 伝達を理解でき,また実際に理解すること,② 意思決定にあたり,伝達が組織目的と矛盾しないと信ずること,③ 意思決定にあたり,伝達が自己の個人的利害全体と両立しうると信ずること,④ その人は精神的にも肉体的にも伝達に従いうること。(Barnard〔1938,1968〕p.165,173頁)

4) 権威理論には大別して,① 上位権限説・法定説,② (権限)受容説,③ 職能説があるが,これら諸説の詳細な吟味は他に譲る(三戸〔1973〕を参照)。

5) 同様の趣旨を,主著「日本語版への序文」(1968)でも述べている。「しかし非常に重大な一つの欠点は,そのときもいまも,責任の問題を扱わなかったことである。権威を論ずれば,当然,はるかに重要な,しかしあまり理解されていない委任,それの責任の問題,責任が重くなるにつれて委任と矛盾すること,権限と責任との従属関係や,責任の分散,伸縮性および釣り合いのとれた創意を促進することの重要性などを明瞭に論議するべきであった」(Barnard〔1938,1968〕36頁)と。

6) バーナードは個人の「責任」を,次のように定義する。「責任とは,各自に内在する道徳性がどんなものであっても,それが行動に影響を与えるような個人の資質だ」(Barnard〔1958,1986〕p.267,278-279頁)と。すなわち,当該個人への呼びかけ・問いかけに対して自身が応える限りにおいて,それがどんなに「反社会的」であろうとも,当該個人は呼びかけ・問いかけに対して責任的なのである。

7) ただし,「責任」に関わる現代的な問題もある。現代社会におけるリスクがあまりにも巨大化し,諸個人がひとりで背負いきることのできない責任も出現してきている。それは,巨大化・精緻化した人間協働の帰結であって,責任を特定個人にだけ負わせることも,あるいはそもそも特定することもできないようなリスクが増えてきている。その典型例が環境破壊であろう。

8) 垂直同型的に言えば,個人は,物的道徳準則,生物的道徳準則,社会的道徳準則および私的道徳準則(個人準則)から成る複雑な道徳的存在である。したがって個人が潜在的に内包する責任として,物的道徳準則への応答=物的責任,生物的道徳準則への応答=生物的責任,社会的道徳準則への応答=社会的責任,および私的道徳準則への応答=自己責任,が考えられる。

9)「組織に対する責任」とは,組織の共通目的を実現させるに当たって,それぞれの諸力・要因が組織からの呼びかけ・問いかけに応答することを意味する。物的要因であれば素材の強度や機械設備の生産性など(組織に対する物的要因の責任),生物的要因であれば作業環境(温度,湿度,気密性など)や作業員の身体的強度や集中力の持続性など(組織に対する生物的要因の責任),人的要因であれば従業員による就業規則の遵守など(組織に対する人的要因の責任),社会的要因であれば顧客による財・サービスの購入に伴う支払いや財・サービスの使用上の注意の遵守など(組織に対する社会的要因の責任),を想定できようか。

10) バーナードは言う,「権限ではなく責任を委任しうるのでなければ,大きい組織を運営できない。権限は2番目である。権限の一要素は…(中略)…権限が道徳的責任を受容した人々の保護になるということである」(Wolf〔1972〕p.35,51頁)と。また飯野春樹も「責任の受容があって権限は効果的に機能しうるのであり,責任の委任は権限の委任よりも重要である」(飯野〔1978〕233頁)と言う。

11) 中村は「共通感覚」を実体概念として把握することを戒め,次のように述べる。「私にとって共通感覚は,およそ実体概念なのではなく,なによりも戦略的に設定した＜創造的観念＞なのである。つまり,それを設定し,展開することで,いろいろと,見えなかったものが見えてくるような働きをする発見と探究のための観念装置なのである」(中村〔1993〕353頁)と。本章においても中村の戒めを踏まえつつ,「共通感覚」を作業仮説として,バーナード権威理論を再構成する。その他に木村敏〔1973〕・〔1988〕やW.ブランケンブルク〔1978〕の研究からも,今回,多くの示唆を受けている。

12) ただし,ここでの論述は必ずしも厳密な意味での生成の順序を述べるものではない。むしろ諸個人にとっては,まず＜この世界＞(種々の道徳準則や行動様式,諸制度を含めた)があって,＜この世界＞内に諸個人は生まれ落ち,＜この世界＞を成り立たしめている共通感覚の特定の統合パタンを,社会的文脈に埋め込まれた具体的行為の連続(試行錯誤)を通じて内面化・共有化していく,と言う方が正しいであろう。

13) ＜この世界＞の自明性の喪失が,いかにわれわれのアイデンティティの確立・維持にとって危機的な事態であるかということを,ブランケンブルク〔1978〕や木村敏〔1973〕・〔1988〕が教えてくれる。

14) バーナードは以下のように述べている。「オーソリティのジレンマを解決する方法に関して,今日知られている程度のごくわずかなことを学ぶのに,人類は幾世紀をも要した。これらの方法の一つで,副次的な重要性をもつものは,オーソリティを委任する方法である。これについては,教会,軍事および外交上の業務において,また比較的大きな会社において,その技術と技法が大いに発達してきたということ以外に私は何も触れないでおく。他の方法は,外見上にはより単純であるが,これとは異なるものであり,基本的重要性をもつものである。私はそれをオーソリティの配分の方法と呼ぼう」(Barnard〔1936,1986〕p.37,53頁。)と。後者の「オーソリティの配分の方法」についてバーナードは,「社会の異なる機能に対する分散された統治権と分離された権威という考え方」(Barnard〔1936,1986〕p.38,55頁。)であり,その具体例として「政教分

離」を挙げている。「実際的な諸目的のために，(教会と国家との) 双方とも生活の異なる側面での主権者であると認めあ」うことが重要なのである (Barnard〔1936, 1986〕p. 38, 52頁)。この「オーソリティの配分」をバーナードが指摘することのうちに，ある種の常識の自明化・思い込みを排除する (そのような危険性を避ける) ために，あえて対抗措置 (コンフリクト可能性) を組み込んでおくことの重要性を読み取ることができる。その重要性を，藤井一弘教授に御教授いただいた。

15) 重要なことは，今日，「オーソリティの委任」が特定組織体〔内部〕にとどまらず，そういった＜境界＞を超え，〔外部〕の組織貢献者にも波及しているということである (小笠原〔2004〕)。

16) 全人としての個人の満足，すなわち個人の創造能率は，個人の四重経済 (協働システムと垂直同型的に考える) の調整に依存する。換言すれば，諸個人の「主体性の強度」(村田〔1990〕34-35頁，59-60頁) に依存する。

17) こうした点に関連して，バーナード理論に立脚しつつ独自の展開を示しているものに，例えば村上伸一の「価値創造の経営管理論」(村上〔1999, 2003〕) や小笠原英司の「事業使命論」(小笠原〔2004〕) などがある。

18) 第6章ですでに触れたが，野中理論はいまだに進展の途上にある。本書で「知識創造経営」論というときには，メイヨーの「知識経営」論との間に重要な連続性が見出されるがゆえに批判の対象となる。しかし，近年の『美徳の経営』(2007) を主張する野中理論は，自身が提唱してきた「知識創造経営」論を乗り越える方向へと展開しており，むしろ筆者の問題意識と重なる。今後の展開に，大いに注目している。

終章
岐路に立つ現代文明と経営学の役割

第1節　要約と結論

　経営学の史的展開過程を通時的に検討すれば，およそ経営学の歴史は組織知の創造の歴史であり，それはまた経営実践への適用が予想されたものであった。テイラーの科学的管理は熟練労働者の作業に関わる暗黙知の形式知化（＝作業の科学化）を目指したものであり，その後の経営学は管理全般に関わる暗黙知の形式知化（＝管理全般の科学化）へと進展してきた。こうした事態を，人間関係論の思想的指導者であるメイヨーは「知識経営」化と捉え，文明論的観点から批判した。メイヨー文明論を筆者が再構成すれば，知識経営は，①組織体に潜在する多様な意味の中から＜組織の意味＞を優越させる，② 組織体の活動が生活世界から乖離する，という「閉じられた人間協働」化問題（＝知識経営の問題性）を孕む，と解釈可能である。しかしメイヨーの文明論的批判にもかかわらず，その後の経営学の展開は，サイモン理論を典型例として，経営学のさらなる科学的・理論的精緻化への流れが大きなうねりとなり，現代経営学の主潮流を形成してきた。こうした経営学の展開がひとつの重要な契機となり，「知識社会」としての現代社会が切り拓かれてきたのである。

　経営学の主潮流は，管理全般に関わる科学的知識を集成・体系化し，そうして形成された科学的知識の経営実践への適用（知識の知識への適用）を目指して，その科学的・理論的精緻化を推進してきた。この過程を本書では「経営科学」と呼ぶことにしたい[1]。経営科学としての経営学の特徴は，科学の対象から価値的要素を分離し，経営学の理論科学的精緻化を促進させてきた点にある。しかしその結果として，分離された特定の価値・組織目的を，すなわち＜組織の意味＞を所与化して，その効率的な実現を目指すこととなる。

しかしこうした経営学の主潮流とは異なる，もうひとつの展開の可能性が経営学史の中にはあった。それが，フォレット＝バーナードの系譜である。フォレット＝バーナードの系譜は，経営科学が考察対象から排除した価値の問題を積極的に取り扱い，自身の経営思想や理論体系の中に取り込んでいる。この価値的要素を積極的に取り扱う経営学の側面を，本書では「経営哲学」と呼ぶことにしたい[2]。フォレット＝バーナードの系譜からは，経営学体系を経営科学と経営哲学とを両輪とするものと理解できる。それはサイモンも自覚していたように，人間協働から――サイモンの場合は意思決定過程であるが――価値的要素を排除しえないからである。むしろ人間協働にとって，価値的要素こそが重要なのである。しかし実際の経営学の史的展開過程は，経営科学に偏重する形で展開されていった。それが，サイモン理論に代表される知識経営化の進展であった。

　知識経営化が進展しつつあった第2次世界大戦後，自然環境破壊（公害問題）や消費者保護運動，企業の社会的責任，労働の人間化要求といった問題群が注目を集めるようになってくる。そうした現実（現象）の展開と経営学（理論）の史的展開過程とを重ね合わせ，バーナード理論を分析枠組みとしつつ検討した過程で，その底流に「知識経営の問題性」が伏在していたと見ることが可能であることがわかった。組織体には多様な意味――それらをバーナード理論に沿って指摘すれば，物的・生物的意味，社会的意味，個人的意味，そして組織的意味である――が潜在している。メイヨー文明論の核心は，知識経営化の進展により組織体が内包するこうした潜在的な意味の多様性の中から＜組織の意味＞が優越し，しかもその他の意味から乖離する事態を指摘した点にある。それが具体的には，物的・生物的意味の軽視・看過が自然環境破壊（公害問題）として，そして社会的意味の軽視・看過が消費者保護運動や企業の社会的責任の問題として，さらに個人的意味の軽視・看過が人間性の問題として，それぞれに顕在化し問題化してきたと解釈することができる。

　ここに現代経営学を問うための「問いの原型」が見出される。近代経営学が科学的に精緻化されていくなかで「知識経営の問題性」が生起し，その結果として＜組織の意味＞を優越させるあまり，その他の意味を軽視・看過し，さらには排除するという「組織の不寛容」という事態をもたらした。経営科学に偏

重した展開に伴う「組織の不寛容」を，経営学は如何に克服しうるか。

　ここから本書にとって重要な課題のひとつとして，野中郁次郎に始まる「知識創造経営」論の経営学史上の位置づけの問題が出てくる。野中が主唱する「知識創造経営」の特徴を，これまでの行論との関連で端的に述べれば，それは管理全般に関わる暗黙知の徹底的な形式知化のみならず，形式知の暗黙知化・身体知化をも射程に入れた理論である，と指摘できる。つまり，知識論の観点から経営学の史的展開過程を概観した場合，知識経営と知識創造経営との間に不連続性を見出せる。

　しかし本書での考察を踏まえるとき，その深層には依然として＜組織の意味＞の優越という事態が伏在していることを指摘できる。例えば，知識創造の主体として諸個人にはより広範な自由裁量の余地が確保され，主体性・創造性の発揮が要請される。言い換えれば，「組織の寛容」の程度が高まってきていると言える。しかしそれはあくまでも＜組織の意味＞の実現（＝組織の有効性）の埒内に止まる。知識経営においては，＜組織の意味＞以外の多様な意味は排除されたが，知識創造経営において多様な意味は排除されるかわりに＜組織の意味＞に積極的に包摂されていく。どちらにしろ，結局は，組織の有効性の達成という目的に対して，組織体に潜在するその他の多様な意味を手段の位置に置く論理を孕んでいる。環境問題，文化多元性の問題，そして人間的＜生＞の充実の問題といった現代経営学の文明論的諸課題に通底する問題性として，「＜組織の意味＞の優越」という不寛容の問題（＝「閉じられた経営学」）が，現代経営学の，さらには100年に亘る経営学の基調に孕まれている。こうした諸課題は，経営科学に偏重しつつ展開してきた近代経営学のうちに胚胎していたのである。

　こうした「閉じられた経営学」は，これまで述べてきたところから明らかなように，経営科学の追求に起源を有する。経営科学は，経営あるいは組織現象を説明する科学的知を集成し，それを＜組織の意味＞の実現のために適用・応用すること（知識の知識への適用）を想定してきた。こうした科学的な組織知の追求（追究）は，一面において，たしかに経営あるいは組織現象の真理の追究であった。しかし，科学的知としての「真理」は単に価値中立的であるのではなく，むしろ価値問題に言及しないという形で，実は特定の価値を無批判的

あるいは無自覚的に受容するものとして得られたものであったと言うべきであろう。経営学の場合，それは，組織目的の合理的・効率的な達成（組織の有効性）の所与視・自明視である。

　経営学の「経営あるいは組織現象の真理の追究」への傾倒の意味を解釈するために，本書では「真・美・善」の枠組みをもって考察する必要性を唱えた。本来的に「真・美・善」は調和を必要とする。プラグマティズムは真・美・善を分離せず，相互に密接不可分なものと考えている。ところが経営学における「真への傾倒」は，その意図せざる結果として，それに引きずられる形での「組織の美」（組織体の存在様式や企業・事業・経営の有り方など）や「組織の善」（組織の行動準則）の変容をもたらしたのではないか。それらが「知識社会」への社会変容を伴いながら，今日の生命圏や諸社会，諸個人と組織体との「調和の破れ」をもたらし，環境破壊や企業の社会的責任，ビジネス・エシックス，あるいは過労死や職場における精神疾患増大などの現代経営学が抱える文明論的諸課題として顕在化してきているのではないか。ここから翻って，「開かれた経営学」構築のため，いかにして「組織体における真・美・善の調和」を実現させるかという問いが出てくる。

　その克服の方途として，本書ではフォレット＝バーナードの系譜に注目した。フォレットは，経営科学と経営哲学との同時的発展という方向性に経営学の可能性を見出していた。その経営哲学の核心部分は，「（全体）状況の法則」の発見によるコンフリクトの建設的な統合である。これをバーナードは，「新たな道徳性の創造」を核心とする創造的管理論という形で理論化していった。ここでいう創造的管理論は，単なる「新たな知識（真）の創造」を超えて，「新たな真・美・善の調和の創造」をこそ要とするものである。それゆえ本書では，フォレット＝バーナードの系譜に，現代経営学が抱える文明論的諸課題を克服する方途を見出したのである。

　本書の学術的な特色・独創的な点は，およそ100年の歴史を有する経営学の史的展開過程を，知識論の観点から通時的に検討し，さらにはそこで得られた知見を「真・美・善」の枠組みによって解釈・再構成しようとした点にある。この取り組みは，今後も継続される。

第2節　今後の課題
――経営哲学研究に向けて――

　本書を踏まえ，今後の残された課題として，以下のような諸課題が考えられよう。

　まず第1に，そもそも「科学とは何か」という問題である。この問題に対して本書では，知識の一類型として科学的知識に言及はしたが，それ以上踏み込んで検討していない。今後は科学哲学や方法論的な議論も含み，もっと踏み込んで考察する必要がある。

　第2に，経営学説のさらなる考察である。ここには2つの意味がある。第1の含意は，サイモン以降の主要諸学説の研究を意味する。本書では，戦後経営学としての現代経営学の形成に重要な役割を果たした広義近代経営学の主要学説への言及に留まっている。今後は，サイモン以降の現代経営学の展開にも目を向ける必要がある。第2の含意は，本書で言及した諸学説を，その後の現代経営学の展開過程という新たな文脈のなかに位置づけつつ，改めて解釈し直すことである。個別学説とそれを埋め込む全体状況（文脈）との間の解釈学的循環を経て，今回言及した諸学説の解釈を深化させていくことが必要である。

　第3に，今回は素描に留まらざるをえなかったが，今後の研究計画の分析枠組みとなる「真・美・善」の相関についての原理的な考察がある。その際，プラグマティズムやその影響を大いに受けたホワイトヘッドを手がかりとする。プラグマティズムを手がかりとする理由は，主として3つある。第1の理由は，メイヨーが「知識経営」を文明論的視角から批判する際に，プラグマティズムの代表格であるジェイムズに由来する「具体的知識」および「抽象的知識」という2つの知識概念を援用しているからである。ジェイムズのこの知識類型は，こんにち流通している「暗黙知」および「形式知」の2類型を先取りしており，両類型の比較も今後の研究計画に対して重要な論点を提供する。第2の理由は，アメリカ経営学の哲学的・思想的基盤には，プラグマティズムがあるといわれているからである。第3の理由は，プラグマティズムは，真・

美・善を分離することができず，相互に密接不可分なものと考えているからである。またホワイトヘッドを研究する必要もあろう。その理由は主として2つある。第1の理由は，「有機体の哲学」とも呼ばれるホワイトヘッドの哲学が経営学の新たな方法論を提供すると期待されるからである。こんにち組織体を一個の有機体として取り扱うことが常識化してきているが，その哲学的・方法論的基盤となりうるからである。第2の理由は，ホワイトヘッドが人類の歴史を「文明化の過程」として捉え，文明化された社会を ① 真理，② 美，③ 芸術，④ 冒険，⑤ 平安の5つの特性で捉えるからである。ホワイトヘッドの哲学に，経営学を文明論的に把握するための基本的な枠組みを提供するものと期待されるからである。

第4に，経営学の「科学的」アプローチ（経営科学）のような経営あるいは組織現象の因果的説明をではなく，むしろ経営学の「哲学的」アプローチ（経営哲学）のような経営あるいは組織現象の根源的懐疑・意味了解を目指す立場上，解釈学の研究も必要となってくる。

最後に，上述のような原理的研究を主としつつも，「現代文明の形成に際して経営学が果たしてきた役割」を浮き彫りにするために，テイラーの科学的管理以前の「成行管理」にも注目する必要があろう。それは，経営学あるいは経営管理論の生成過程（生成史）に注目することを意味する。その考察過程で，工業化以前の伝統的社会から工業社会への社会変容と，その過程で果たした経営学あるいは経営管理論の役割について，経営史や社会史・民衆史といわれる分野の知見を利用しながら考察する。それにより，伝統的社会における「個人-組織体-社会-自然環境」の相関関係が「知識経営」化の進展を通じていかに変容してきたのかということを理解可能にし，また，現代社会に生きるわれわれには自明すぎて問うことが困難な現代的な「個人-組織体-社会-自然環境」の相関関係の相対化をも可能とするだろう。

今後の研究の全体構想は，21世紀に求められる「開かれた経営学」の構築であり，そのためにこれまでの経営学の史的展開過程を方法論的・文明論的に再検討することである。

こうした問題意識は，経営学が理論と実践との統合にその学問的特徴を有し

176　終章　岐路に立つ現代文明と経営学の役割

ており，現代文明の形成に経営学が重要な役割を果たしたのではないか，という仮説に基づく。人間社会を含めた生命圏の持続可能性の確保を前提するとき，現代文明はこれまでの方向性を問い直し，その転換を迫られている，と言える。こうした時代の要請に応えるために，「現代文明の転換期における経営学の役割」という問題を，筆者は意識する。ただし，ここでいう「現代文明の転換期における経営学の役割」には，ふたつの含意がある。第1の含意は「現代文明の形成に際して経営学が果たしてきた役割」であり，第2の含意は「新たな文明の形成に向けて経営学が果たしうる役割」，である。

　本書の課題は，主として第1の含意に集中し，「現代文明の形成に際して経営学が果たしてきた役割」を問い，そこに潜む問題性を明らかにすることであった。本書での考察から，経営科学として展開してきた経営学により，「知識社会」としての現代社会が切り拓かれてきたわけだが，そのことが同時に「組織の不寛容」をもたらし，現代経営学が抱える文明論的諸課題を生起させてきたことを見た。今後は，「新たな文明の形成に向けて経営学が果たしうる役割」を担うために，経営科学と両輪を成すべき「経営哲学」の構想が要請されるであろう。

注
1）　小笠原英司は「経営科学」について，次のような説明を加えている。「経営科学」とは経営への科学的アプローチであり，「物事の全体的認識を断念し，その部分的認識の集成をもって全体性に代替する方法」を採用する（小笠原〔2004〕13頁）。
2）　また小笠原英司は「経営哲学」について，次のような説明を加えている。「経営哲学」とは経営に対する哲学的アプローチであり，それは広義の解釈学的方法を採用することを意味する。それは，「直観的洞察によって得られた『ものごとの全体像』から出発し，論理的に構成された諸概念の創造的再構成からその本質に至る能動的解釈のプロセスをこそ意味する」（小笠原〔2004〕16頁）。その課題は，経営哲学を通じて，①科学的方法の改良，②経営に関する存在論的考察の必要，③経営における価値判断問題への考察，を遂行することである（小笠原〔2004〕14頁）。

補論 II
「経営の発展」と文明化[1]
―― 「協働の学としての経営学」再考 ――

序 問題の所在

　生態系の危機に見られるように，現代文明は転換期を迎えていると言われて久しい。20世紀以降の現代社会を主導してきたのは，株式会社に代表される企業活動である。経営学はこうした企業活動に対してさまざまな態度を取りつつ，企業活動を研究対象の中核に据えて展開してきた。企業文明とも言われる現代文明のあり様を問うことは，経営学のあり様を問うことにもつながる。経営学のあり様を問うには，その後今日まで研究対象の裾野を拡大しつつあるとはいえ，「より大なる利潤，規模的拡大を追求する」経済的協働である企業活動を中核に据え，その展開を促してきたこれまでの経営学の主潮流を相対化する必要がある[2]。

　営利目的に限らない協働一般に着目し，そこから人間や組織，そして経営の意味を問い，その理論化を図る潮流が，主潮流ではないが経営学には確かに存在している。それがここで「協働の学としての経営学」と呼ばれる流れである[3]。その典型として，C. I. バーナードの理論が挙げられる。

　本補論 II の目的は，「経営の発展」を「協働の学としての経営学」の文脈の中で捉え直すことで，翻って「より大なる利潤，規模的拡大を追求する経営」を指向する経営学の主潮流における「経営の発展」の意味とそこに潜む問題性を問うことである。ここでは，「協働の学としての経営学」の典型としてのバーナード理論を参照しながら，本補論 II の課題への接近を試みる。

第1節 バーナードの「協働」文明論[4]

(1) 変化し続ける社会的世界における起動力と art の役割

　われわれが生きるこの社会的世界は絶えざる「変化」の渦中にあり，その変化は＜世界＞に渦巻く「諸力」と2つの「起動力」——個人および協働システム——に由来する（Barnard〔1936, 1986〕p. 29, 41頁）[5]。この社会的世界は諸力および起動力によって動かされているがゆえに，絶えず変化している。こうした諸力は，「継続して相互に作用し合い，しばしば相互に対立し，あるいは対抗するゆえに，これらの基本的で対抗的な諸力と起動力を利用し，方向づけ，バランスをはかり，調和させることが人間に課された免れ得ない仕事となるのである。これを効果的に行なおうとする奮闘は人間にとって終わることのない運命である」（Barnard〔1936, 1986〕p. 30, 42頁）。この，諸力の（再）調整という要請に応えるものこそが，「個人」と「協働システム」という起動力である。

　およそ文明化の程度は，起動力が有する諸力を調整する「組織化能力」という「人間の art」の程度に依存する。バーナードは，放置すれば矛盾・対立する諸力を，むしろ相互に補完・強化し合うように（再）調整・組織化する「起動力」による art の必要性を指摘する。しかし，たとえ起動力によって確保された諸力の調和であっても，しばらくすれば再び矛盾・対立するようになる。それは，起動力による諸力の（再）調整作用自体が，諸力の源泉である物的・生物的・個人的および社会的諸要因を新たな状況へと変化させるからである。この世界は生きた，動的な，つねに変化するプロセスとして生成しつつある（Barnard〔1936, 1986〕p. 28, 40頁）。人間は，諸力の絶えざる（再）調整を実現しなければならないが，その（再）調整過程によって個人や協働システムは試される。人間の art を通じて，諸力の（再）調整に成功することもあれば，失敗することもあろう。こうした諸力の（再）調整過程は，個人や協働システムにとって，「存続の危機」であると同時に，「発展の契機」にもなりうる。この点は，後で改めて言及する。

(2) バーナード「協働」文明論の哲学的基盤
——ホワイトヘッドとの関連で——

　バーナードは，個人はもちろんのこと，協働システムも社会も「生きている」と把握する[6]。A. N. ホワイトヘッドに拠れば，生命は，状況の拘束性を超え出て，当該主体固有の目的を設定し，その実現を追求する（目的の実行可能性）自由を指向する。

　生命形態が高度であればあるほど，自身を取り巻く状況の改善に積極的に取り組むのであって，こうした生命のそれを取り巻く状況への積極的なとっくみあい，つまり「生命の art（art of life）」には3つの衝動がある，とホワイトヘッドは述べる[7]。それが，① 生きること to live，② うまく生きること to live well，③ よりよく生きること to live better，である（Whitehead〔1929〕p. 5, 11-12 頁）。「生命の art は，まず第一に生きてゆくことであり，第二に満足のいくしかたで生きてゆくことであり，そして第三には，満足を一層高めてゆくことである」（Whitehead〔1929〕p. 5, 12 頁）。そして，単に生きることから，うまく生きること，そしてよりよく生きることへと「生命の art」の向上を促進させることが理性 reason の機能である，とホワイトヘッドは言う（Whitehead〔1929〕p. 2, 8 頁）。

　では，art とは何か。art は，現象の実在に対する目的論的適応である。art とは，目的の実行可能性を指向するという人為性を本質とするが，当該主体を取り巻く諸状況の本性（実在）との調和を目指す技芸（技）である。その調和の程度が，文明化の程度をはかるものともなる。ホワイトヘッドは，「偉大な＜調和＞とは，背景の統一性において結合された，もろもろの存続する個体の調和であ」（Whitehead〔1933, 1967〕p. 281, 388 頁）り，「art はそのさまざまな構成体の細々とした構成要素のうちに，個体性を生み出すことを目指すべきである」と述べる（Whitehead〔1933, 1967〕p. 282, 389 頁）。ここに，art には全体と個のバランスの問題が潜むことを見て取れる。

　art は，状況に潜在する諸可能性の中から，諸状況を超え出た具体的な何ものかとしての「新しさ」の創造を目指す。しかしそれは，諸状況との調和を必要とするのであり，そうした調和を欠くような「新しさ」は「うわべだけの，不自然な」ものに，そして病的なものに陥る危険性をすら孕む。art によって

創造される「新しさ」(人為性)には,諸状況(自然性)を超えつつも,諸状況との調和の内に達成されることが要請される。art とは,こうした創造的・主体的行為である。ここに,全体と個のバランスの問題がある。

(3) 「協働」文明論における＜art としての管理＞の意義

変化しつつある状況の中での発揮が期待される人間の art は,起動力とそれを取り巻く諸力との間に,全体と個のバランスを確保する必要がある。しかしこのバランスは,どこまでいっても客観的・科学的に確定することができず,絶えず主観的・価値的要素が入り込んでこざるを得ない。そこで,全体と個のバランスの受容をめぐって,人々の間での主観的権威の,さらには客観的権威の確立とその維持という問題が生じてくる。人々によって,特定の全体と個のバランスが受容される必要がある。

しかしこのことは,多様な権威が確立・維持される可能性をも含意している。そこで,多様な諸権威間において互いを排除し合うのではなく,むしろ互いを認め合う寛容の確保が問題となる。この寛容の確保の問題は,諸権威間の調和と特定の当該権威の確保・維持というより高度化された全体と個のバランスの問題へと向上の螺旋を描く。

バーナードは,ここに社会進歩における不変のジレンマを見出す。諸力を(再)調整する人間の art は,① 全体と個のバランスの問題,② 権威の確立と維持の問題,③ 寛容の確保の問題,という3つのジレンマとの不断の格闘を余儀なくされる。

人間協働は自由を指向する「生命の art」の発露である。そしてそれは,理性の機能によって,よりよく生きるためのより高度な協働へと促される[8]。しかし,そのことが却って理性の向上をも促す。「目的的協働は人の論理的能力や科学的能力のおもなはけ口であり,またその能力のおもな源泉でもある。合理的行為は主として目的的協働行為であり,主としてそれから合理的行為をする個人的能力が生ずるのである」(Barnard〔1938,1968〕p. 119, 125 頁)。

人間の歴史を概観するとき,人間は協働の拡大・精緻化という「生命の art」の向上を通じて「状況の改善」(状況の人為化)を促進させ,それに伴って協働に貢献する諸個人の自由度を増大させてきた。そうした文明化の過程で,協

働システムという起動力が有する「人間の art」が，すなわち＜art としての管理＞が重要な役割を果たしている。しかしそこでは，つねに3つのジレンマに直面している。これらに対してどのように応答するかが，＜art としての管理＞には求められる。しかしその研究は，人間の歴史からすればおよそ100年程度の歴史であり，緒に就いたばかりであると言える。こうした人類史的視野の中で，現代文明形成の中核を成す経済的協働の特徴を批判的に検討することが，「協働の学としての経営学」に期待される。その際の典型的な視点として，3つのジレンマが設定されよう。以下においてもう少し，本補論における概念枠組となる，バーナードの協働システム概念を概観する。

第2節　概念枠組みとしての協働システム
―― 四重経済との関連で ――

(1)　四重経済に見る「全体と個のバランス」問題と責任

　協働システムは，物的・生物的，社会的および人的諸要因（自然環境，社会環境および人間環境）と，それらを統合する組織要因の複合体である。協働システムは，その置かれた諸状況（諸環境）によって制約されつつも，状況の組織化を通じて，そこから利用可能なものを経営資源（ヒト，モノ，カネ，情報など）として引き出してくることで，却って制約を積極的要因に転換し，当該組織固有の共通目的の達成を目指して環境（状況）に能動的に働きかけながら，自己を生成しつつある過程である。

　その中核を成す組織の生命力の維持は，「その体系の均衡を維持するに足るだけの有効な誘因を提供する能力」を意味する「組織の能率」に依存する。この観点から組織の機能は，誘因の原資となる ① 効用の創造，② 効用の変形，③ 効用の交換，である。バーナードは「効用の交換という流れ」を「経済」と呼び，協働システムに物的，社会的，個人的経済および組織経済の四重経済を見出す。組織とその周辺の諸環境（諸経済）との間では，常に効用の交換が行われている。協働システムにおいては多様な環境の拘束性を超え出て，当該主体固有の目的の実行可能性を追求するうえで「組織の能率」に依存するが，

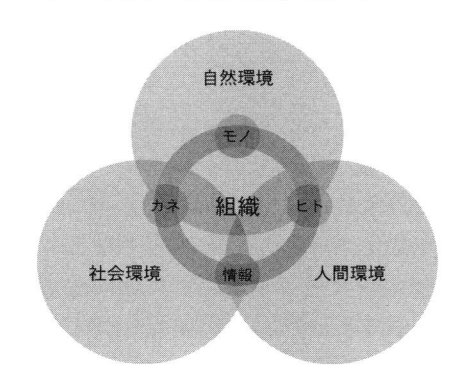

図表補 Ⅱ-1　諸環境（状況）と協働システム
出典：藤沼〔2013〕125 頁（吉原編著〔2013〕所収）。

それはまた諸環境（諸状況）と協働システムとの相互性をも意味する（図表補Ⅱ-1 を参照）。

組織の能率には，部分能率と創造能率があり，組織の持続には創造能率が重要となる。組織の持続には，効用を生産するために諸力を適切に組み合わる必要があり，「調整の質こそ組織の存続における決定的要因である」（Barnard〔1938, 1968〕p. 256, 268 頁）。創造能率は，組織と諸環境間での効用の交換の収支についての，センスの問題であり，釣合感の問題であり，異質的な諸部分の全体に対する重要な関係の問題である。しかし異質的な諸力の「効用をはかる共通の尺度はありえないから」（Barnard〔1938, 1968〕pp. 256-257, 268 頁），全般的な管理過程は審美的，道徳的となり，その遂行には適合性の感覚，適切性の感覚および責任の能力が必要となる。ここに，協働システムをめぐる「全体と個のバランス」の問題を，「諸環境と組織との間の効用の交換の流れ」の問題として見出すことができる。そしてこの問題に応えるために責任能力が要請される，とバーナードは言う。

責任，すなわち responsibility は，「応答する能力／応答可能性 response ＋ ability」を意味する。「応答する」とは，何ものかからの呼びかけを想定しており，そこには，少なくとも 3 つの契機がある。それは，① そもそも何ものかからの何らかの呼びかけに対して気づくことができるかどうか，② 何らかの呼びかけに気づいたとして，それをどのように（消極的ないし積極的に）解釈・評価・抱握するか，③ その呼びかけに対して，当該主体がどのように行動するか，ということである。このように考えれば，責任問題とはまさにセンスの問題と密接不可分であると言える。また，こうした応答過程に関わって，当該主体には応答の仕方（主体性の発揮の仕方）に自由度がある。ここに，責任と自由の問題を見出すことができる。

(2) 「経営の発展」としての「新たな道徳性の創造」

　協働システムには，潜在的に，各々の諸状況からの呼びかけがある。そうした呼びかけが「道徳準則 moral code」と呼ばれる。協働システムには，潜在的に多様な道徳準則が渦巻いており，それらに対応して多様な責任も潜在する。そうした道徳準則に対して，主体的要因たる組織がどのように応答する（責任的である）のかという経験の蓄積の過程で，当該システムに固有の組織準則が生成されつつある。協働システムは，多様で複雑な道徳準則から構成される道徳的制度へと成り行く。協働システムの諸状況への応答の仕方を規定するのが組織準則であり，組織準則の質が諸状況間の調整の質を規定し，創造能率の質を規定する。

　人間の社会は，長い年月をかけ，「生命の art」の発露である協働の拡大・精緻化を通じて，状況をより広範に人為化・改善し，当該組織固有の共通目的を設定し，その目的の実行可能性（自由度）を高めてきた。協働システムは状況への単なる「反応」的応答を超え出て，当該組織に固有の組織準則に沿って状況を改善（状況の人為化）する自由を獲得し，それに伴って協働に貢献する諸個人の自由度も高めてきた。しかしここに，諸状況と組織との乖離が甚だしくなり，コンフリクトが拡大する危険性が潜む。協働システムは，当該状況によって生かされつつ生きる過程であるにも関わらず，諸状況の拘束性を超え出る自由を指向するので，諸状況と組織との調和を図る＜art としての管理＞が要請される。そのためにバーナードは，「新たな道徳性の創造」を主張する[9]。これこそが＜art としての管理＞の核心である。

　コンフリクトを解消するために「新たな道徳性の創造」が必要となるが，それは諸状況に由来する潜在的に多様な道徳準則と組織準則とが調和可能な道徳性の創造であることが求められる。その条件としてバーナードは，「道徳的抱負の高さ」および「道徳的基盤の広さ」のふたつを挙げる（Barnard〔1938, 1968〕p. 284, 297 頁）。「新たな道徳性の創造」の成否は，この 2 条件の実現にかかってくる。

　道徳的基盤は，既述の通り，一定の空間的および時間的拡がりを有する。空間的拡がりとは，共時的に見てどれくらいの範囲の諸力（状況）をどの程度まで考慮するのかという問題に関わる。また時間的拡がりとは，通時的に見て，

現在にのみ配慮した衝動的な「動機」を禁止・統制・修正して，現在を生きる当該主体を深く過去に根ざさせ，未来への予期（目的の予見性・理想性）を与えること，つまり現在を生きる当該主体を過去および未来という時間的拡がりの中に位置づけながら，諸力（状況）をどのように考慮するのかという問題に関わる。「新たな道徳性の創造」を通じて，組織と諸状況（環境）との間の新たなバランスの確立が目指される。それは，より多様な諸状況（環境）のより一層の満足と調和可能な＜art としての管理＞の「質的向上」である[10]。これを例えば「協働と個人の同時的発展」と呼ぶこともできる。

　こうした空間的および時間的拡がりにおいて，より広範囲にわたる諸状況との調和のうちに目的の実行可能性を追求できるような「新たな道徳性の創造」が，「協働の発展」の契機，つまり「経営の発展」の契機となる。言い換えれば，矛盾・対立する諸力の新たな組織化のパタンの創造という「起動力の革新」が，「経営の発展」を意味する。これは必ずしも「経済的発展」を意味しない。ましてや「経済の量的拡大」を意味しない──結果として，「経済の量的拡大」や「経済的発展」を伴うことがあったとしても──。

(3) 四重経済に見る「能率優位」と「道徳的基盤の拡がり」の意味

　以上から，バーナードが「組織の能率」を，「組織の有効性」以上に重視していることがわかる。その意味を理解するには，時間的拡がりとの関連で，「有効性」と「能率」を区別することが重要である。有効性とは現在に立脚する「目的」の達成度であり，＜現在＞の問題である。他方で能率とは満足の獲得であり，有効性の達成過程の結果，つまり＜未来＞の問題である。協働システムの場合で言えば，組織目的の達成度を問題にする組織の有効性とは，いま・ここで・現に協働している＜協働の現在＞である。他方で，＜協働の未来＞とは何か。＜協働の現在＞（有効性）において経営資源として客体化された諸力は，＜協働の未来＞での成果分配（主体性の回復・能率の獲得）を期待して効用の交換を行っている。＜協働の現在＞において機能化・手段化する諸存在は，＜協働の未来＞における再主体化・満足を予期している。

　「能率優位」が意味することは，「組織の持続可能性」にとって，＜協働の現在＞に固執せず，協働の＜過去－現在－未来＞を継起させることの重要性を，

逆に言えば＜協働の現在＞に固執することの危険性を，示している。＜協働の現在＞への固執は，「当該組織目的の達成」という特定の有効性の観点から客体としての諸状況を評価・配慮する傾向を強化し，諸状況への応答の仕方の固定化・惰性化・硬直化を，つまり組織準則の空間的・時間的狭窄化を招く危険性を孕んでいる。その結果，絶えざる変化の渦中にある当該組織と，それを取り巻く諸状況とのコンフリクトのリスクも高まってくる。だからこそ，「協働の持続可能性」を高めるためには，空間的・時間的拡がりの中で諸状況と調和しうる「新たな道徳性の創造」を中核とする＜artとしての管理＞の質的向上を通じて，いかにして「組織の能率」を確保するか，が問われる。

　また，こうした各種協働に参加することで諸個人は，そこにおける「諸力の組織化のパタン」（組織準則）を参照し部分的に内面化することで，却ってより個性的な各自の「諸力の組織化のパタン」（個人準則）を形成・発展させ，より個性的な個人へと成長していくことも可能となる[11]。協働は，われわれ個々人および文明の存立基盤であり，それぞれの発展の契機ともなる。

　以上の考察を基に，改めて「より大なる利潤，規模的拡大を追求する経営」を指向する現代経営学および現代経営の状況を，ひいては現代文明の状況を検討する。

第3節　現代経営学および現代経営の陥穽
―― 3つのジレンマとの関連で ――

(1) 背景としての経済的力の権威化とその問題性

　協働に貢献することを通じて自由度を増大させてきた文明化された人間社会は，2種類の強制（compulsion）との格闘に直面する。それは，食物や暖かさ，住居などの自然的な必要性（the natural necessities）と協働行為という社会活動を調整する必要性（the necessities for a coördination of social activities）である（Whitehead〔1933, 1967〕p.69, 93頁）。協働の拡大・精緻化を通じて，自然的な必要性の制約は軽減されつつある――しかしその結果として，新たな自然環境からの脅威が顕在化してきている――が，むしろ社会活動

を調整する必要性，すなわち＜art としての管理＞の必要性はますます高まりつつある。文明化された人間社会における「調整」として，ホワイトヘッドは2 つの形式，つまり「力 force」あるいは「説得 persuasion」を指摘し，文明化の過程を「力から説得へ」と特徴づける（Whitehead〔1933, 1967〕p. 83, 112 頁）。ここで，力とはそれぞれの文明をそれらが継承された秩序形態から駆逐する無感覚的な作用者を意味し，説得は明瞭にされた信念・意識的に公式化された理想の力である説得的な作用者を意味する（Whitehead〔1933, 1967〕pp. 5-6, 6-7 頁）[12]。説得には，「当該の文明社会においてはいまだ実現されていない理想や目的を先験的に予見し，これを言語的に定式化して文明社会に提示するという仕方で，既存の秩序や慣例を超え出て新しい協働形式を実現しようとする冒険的な理性の働きがある」（村田〔2013〕157 頁）。

　説得の顕著な例として，ホワイトヘッドは＜商業 Commerce＞を挙げる[13]。ここで＜商業＞とは，物質的な商品の交換やそのための生産といった物質的な事物の範囲を超えて，「人類の商業には，相互説得によって進められるあらゆる種類の交換 interchange が含まれる」（Whitehead〔1933, 1967〕p. 70, 94 頁）。＜商業＞は，「異なった生活様式，異なった技術，異なった思考法をもった人間集団を集め」（Whitehead〔1933, 1967〕p. 84, 114 頁），「地域を異にし，民族を異にし，仕事を異にした人々が，自由な説得という基盤で一堂に会」（Whitehead〔1933, 1967〕p. 84, 114 頁）することを可能にする。

　＜商業＞の典型として，「市場経済 market economy」（自己調整的市場 the self-regulating market）を見出すことができる。この「市場経済の極端なまでの人為性 the extreme artificiality of market economy」（Polanyi〔1944, 2001〕p. 77, 127 頁）の人類史上における特殊性と問題性を「悪魔のひき臼 Satanic Mill」と評して根源的に批判した人物に，K. ポラニー（Karl Polanyi, 1886-1964）がいる。ポラニーが市場経済を批判する論理は，「本来的商品 real commodity」と「擬制商品 fictitious commodity」という区別に拠る。ポラニーにとって商品とは，「市場での販売のために生産された品物」（Polanyi〔1944, 2001〕p. 75, 124 頁）であり，これが本来的商品である。ところが市場経済の特徴として，本来的商品ではない労働や土地，貨幣までもが，あたかも商品であるかのように擬制される点が，決定的に重要である

(Polanyi〔1944, 2001〕pp. 75-76, 125 頁) [14]。

　労働は生活そのものの一部であるような人間活動の別名であり，土地は自然の別名に他ならない。貨幣も単に購買力の表象に他ならず，これらはいずれも販売のために生産されたものではないと，ポラニーは言う（Polanyi〔1944, 2001〕pp. 75-76, 125 頁）。擬制商品を生じさせた「市場経済の極端なまでの人為性」は，人間や自然の本性から乖離し調和の破れた病的な「経済」へと進展していく危険性を孕んでいた。19世紀に出現した市場経済は，19世紀以前の市場とは異なり，「経済が社会的諸関係の中に埋め込まれている embedded のではなく，反対に社会的関係が経済システムの中に埋め込まれているのである」（Polanyi〔1944, 2001〕p. 60, 100 頁) [15]。社会は，社会から切り離され，さらには社会を包摂しつつあった市場経済に本来的に内在するさまざまな危険から身を守ろうと，「社会の自己防衛 self-protection of society」として労働・土地・貨幣といった擬制商品に関する市場の動きを規制するための対抗運動を生じさせた（二重の運動）。

　「力から説得へ」を象徴する＜商業＞の典型である市場経済は，一面では伝統的諸社会からの諸個人の切り離し（解放）をもたらすが，他面ではそれ自体の慣例化・惰性化が，新たな強制や暴力へとも成り得る。

(2) 市場経済化の過程における社会や起動力の変容

　市場経済化の進展は，企業のような経済的協働だけにとどまらず，その他の協働システムおよび諸個人までが，つまり起動力全体が「経済」に従属することを自明視するような事態（経済的権威の確立・維持）をもたらす。そこには，協働システムにおいて本来的には共通の尺度がありえない四重経済を，「経済（貨幣）」的観点から判断すべきものとして擬制する危険性（具体性置き違いの誤謬），が孕まれている。

　市場経済が登場するまで「経済的諸活動はほとんどまったくといっていいほど個人的で地域的であり，そして特定地域の慣習によって大いに左右されていた」（Barnard〔1936, 1986〕p. 41, 59 頁）が，経済的権威の確立・維持の過程は，その状況を変えていく。伝統的諸社会（第一次非公式組織）から解放される諸個人は，専門・分化が進む大規模協働システム——企業をはじめ，行政機関

や専門家集団など——の内部で，個々人の活動の多くが為されるようになる。そうなると，人々の主要関心事の焦点が，特定の協働システム内部での特定公式組織やそれに付随する第二次非公式組織に向けられる（Barnard〔1943, 1948〕p. 149, 148頁）。当該組織固有の組織準則が，人々の諸活動を大いに規定するようになってくる。しかもその根底には，経済的権威が潜んでいる。

　市場経済化の進展は，起動力（個人および協働システム）を社会的諸関係から切り離し，「経済」への従属の自明化を促し，しかも諸個人を「特定協働システムという全体」の内部の関心事に焦点化するよう促す。こうした事態は，全体と個のバランスの問題を，そして道徳準則と責任の変容の問題を孕む。

(3) 全体と個のバランスの問題
　　　——メイヨー文明論との関連で——

　G. E. メイヨーは，人類史を鳥瞰する時，社会をひとつの「協働システム」と捉え，そこにふたつの協働の型を見出していた[16]。第1は恐怖（fear）と強制（force）による協働であり，第2は理解（understanding）と強制とは異なる意志（will）に基づく協働である。どちらの型も協働する意志を有するが，第1の型は，ある特定の社会集団に属する人々が，他の社会集団に対してあるいは自然の未知なる力に対して恐怖を感じ，未知なる他者や自然への疑念・恐怖の感情に由来して相互に結びついた「強いられた協働」である。他方，第2の型は，社会集団に属するすべての人々が，有効なコミュニケーションを通じて，互いをそして直面する状況を理解したうえでの，自らの意志に基づいた「自発的協働」である。どのような社会にあってもこれらふたつの協働の型が相互に絡み合ってひとつの協働システムを構成しているが，「文明化された社会」における協働は第2の型に基礎をおくようになる[17]。

　しかし，協力（協働）よりも自由競争が強調され，「適者生存」の観念が広く社会に浸透しつつあったこの二世紀ほどの間に，協働のあり様が変容してきている，とメイヨーは把握する。それは大規模な経済的協働の台頭であり，そこに見出される＜artとしての管理＞をメイヨーは「知識経営 intelligent management」と名付け，文明論的観点から批判した（Mayo〔1945〕，藤沼〔2013〕）[18]。その特徴は，協働システムに潜在する多様な状況の具体的な個別

性やそれらに由来する諸道徳準則を無視あるいは軽視し，それよりも組織準則を優先させ，ひたすら当該組織固有の目的の実行可能性（組織の有効性）を追求する「組織の不寛容」をひき起こす点にあった。その結果，諸状況と組織との乖離が甚だしくなり，コンフリクトが拡大する危険性を孕んでおり，全体と個のバランスを欠くものであった。こうした経営実践および経営学の主潮流は，「具体性置き違いの誤謬」を犯し，強迫観念的に組織目的の効率的達成を過度に強調するあまり，潜在する諸他の道徳準則を抑圧し，組織目的との間で「調和の破れ」をもたらす危険性を孕むものであった。

　本来，協働システムには経済的要因（諸力）のみならず，多様な諸力が潜在しているにもかかわらず，知識経営では経済的要因が過度に強調されることとなった。それは，バーナードが言うところの「効用の交換の流れ」としての経済を，貨幣的に評価される意識的交換面へと矮小化することを意味した[19]。しかも「組織の能率」よりもむしろ「組織の有効性」を優越させるあまり，「基本的に，相手方の要求するものを与えないものは，自分の希望するものを入手できない」という四重経済の原則に反して，「相手方の価値において，できるだけ少なく与え，できるだけ多く受け取るという考え方」を採り，悪い顧客関係，悪い労働関係，悪い信用関係，悪い原料関係，悪い技術の根源ともなっている（Barnard〔1938, 1968〕pp. 255-256, 266-267 頁）[20]。

　そのことが，①環境問題，②文化多元性の問題，③人間性の問題，といった現代経営学の文明論的諸課題の起源ともなってくる（村田〔1995〕，村田〔2007〕）。

(4) 権威の確立と維持の問題
　　　——「オーソリティのジレンマ」との関連で——

　バーナードは「オーソリティのジレンマ」として，それは「個人のイニシアチブと能力を破壊することなく全体として社会的協働の量が増加されるように，そして，大きな社会的諸力のどれか一つがその他のいずれかの諸力に対する人為的な支配を社会的行為によって得ようとする企てを防止するために，いかにオーソリティとレスポンシビリティを配分するか，である」（Barnard〔1936, 1986〕p. 38, 55 頁）と述べる。オーソリティには，第7章で既述の通

り，客観的権威および主観的権威という2つの次元があることを想起すれば，それぞれの次元において，個と全体との同時的発展を促しかつ諸力間のバランスを確保するために，いかにオーソリティとレスポンシビリティを配分するかが「オーソリティのジレンマ」であると言える。人間の歴史を通観するとき，まず宗教的権威が確立され，ついで政治的権威か確立されてきた。このふたつの権威を両立させるために「政教分離」という「人間のart」が発展してきた。それが今日では，第3の権威としての経済的権威が台頭し，宗教的権威や政治的権威が経済的権威に呑み込まれ，翻弄されている。こうした権威の分化は，特定の権威の暴走を相互に抑止し合うという社会的発明であるが，現代社会では経済的権威が諸状況から乖離し，病的なほどに肥大化してきているとは言える。

こうしたジレンマに対してバーナードは，人類は歴史上，それぞれに対応するふたつの社会的発明を果たしてきたと指摘する。第1が客観的権威に対応する「オーソリティ（権限）の委任」であり，第2が主観的権威に対応する「オーソリティ（権威）の配分」である。これらはそれぞれ，庭本〔2006〕が指摘するふたつの自由に対応させてと考えられる。

第1の「オーソリティ（権限）の委任」は「秩序の下にある自由」あるいは「ノモスとしての自由」に対応して，＜協働の現在＞において，特定の組織準則を遵守して責任を果たす中で生じる権限の問題と関わる。特定の秩序の下で，当該組織の有効性の範囲内で，個人の能力を伸長させる方向で，諸力あるいは組織貢献者に対してどのように権限と組織に対する責任を附与するか，諸個人にどれほど主体性・自律性を認めるのか，という問題を内包する。これは，究極的には組織の有効性に関わる。第2の「オーソリティ（権威）の配分」は「ピュシスとしての自由」の一面をなす「道徳的創造としての自由」あるいは「意味の創造としての自由」に対応して，＜協働の未来＞において，＜世界＞に渦巻く物的，生物的，人的および社会的諸力の各々に対して，どのように権威と組織の責任をウェイトづけするかという「権威の革新」や「組織の責任の受容の仕方」の問題を内包する。これは，究極的には組織の能率に関わる。

こうした観点から経営学の史的展開過程を概観するとき，およそ経営学の歴

史は主として「オーソリティ（権限）の委任」の精緻化の歴史である，と言えよう。その典型が，目標管理や分権化である。それは，過度に経済的要因が強調された組織の有効性の範囲内において，個人の能力を伸長させる方向で，諸個人にいかにより多くの権限と組織に対する責任を附与するかに関わる工夫の歴史である。その帰結として，経営学あるいは経営実践の主潮流は，協働システムにおける経済的側面を過度に強調する既存の権威の革新をではなく，むしろ既存の権威の所与視あるいはその強化を促進してきた。人間協働の原型が「生活」（活きて生きる＝よりよく生きる）にあることを想起すれば，われわれの「生活」は経済的要因のみならず様々な側面を有することが直ちに了解できよう。小笠原は，経営体（＝協働システム）を＜協働「生活」体＞と把握するが，経済的権威を所与視するこれまでの経営学あるいは経営実践の主潮流の帰結として，確かにわれわれの「生活」は物質的・経済的豊かさを享受しているとしても，＜協働「生活」体の部分化＞，ひいては結局＜個人「生活」の部分化＞をもたらしてはいまいか（小笠原〔2004〕，小笠原〔2013〕）。その危機感の表れが，近年のワーク・ライフ・バランスの議論にも通じてくる[21]。

(5) 寛容の確保の問題
――多様性をめぐる議論の底流――

メイヨーによって知識経営として批判された近代経営は，確かに多様性を無視あるいは排除して，ひたすらに当該組織固有の経済的目的の実現を追求する「より大なる利潤，規模的拡大を追求する経営」であった。しかし今日，現代経営学および現代経営においては，多様性を尊重しようとする動きが顕著である。その典型が，環境志向経営や企業の社会的責任，ダイバーシティ・マネジメントの議論であろう。

しかしここにも，組織目的を実現させる上でそうした諸力に配慮し多様性を確保した方が，言い換えれば諸力に対して寛容である方が効果的である，という主張が見受けられる。それは結局，＜組織の有効性＞優位の＜協働の現在＞の内部において，多様性や寛容の確保が組織の有効性を達成する上で必要な限りにおいて，手段として戦略的に考慮されるに過ぎない。経営資源として客体化された多様な人材をはじめとする諸力は，従来よりもより多くの配慮を得る

としても，あくまでも経済的権威に規定された当該組織の有効性の観点から一面的に評価されるのみで，部分的な満足を得るに留まる危険性がある。

章結　むすびにかえて
――「協働の学としての経営学」の意義と可能性――

　「より大なる利潤，規模的拡大を追求する経営」（学）の特徴は，「協働の学としての経営学」の観点からすれば，＜組織の有効性＞優位の立場に立ち，全体と個のバランスを欠き，強迫観念的に経済的権威を誇張し，それ以外の権威の可能性に対して不寛容である点にある。しかし今日，経営学および経営実践は，組織目的達成にとって効果的な限りにおいて，権限を委任し，多様性に対する寛容の態度を示すようになってきている。ただしそうした変化（非連続性）の底流では，依然として経済的権威に規定された＜協働の現在＞の肥大化――諸力の＜協働の現在＞への包摂――という事態が進行しているという連続性を見出すことができる。協働をめぐる潜在的に多様な諸力は，組織の有効性の観点から，当該組織にとっての客体として，経済（貨幣）的に評価される一面的・部分的な取り扱いに留まる危険性を常に孕んでいる。

　今後の経営学に期待されることは，現代社会における強力な経済的権威の自明性を問い直し，＜組織の有効性＞優位の＜協働の現在＞の肥大化の意味を問い直すことである。従来の経営学の主潮流が内包する問題性に起因する文明論的諸課題に応答するために，社会進歩における不変のジレンマ――① 全体と個のバランスの問題，② 権威の確立と維持の問題，③ 寛容の確保の問題――に視座を据え，諸状況と調和可能な，よりよい人間協働（経営の発展）の可能性を問い続ける必要がある。ここに，経営学を，さらには現代社会を広い歴史的視野の中で相対化し，根本から問うことを可能とする「協働の学としての経営学」が要請される。

　最後になるが，「協働の学としての経営学」の具体的な展開のひとつの可能性について述べておきたい。それは，「専門家と生活者の新たな協働」構築という主題に関わる。

その契機は，2011年3月11日に発生した「東北地方太平洋沖地震」とそれに伴って発生した津波およびその後の余震であり，未曾有の「東日本大震災」である。またそれは，いまだ終息の見通しも立たない東京電力福島第一原子力発電所事故をも引き起こした。いわゆる「3.11」を契機に，原子力発電に関して従来宣伝されてきた「安全」神話が崩壊し，「安全」神話を下支えしている科学・技術や専門家の典型例である科学者・技術者に対する「信頼の危機」が惹起された。それはさらに，低線量被曝や活断層評価をめぐる，専門家間の，そして専門家と生活者間の認識ギャップの顕在化を通じて，科学・技術や専門家への信頼の動揺を増幅させ，「不安」の拡大をもたらした。さまざまな立場からの「安全」に関する専門家の科学的説明では，生活者の「不安」は拭えず，「安心」することが困難な状況を呈している。

　これをひとつの重要な契機として，巨大化した科学・技術に依拠した現代社会において，科学なしでは問えないが科学だけでは答えられない「トランス・サイエンス trans-science」問題が存在することが，改めて強く意識されるようになってきた。具体的には，原発事故をはじめとして，環境破壊，生殖医療，食品安全性，感染症予防などの問題群である。

　現代社会は組織社会であるが，それは同時に，高度に機能分化した，諸専門機能の緊密なネットワークによって構築された，外部依存性の高い「専門化社会」でもある。われわれは，無数に分化した特定領域の専門職能人として機能化しつつ，諸他の専門家によって提供される諸活動に支えられて再主体化を目指す生活者である。

　いわゆる「3.11」の事例は，専門家が専門用語を駆使した言説で素人を拒絶する特権的な領域を構築する一方で，他の専門家を含めた生活者が，ある専門家の言説を吟味することの困難さゆえにその言説を無批判的に受容するという，「専門家のおごり」と「生活者の甘え」というある種の共犯関係を醸成する現代社会の危うさを露呈させた。

　「3.11」以後，われわれに突きつけられている大きな問題は，専門化社会としての現代社会において，ますます科学・技術が社会全体に深く浸透する中，科学なしでは問えないが科学だけでは答えられない「トランス・サイエンス」問題に対して，どのように対応するか，である。この問題に対してトラン

ス・サイエンス論は,「社会に開かれた専門知の創造」と「専門知を吟味する責任ある生活者の育成」を両輪とする「専門家と生活者の新たな協働」構築の必要性を論じている。それは,社会のあり方や科学・技術のあり方に関わって,専門家のみならず広く生活者も参加した社会的合意形成の必要性を唱えるものである。現状では,こうした議論は,哲学や科学技術社会論,あるいは自然科学系の諸分野からのものが中心であり,残念ながら経営学ではない。人間協働を研究対象の中核に据える経営学の,これからの貢献が期待される。

そしてまた,「専門家と生活者の新たな協働」構築という主題には,本書において一貫して注意を払ってきた,以下のような課題に総合的に取り組むことが求められる。それは,科学とは何か,これまで主潮流を成してきた「経営学の科学的アプローチ」(経営科学)が孕む問題性は何か,そして経営科学とともに経営学研究の両輪を成す「経営学の哲学的アプローチ」(経営哲学)の可能性を問うこと,等々である。

筆者の研究の,今後の進展を期したい。

注
1) 本補論Ⅱの初出は,「『協働の学としての経営学』再考―『経営の発展』の意味を問う―」経営学史学会編『経営学の再生―経営学に何ができるか―(第21輯)』(文眞堂, 2014年)である。
本補論Ⅱでは,学位取得を経て本書としてひとまずはまとまった筆者の思考のエッセンスが示されているとともに,バーナードの四重経済論のより具体的な展開を目指すという現在の研究の方向性があらわれている。このような形で収録した所以である。ただし,収録を躊躇させる要因もあった。それは,本書本篇における議論や引用文との重複箇所が少なからずある,ということである。これについては非常に気になったが,本補論Ⅱと本書本篇との間の引用文の取り扱いやその解釈の変化にも筆者の思考の過程ないしその深化が跡づけられており,それを示すことにも一定の積極的な意味があるのではないかと考えて,自分自身を納得させた次第である。なお,収録にあたっては,できる限り重複箇所を整理しつつ,加筆・修正を行った。至らぬ点については御指摘いただければ,幸いである。
2) 「より大なる利潤,規模的拡大を追求する」という表現は,「第21回全国大会 基本計画」『経営学史学会通信(第19号)』(10頁, 2012年10月)に由来する。
3) 1930年代のアメリカにおいて,「人間協働の科学としての経営学」を樹立しようとした思想家たちに関する研究としては,加藤〔1996〕や吉原〔2006〕を参照のこと。
4) 本書第5章および補論Ⅰを参照。
5) 諸力は,Barnard〔1936, 1986〕では物的,生物的,経済的,宗教的または精神的,人種的および政治的諸力の6つとして,主著では物的,生物的,個人的および社会的諸力として,整理されている。
6) 以下の,バーナードの言明を参照。「協働のシステムを社会的創造物,すなわち『生きているalive』とみなす」(Barnard〔1938, 1986〕p. 79, 82-83頁)。「社会的世界を,生きたliving,動的

な，つねに変化している人間世界とみなすという私の考え方」(Barnard〔1936, 1986〕p. 28, 40頁)。
7) 山本・加藤〔1997〕「第4章 経営発展の意義とその基礎過程」も参照。
8) 山本・加藤〔1997〕ではそうした理性を，「経営理性 management reason」と呼ぶ (47頁)。
9) 庭本〔2006〕はここに，最高の「積極的自由」である「意味の創造としての自由」を見出す (庭本〔2006〕99頁)。庭本はバーナードの責任に関わる言説の中に，2つの自由を見出している。ひとつは，「秩序の下にある自由」，「ノモスとしての自由」，即ち「道徳性を遵守して責任を果たす中から生まれる倫理的自由」である。もうひとつは，「ピュシスとしての自由」の一面をなすもので，秩序ないし基準である道徳準則の創造，即ち「道徳的創造としての自由」であり，視点の決定あるいは「意味の創造としての自由」である (庭本〔2006〕100頁)。
10) 村田〔1995〕は，こうした道徳の創造を，歴史的均衡 (過去・現在・未来にわたる均衡)，文明論的均衡 (宗教・政治・経済に関する権威と寛容の確保)，そしてさらに階層的均衡として整理している (村田〔1995〕62頁)。
11) その好例が，幼少期における「ごっこ遊び」に代表される遊戯的協働への参加である。
12) ホワイトヘッドはこれら無感覚的な作用者 (あるいは力) および説得的な作用者について，古代ローマ帝国時代における＜蛮族とキリスト教＞や近代西欧社会における＜蒸気と民主主義＞を例として挙げる。また無感覚的な作用者 (あるいは力) について，それ自身のうちで一般的な調整をもって現れた場合には「強制 compulsion」といい，それらが混乱した間歇的な突発として現れた場合には「暴力 violence」という傾向があるとも言う (Whitehead〔1933, 1967〕pp. 5-6, 6-7頁)。
13) Commerce の訳語について，訳者が次のような注を付けている。「ここで商業と訳したのは commerce であって，trade や business が商業活動を指すのに対して，さらに広い意味の交渉，霊的交渉の意味にも用いられる。」(『観念の冒険』430頁，訳注2)
14) ポラニーの，自己調整的市場 (市場経済) に対するこうした批判的眼差しは，従来の経済学が手を付けていなかった伝統的諸社会における経済システムのパターン (行動原理) のモデル化を，人類学や社会学，古代社会史研究などの研究業績に依拠して行ったことに由来する (野口〔2011〕96頁)。経済システムのパターン (経済の行動動機) をポラニーは，① 互酬 (義務・慣習の履行)，② 再分配 (秩序・規範・安全の維持)，③ 家政 (自給自足)，④ 交換 (利得の獲得)，に類別した。
15) 「19世紀以前に存在した市場は，個人の自由な交換活動に基づき最大の利得を追求する自己調整的な市場ではなく，権力者の認可や保護の下に，管理・統制された市場であった」(野口〔2011〕100頁)。19世紀に出現した市場経済を特徴づける「取引 barter あるいは交換 exchange」は，① 財・サーヴィス (商品) の移動は不特定な2点間の移動であり，② それを支える社会組織は自己調整的市場であり，③ 経済の行動動機は利得の獲得，である。「自己調整とは，すべての生産が市場における販売のために行われ，すべての所得がそのような販売から派生することを意味する」(Polanyi〔1944, 2001〕p. 72, 120頁)。
16) メイヨーはバーナードの「協働システム」概念を高く評価し，援用している。Mayo〔1945〕pp. 47-48, 64-65頁，pp. 113-123, 155-170頁。Mayo〔1947〕(p. 6) や桜井〔1968〕も参照。
17) こうしたメイヨーの記述に，ホワイトヘッドの「力から説得へ」の影響を見出すことができるかもしれない。あるいはバーナードまで含めて，「人間協働の科学としての経営学」を確立しようとしていた1930年代のハーバード・グループへのホワイトヘッドの影響を見て取れるかもしれない。
18) 本書では"intelligent management"を，一貫して「知識経営」と訳出している。しかしその後，筆者は「知性偏重経営」と意訳している (藤沼〔2013〕吉原編著〔2013〕所収)。その理由

は，「知・情・意」の観点から"intelligent management"を特徴づければ，「組織目的の効率的な実現」という合理性（知性）が強迫観念症的に前面に出てくる結果，労働者の感情（モラール）を抑圧し，人々の自発的な協働意志を減退させる，と理解することができるからである。

19) 「理論経済学は，組織的観点とは別に，これら四経済を横切り，それらのある部分を含み，他の部分を排除しているというのが，ここでの考えである。一般に，経済学は意識的な交換面，言い換えれば一般に貨幣で評価される面に関係するのである。」(Barnard〔1938,1968〕p. 241, 251頁)

20) 四重経済の原則について，バーナードは以下のようにも述べている。「自分にはあまり価値がないが受け取る人には価値の多いものをできるだけ与え，自分には価値が多いが提供する人にとってはあまり価値のないものを受け取ることでなければならない」(Barnard〔1938,1968〕pp. 254, 265-266頁）と。

21) しかし，この表現に強い違和感を覚える。なぜライフよりもワークが先に表記されるのか，そもそもワークはライフの一部なのに，なぜライフから分離されるのか。

初出一覧

　本書をまとめるに際し，これまでの学会報告，そして発表してきた論文を基とした。これらの論文に削除・加筆・修正をした。さらに，書き改めた部分もある。ここで，本書の基礎をなす論文を以下に示す。

1. 藤沼　司〔1999a〕「科学的管理の展開と〈知〉の変容―〈意味〉喪失時代としての知識社会とその起源―」，明治大学大学院『経営学研究論集』(第10号)。
2. 藤沼　司〔1999b〕「公式組織と非公式組織とのダイナミクス―バーナード組織概念の検討―」，明治大学大学院『経営学研究論集』(第11号)。
3. 藤沼　司〔2000a〕「メーヨー文明論の思想基盤としてのプラグマティズム―『知識社会』における経営学研究の方法的視座を求めて―」，明治大学大学院『経営学研究論集』(第12号)。
4. 藤沼　司〔2000b〕「科学的管理思想の現代的意義―知識社会におけるバーナード理論の可能性を求めて―」，経営学史学会編『経営学百年―鳥瞰と未来展望―』(第7輯)所収，文眞堂。
5. 藤沼　司〔2001〕「『知識経営』の現代的意義―メーヨー文明論の思想基盤であるプラグマティズムの観点から―」，経営哲学学会編『経営哲学論集』(第17集)。
6. 藤沼　司〔2002〕「科学的管理による『仕事の脱魔術化』とその現代的意義―人間協働へのITの浸透との関連で―」，経営哲学学会編『経営哲学論集』(第18集)。
7. 藤沼　司〔2003〕「現代経営の底流と課題―組織知の創造を超えて―」，経営学史学会編『現代経営と経営学史の挑戦―グローバル化・地球環境・組織と個人―』(第10輯)所収，文眞堂。
8. 藤沼　司〔2004〕「経営学における寛容論の可能性―Barnardからの接近―」，『経営論集(明治大学)』(第51巻第2号)。
9. 藤沼　司〔2005〕「Barnard権威理論の現代的意義―現代経営が抱える『authorityのジレンマ』―」，日本経営学会第79回大会自由論題(於：九州大学)，2005年9月8日報告。

10. 藤沼　司〔2006〕「フォレット経営思想の現代的意義―『組織社会』におけるプロフェッションと管理の意味―」，愛知産業大学『愛産大経営論叢』（第9号）。
11. 藤沼　司〔2007〕「サイモン理論の経営学史上の位置―近代経営学のひとつの帰結―」，愛知産業大学『愛産大経営論叢』（第10号）。
12. 藤沼　司〔2011〕「文明と科学技術を問う―『人工的世界』の拡張と＜artとしての管理＞の役割―」，経営哲学学会編『経営哲学論集』（第27集）。
13. 藤沼　司〔2014〕「『協働の学としての経営学』再考―『経営の発展』の意味を問う―」，経営学史学会編『経営学の再生―経営学に何ができるか―』（第21輯）所収，文眞堂。

参考文献

　本書で取り上げたもの，および直接的に関連するものに限定した。出版年はいずれも参考文献の出版年とした。外国語文献と邦訳書の関係は，原典と訳書の両者を参考にした場合は原典を先とし，訳書のみの場合は原典を省略した。

＜外国語文献＞

Alvesson, Mats & Willmott, Hugh [1996] *Making Sense of Management: A Critical Introduction*, SAGE.

Aram, John D. [1976] *Dilemmas of Administrative Behavior*, Prentice-Hall, INC.

Barnard, Chester I. [1936, 1986] 'Persistent Dilemmas of Social Progress', in *Philosophy for Managers: Selected Papers of Chester I. Barnard*, edited by Wolf, William B. & Iino, Haruki, Bunshindo. (C.I.バーナード「社会進歩における不変のジレンマ」，W.ウォルフ・飯野春樹編，飯野春樹監訳・日本バーナード協会訳『経営者の哲学―バーナード論文集―』所収，文眞堂，1986年)

―― [1937, 1986] 'Notes on Some Obscure Aspects of Human Relations', in *Philosophy for Managers: Selected Papers of Chester I. Barnard*, edited by Wolf, William B. & Iino, Haruki, Bunshindo. (C.I.バーナード「人間関係のあいまいな諸側面に関する覚書」，W.ウォルフ・飯野春樹編，飯野春樹監訳・日本バーナード協会訳『経営者の哲学―バーナード論文集―』所収，文眞堂，1986年)

―― [1938, 1968] *The Functions of the Executive*, Harvard University Press. (C.I.バーナード『経営者の役割』山本安次郎・田杉競・飯野春樹訳，ダイヤモンド社，1968年)

―― [1943, 1948] 'On Planning for World Government', in *Organization and Management: Selected Papers*, Harvard University Press. (C.I.バーナード「世界政府の計画化について」，飯野春樹監訳・日本バーナード協会訳『組織と管理』所収，文眞堂，1990年)

―― [1958, 1986] 'Elementary Conditions of Business Morals', in *Philosophy for Managers: Selected Papers of Chester I. Barnard*, edited by Wolf, William B. & Iino, Haruki, Bunshindo. (C.I.バーナード「ビジネス・モラルの基本的情況」，W.ウォルフ・飯野春樹編，飯野春樹監訳・日本バーナード協会訳『経営者の哲学―バーナード論文集―』所収，文眞堂，1986年)

Baughman, James P., editor [1969] *The History of American Management: selections from the BUSINESS HISTORY REVIEW*, Prentice-Hall, Inc.

Bell, Daniel [1973] *The Coming of Post-Industrial Society: A Venture in Social Forecasting*, Basic Books, Inc., Publishers. (D.ベル『脱工業社会の到来（上）（下）』内田忠夫・嘉治元郎・城塚登・村上泰亮・谷嶋喬四郎訳，ダイヤモンド社，1975年)

Berger, Peter L. & Luckmann, Thomas [1966, 1967] *The Social Construction of Reality: A Treatise in the Sociology of Knowlwdge (First Anchor Books Edition)*, Anchor Books. (P.バーガー＝T.ルックマン『現実の社会的構成―知識社会学論考―』山口節郎訳，新曜社，2003年)

参考文献

Braverman, Harry〔1974〕*Labor and Monopoly Capital*, Monthly Review Press.（H.ブレイバーマン『労働と独占資本』富沢賢治訳, 岩波書店, 1978 年）

Burr, Vivien〔1995〕*An Introduction to Social Constructionism*, Routledge.（V.バー『社会構築主義への招待―言語分析とは何か―』田中一彦訳, 川島書店, 1997 年）

Clawson, Dan〔1980〕*Bureaucracy and the Labor Process: The Transformation of U. S. Industry, 1860 - 1920*, Monthly Review Press.（D.クロースン『科学的管理生成史―アメリカ産業における官僚制の生成と労働過程の変化：1860〜1920 年―』今井斉・百田義治・中川誠士訳, 森山書店, 1995 年）

Drucker, Peter F.〔1955, 1999〕*The Practice of Management*, ELSEVIER.（P.F.ドラッカー『新訳現代の経営（上・下）』上田惇生訳, ダイヤモンド社, 1996 年）

―――〔1967, 2002〕*The Effective Executive*, Harper Business Essentials.

―――〔1969, 1992〕*The Age of Discontinuity*, Transaction Publishers.（P.F.ドラッカー『断絶の時代〔新版〕』上田惇生訳, ダイヤモンド社, 1999 年）

―――〔1993〕*Post - Capitalist Society*, Harper Business.（P.F.ドラッカー『ポスト資本主義社会』上田惇生・佐々木実智男・田代正美訳, ダイヤモンド社, 1993 年）

Ewing, David W.〔1964〕*The Managerial Mind*, The Free Press of Glencoe.

Follett, Mary P.〔1918, 1998〕*The New State: Group Organization The Solution of Popular Government*, The Pennsylvania State University Press.（M.P.フォレット『新しい国家―民主的政治の解決としての集団組織論―』三戸公監訳, 榎本世彦・高沢十四久・上田鷲訳, 文眞堂, 1993 年）

―――〔1941, 2005〕*Dynamic Administration: the Collected Papers of Mary Parker Follett*, in ORGANIZATION THEORY vol.5 (INTELLECTUAL LEGACY OF MANAGEMENT, Co-edited by Wren, Daniel A. and Sasaki, Tsuneo, PICKERING & CHATTO)（M.P.フォレット『組織行動の原理―動態的管理―【新装版】』米田清貴・三戸公訳, 未来社, 1997 年）

―――〔1949〕*FREEDOM & CO-ORDINATION: Lectures in Business Organization*, edited by Urwick, Lindall H., Management Publication Trust Ltd.（M.P.フォレット『自由と調整―フォレット経営管理の基礎―』L.H.アーウィック編, 斎藤守生訳, ダイヤモンド社, 1963 年）

―――〔1995〕*Mary Parker Follett - Prophet of Management: a celebration of writings from the 1920s*, edited by Graham, Pauline, Harvard Business School Press.（M.P.フォレット『M.P.フォレット 管理の予言者』P.グラハム編, 三戸公・坂井正廣監訳, 文眞堂, 1999 年）

Fromm, Erich〔1941, 1994〕*Escape of Freedom*, Henry Holt & Co.

Gutman, Herbert G.〔1976〕*Work, Culture, and Society in Industrializing America:Essays in American Working - Class and Social History*, Alfred A. Knopf, INC.（H.ガットマン『金ぴか時代のアメリカ』（抄訳）大下尚一・野村達朗・長田豊臣・竹田有訳, 平凡社, 1986 年）

Habakkuk, H. J.〔1962, 1967〕*American and British Technology in the Nineteenth Century*, Cambridge University Press.

Haber, Samuel〔1964, 1973〕*Efficiency and Uplift: Scientific Management in the Progressive Era 1890-1920*, The University of Chicago Press.（S.ヘーバー『科学的管理の生成と発展』小林康助・今川仁視訳, 広文社, 1983 年）

Habermas, Jürgen〔1968〕Technik und Wissenschaft als Ideologie, Suhrkamp Verlag.（J.ハーバーマス『イデオロギーとしての技術と科学』長谷川宏訳, 紀伊國屋書店, 1970 年）

Hofstede, Geert & Hofstede, Gert J. [2005] *Cultures and Organizations: Software of the Mind (Revised and Expanded 2nd Edition)*, McGraw-Hill.

Hoopes, James [2003] *False Prophets*, Perseus Publishing. (J.フープス『経営理論 偽りの系譜—マネジメント思想の巨人たちの功罪—』有賀祐子訳, 東洋経済新報社, 2006年)

Hounshell, David A. [1984] *From the American System to Mass Production 1800-1932: The Development of Manufacturing Technology in the United States*, The Johns Hopkins University Press.

Husserl, Edmund [1936] Die Krisis der europäischen und die Transzendentale Phänomenologie. (E.フッサール『ヨーロッパ諸学の危機と超越論的現象学』細谷恒夫・木田元訳, 中央公論社, 1974年)

Jacoby, Sanford M. [1985] *Employing Bureaucracy*, Columbia University Press. (S.M.ジャコビー『雇用官僚制』荒又重雄他訳, 北海道大学図書出版会, 1989年)

―― [1997] *Modern Manors: Welfare Capitalism since the New Deal*, Princeton University Press. (S.M.ジャコビー『会社荘園制』内田一秀他訳, 北海道大学図書出版会, 1989年)

James, William [1890, 1950] *The Principles of Psychology (Volume One & Two)*, Dover Publications, Inc.

―― [1892, 1909] *Psychology: briefer course*, Henry Holt and Company. (W.ジェイムズ『心理学 (上)(下)』今田寛訳, 岩波文庫, 上巻1992年, 下巻1993年)

―― [1907, 1991] *Pragmatism: A New Name for Some Old Ways of Thinking*, Prometheus Books. (W.ジェイムズ『プラグマティズム』桝田啓三郎訳, 岩波文庫, 1957年)

―― [1909] *A Pluralistic Universe*, Longmans, Green, and Co. (吉田夏彦訳『ウィリアム・ジェイムズ著作集6・多元的宇宙』日本教文社, 1961年)

―― [1911, 1948] *Some Problems of Philosophy: A Beginning of an Introduction to Philosophy*, Longmans, Green, and Co. (W.ジェイムズ『ウィリアム・ジェイムズ著作集7・哲学の諸問題』上山春平訳, 日本教文社, 1961年)

―― [1912, 1958] *Essays in Radical Empiricism*, Longmans, Green and Co. (W.ジェイムズ『根本的経験論』桝田啓三郎・加藤茂訳, 白水社, 1998年)

Jucius, Michael J. & Schlender, William E. [1960, 1962] *Elements of Managerial Action (Modern Asia Edition)*, Richard D. Irwin, Inc.

Kakar, Sudhir [1970] *Frederick Taylor: A Study in Personality and Innovation*, The MIT Press.

Kanigel, Robert [1997, 2005] *The One Best Way: Frederick Winslow Taylor and the Enigma of Efficiency*, The MIT Press.

Koontz, Harold [1961] 'The Management Theory Jungle' in *Journal of the Academy of Management*, Vol.4, No.3, pp.174-188.

Koontz, Harold & O'Donnell, Cyril [1976] *MANEGEMENT: A Systems and Contingency Analysis of Managerial Functions (6th ed.)*, McGraw-Hill, Inc.

Kraft, Victor [1953, 1969] *The Vienna Circle: The Origin of Neo-Potivism: A Chapter in the History of Recent Philosophy*, GREENWOOD PRESS, Publishers. (V.クラーフト『ウィーン学団—論理実証主義の起源・現代哲学史への一章—』寺中平治訳, 勁草書房, 1990年)

Kuhn, Thomas S. [1962, 1970] *The Structure of Scientific Revolutions*, The University of Chicago Press. (T.S.クーン『科学革命の構造』中山 茂訳, みすず書房, 1971年)

March, James G. & Simon, Herbert A. [1958] *Organizations*, John Wiley & Sons, Inc., Publishers. (J.G.マーチ&H.A.サイモン『オーガニゼーションズ』土屋守章訳, ダイヤモンド社, 1977年)

Machlup, Fritz [1962, 1967] *The Production and Distribution of Knowledge in the United States (3rd ed.)*, Princeton University Press.

Mayo, George E. [1933] *The Human Problems of an Industrial Civilization*, Macmillan.

—— [1945] *The Social Problems of an Industrial Civilization*, Harvard Business School. (藤田敬三・名和統一訳『アメリカ文明と労働』有斐閣, 1951 年).

—— [1947] *The Political Problem of Industrial Civilization*, Harvard Business School.

Meed, George H. [1934, 1967] *Mind, Self, & Society*, The University of Chicago Press.

Montgomery, David [1983] 'Labor in the Industrial Era', in *A History of The American Worker*, edited by Morris, Richard B., Princeton University Press.

Morris, Richard B. [1983] 'The Emergence of American Labor', in *A History of The American Worker*, edited by Morris, Richard B., Princeton University Press.

Moriss, Tom [1997] *If Aristotle Ran General Motors: The New Soul of Business*, Henry Holt and Company, Inc. (T.モリス『アリストテレスが GM を経営したら―新しいビジネス・マインドの研究―』沢崎冬日訳, ダイヤモンド社, 1998 年)

Laszlo, Ervin [1978] *The Inner Limits of Mankind*, Pergamon Press.

Nadworny, Milton J. [1955] *Scientific management and the Unions*, Harvard University Press. (M.J.ナドウォニー『新版科学的管理と労働組合』小林康助訳, 広文社, 1977 年)

Nelso, Daniel [1975] *Managers and Workers: Origins of the New Factory System in the United States, 1880-1920*, The University of Wisconsin Press. (D.ネルソン『20 世紀新工場制度の成立』小林康助・塩見治人監訳, 広文社, 1978 年)

—— [1980] *Frederick W.Taylor and the Rise of Scientific management*, The University of Wisconsin Press. (D.ネルソン『科学的管理の生成』小林康助・今井斉・今川仁視訳, 同文舘, 1991 年)

Nonaka, Ikujiro and Takeuchi, Hirotaka [1995] *The Knowledge-Creating Company*, Oxford University Press. (野中郁次郎・竹内弘高著『知識創造企業』梅本勝博訳, 東洋経済新報社, 1996 年)

Polanyi, Karl [1944, 2001] *The Great Transformation: The Political and Economic Origins of Our time*, Beacon Press. (野口建彦・栖原学訳『〔新訳〕大転換：市場社会の形成と崩壊』東洋経済新報社, 2009 年)

Polanyi, Michael [1966, 1983] *The Tacit Dimension*, Gloucester, Mass. (M.ポラニー『暗黙知の次元―言語から非言語へ―』佐藤敬三訳, 紀伊国屋書店, 1980 年)

Pollard, Harold R. [1974] *Developments in Management Thought*, Willam Heinemann Ltd.

—— [1978] *Further Developments in Management Thought*, Willam Heinemann Ltd.

Popper, Karl R. [1945, 2003] *The Open Society and Its Enemies (Volume One: The Spell of Plato)*, Routlrdge. (K.R.ポパー『開かれた社会とその敵―第 1 部　プラトンの呪文―』内田詔夫・小河原誠訳, 未來社, 1980 年)

—— [1945, 2003] *The Open Society and Its Enemies (Volume Two: Hegel and Marx)*, Routlrdge. (K.R.ポパー『開かれた社会とその敵―第 2 部　ヘーゲル, マルクスとその余波―』内田詔夫・小河原誠訳, 未來社, 1980 年)

Porter, Glenn & Livesay, Harold C. [1971] *Merchants and Manufacturers: tudies in the Changing Structure of Nineteenth-Century Marketing*, The Johns Hopkins Press.

Ritzer, George [2004] *The McDonaldization of Society (Revised New Century Edition)*, Pine Forge Press.

Roethlisberger, Fritz J. [1941] *Management and Morale*, Harvard University Press. (F.J.レス

リスバーガー『経営と勤労意欲』野田一夫・川村欣也訳,ダイヤモンド社,1969年)
―― 〔1960〕 'introduction' to The Viking Press Edition of *The Social Problems of an Industrial Civilization: with qn Appendix on The Political Problem* by G.E.Mayo, The Viking Press (F.J.レスリスバーガー「序文」『新訳・産業文明における人間問題』村本栄一訳,日本能率協会,1967年)
―― 〔1977〕 *The Elusive Phenomena*, Harvard University Press.
Selznick, Philip 〔1957〕 *Leadership in Administration: A Sociological Interpretation*, Harper & Row, Inc. (P.セルズニック『組織とリーダーシップ』北野利信訳,ダイヤモンド社,1963年)
Simon, Herbert A. 〔1945, 1976〕 *Administrative Behavior: A Study of Decision-Making Processes in Administrative Organization* (3rd edition), Free Press. (H.A.サイモン『経営行動―経営組織における意思決定プロセスの研究―(新版)』松田武彦・高柳暁・二村敏子訳,ダイヤモンド社,1989年)
―― 〔1957〕 *Models of Man: Methematical Essays on Rational Human Behavior in a Social Setting*, John Wiley & Sons, Inc.
―― 〔1982〕 *Models of Bounded Rationality* (Vol.2): *Behavioral Economics and Business Organization*, The Massachusetts Institute of Technology Press.
―― 〔1983〕 *Reason in Human Affairs*, Stanford University Press. (H.A.サイモン『人間の理性と行動』佐々木恒男・吉原正彦訳,文眞堂,1984年)
―― 〔1996〕 *The Sciences of the Artificial* (3rd ed.), The MIT Press. (H.A.サイモン『システムの科学(第3版)』稲葉元吉・吉原英樹訳,パーソナルメディア,1999年)
―― 〔1996〕 *Models of My Life*, The MIT Press. (H.A.サイモン『学者人生のモデル』安西祐一郎・安西徳子訳,岩波書店,1998年)
Taylor, Frederick W. 〔1947〕 *Scientific Management: Comprising Shop Management, The Principles of Scientific Management, Testimony House Committee*, Harper & Row, Publishers. (F.W.テイラー『科学的管理法』上野陽一訳,産業能率大学出版部,1969年)
Tom, Joan C. 〔2003〕 *Mary P. Follett: Creating Democracy, Transforming Managemet*, Yale University Press.
Trahair, Richard C. S. 〔1984, 2005〕 *Elton Mayo: The Humanist Temper*, Transaction Publishers.
von Uexküll, Jakob & Kriszat, Georg 〔1934〕 *Streifzüge durch die Umwelten von Tieren und Menschen*. (ユクスキュル=クリサート『生物から見た世界』日高敏隆・野田保之訳,岩波文庫,2005年)
Walzer, Michael 〔1994〕 *Thick and Thin: Moral Argument at Home and Abroad*, University of Notre Dame Press. (M.ウォルツァー『道徳の厚みと広がり―われわれはどこまで他者の声を聴き取ることができるか―』芦川晋・大川正彦訳,風行社,2004年)
―― 〔1997〕 *On Tleration*, Yale University Press. (M.ウォルツァー『寛容について』大川正彦訳,みすず書房,2003年)
Weber, Max 〔1956〕 Wirtschaft und Gesellschaft, Grundriss der verstehenden Soziologie, vierte, neu herausgegebene Auflage, besorgt von Johannes Winckelmann, Kapitel III. Die Typen der Herrschaft (S.122-176). (M.ウェーバー『権力と支配―政治社会学入門―』濱島 朗訳,有斐閣,1967年)
―― 〔1956〕 Wirtschaft und Gesellschaft, Grundriss der verstehenden Soziologie, vierte, neu herausgegebene Auflage, besorgt von Johannes Winckelmann, Kapitel IX. Soziologie der Herrschaft (S.541-632). (M.ウェーバー『支配の社会学I』世良晃志郎訳,

創文社, 1960 年); 5.-7. Abschnitt (S.633-734). (M.ウェーバー『支配の社会学Ⅱ』世良晃志郎訳, 創文社, 1962 年)
Whitehead, Alfred N. 〔1925, 1967〕 *Science and the Modern World*, The Free Press. (A.N.ホワイトヘッド『科学と近代世界』上田泰治・村上至孝訳, 松籟社, 1981 年)
—— 〔1929, 1967〕 *The Aims of Education and other essays*, The Free Press. (A.N.ホワイトヘッド『教育の目的』森口謙二・橋口正夫訳, 松籟社, 1986 年)
—— 〔1929, 1985〕 *Process and Reality*, The Free Press. (A.N.ホワイトヘッド『過程と実在（上）（下）』山本誠作訳, 松籟社, 1984 年・1985 年)
—— 〔1933, 1967〕 *Adventures of Ideas*, The Free Press. (A.N.ホワイトヘッド『観念の冒険』山本誠作・菱木政晴訳, 松籟社, 1982 年)
Whitehead, Thomas N. 〔1936〕 *Leadership in A Free Society*, Oxford University Press.
Williamson, Oliver E. 〔1995〕 *Organization Theory: From Chester Barnard to the Present and Beyond*, Oxford University Press.
Wolf, William B. 〔1972〕 *Conversations with Chester I.Barnard*, Cornell University. (W.B.ウォルフ『経営者のこころ：チェスター・バーナードとの対話』飯野春樹監訳, 文眞堂, 1978 年)
Wren, Daniel A. 〔1994〕 *The Evolution of Management Thought (4th ed.)*, John Wiley & Sons, Inc.

＜日本語文献＞

青柳哲也〔1992a〕「メアリー・パーカー・フォレット―その管理の思想―」, 坂井正廣編著『人間・組織・管理―その理論とケース―新版』所収, 文眞堂。
——〔1992b〕「エルトン・メーヨー―その管理の思想―」, 坂井正廣編著『人間・組織・管理―その理論とケース―新版』所収, 文眞堂。
芦名定道〔2007〕『多元的世界における寛容と公共性―東アジアの視点から―』晃洋書房。
有賀夏紀〔2002〕『アメリカの20世紀（上）1890～1945年』中公新書。
飯田　隆〔2007〕「科学の世紀と哲学」, 飯田　隆責任編集『論理・数学・言語―20世紀Ⅱ＊科学の世紀と哲学―』（『哲学の歴史11』）所収, 中央公論社。
飯野春樹〔1978〕『バーナード研究―その組織と管理の理論―』文眞堂。
——〔1992〕『バーナード組織論研究』文眞堂。
飯野春樹編〔1988〕『人間協働―経営学の巨人, バーナード―』文眞堂。
生田久美子〔1987〕『「わざ」から知る』東京大学出版会。
磯村和人〔2000〕『組織と権威―組織の形成と解体のダイナミズム―』文眞堂。
伊藤邦武〔2007〕「進歩・進化・プラグマティズム」, 伊藤邦武責任編集『18-20世紀―進歩・進化・プラグマティズム―』（『哲学の歴史8』）所収, 中央公論社。
伊東俊太郎〔1981〕『科学と現実』中公叢書。
——〔1985〕『比較文明』東京大学出版。
稲垣保弘〔2002〕『組織の解釈学』白桃書房。
稲葉元吉〔1967a〕「組織理論における三つの基本類型（上）」, 組織学会編『組織科学』(Vol.1, No.1) 所収, 白桃書房。
——〔1967b〕「組織理論における三つの基本類型（下）」, 組織学会編『組織科学』(Vol.1, No.2) 所収, 白桃書房。
——〔1993〕「現代組織論と現代経済学」, 組織学会編『組織科学』(Vol.27, No.1) 所収, 白桃書房。
——〔1997〕「H・A・サイモン―その思想と経営学―」, 経営学史学会編『アメリカ経営学の潮流』

(第4輯）所収，文眞堂．
今井　斉〔2004〕『アメリカ経営管理論生成史』文眞堂．
泉　卓二〔1978〕『アメリカ労務管理史論』ミネルヴァ書房．
岩内亮一・高橋正泰・村田潔・青木克生〔2005〕『ポストモダン組織論』同文舘出版．
M.ウェーバー〔1989〕『プロテスタンティズムの倫理と資本主義の精神』大塚久雄訳，岩波文庫．
植村省三〔1982〕「経営管理論史」，山本安次郎・加藤勝康編著『経営学原論』所収，文眞堂．
上山春平〔1980〕「プラグマティズムの哲学」，『パース・ジェイムズ・デューイ』（『世界の名著』（第59巻）所収，中央公論社．
魚津郁夫〔2006〕『プラグマティズムの思想』ちくま学芸文庫．
内田義明〔2000〕『ヴェーバー　歴史の意味をめぐる闘争』岩波書店．
内山　節〔1993〕『時間についての12章—哲学における時間の問題—』岩波書店．
遠田雄志〔2005〕『組織を変える＜常識＞—適応モデルで診断する—』中公新書．
大塚久雄〔1979〕『意味喪失の時代に生きる』日本基督教団出版局．
小笠原英司〔1999〕「組織と公共性—事業経営の私益性，共益性，公益性—」，明治大学『経営論集』（第46巻第2号）．
── 〔2003〕「現代経営の課題と経営学史研究の役割—展望—」，経営学史学会編『現代経営と経営学史の挑戦—グローバル化・地球環境・組織と個人—』（第10輯）所収，文眞堂．
── 〔2004〕『経営哲学研究序説—経営学的経営哲学の構想—』文眞堂．
── 〔2013〕「経営学の存在意義—いま，あらためて，経営学とは何か—」『経済系（関東学院大学経済学会研究論集）』第254集．
岡本康雄〔1996〕「馬場敬治経営学の形成・発展の潮流とその現代的意義」，経営学史学会編『日本の経営学を築いた人びと』（第3輯）所収，文眞堂．
勝部伸夫〔2004〕『コーポレート・ガバナンス論序説—会社支配論からコーポレート・ガバナンス論へ—』文眞堂．
加藤勝康〔1996〕『バーナードとヘンダーソン—The Functions of the Executive の形成過程—』文眞堂．
川勝平太〔1997〕『文明の海洋史観』中公叢書．
── 〔2002〕『「美の文明」をつくる—「力の文明」を超えて—』ちくま新書．
姜　尚中〔2003〕『マックス・ウェーバーと近代』岩波現代文庫．
北野利信〔1962〕『アメリカ経営学の新潮流』評論社．
── 〔1982〕「バーナードの挫折」，大阪大学経済学部『大阪大学経済学』（第32巻第2・3合併号）．
── 〔1987〕「バーナードの挫折—課題と方法—」，加藤勝康・飯野春樹編『バーナード—現代社会組織問題—』所収，文眞堂．
── 〔1996〕『経営学原論—新しい価値体系の創造—』東洋経済新報社．
木下　順〔2000〕『アメリカ技能養成と労使関係—メカニックからマンパワーへ—』ミネルヴァ書房．
木村　敏〔1973〕『異常の構造』講談社現代新書．
── 〔1988〕『あいだ』弘文堂思想選書．
── 〔2003〕『木村敏著作集6　反科学的主体論の歩み』弘文堂．
桑原源次〔1974〕『科学的管理研究』未来社．
経営哲学学会編〔2003〕『経営哲学とは何か』文眞堂．
河野大機〔1980〕『バーナード理論の経営学的研究』千倉書房．
西郷幸盛・相馬志都夫〔1988〕『アメリカ経営管理発展の研究—Industrial Management の展開と Management Theory の成立—』八千代出版．
齋藤貞之〔1998〕「ドラッカー知識社会論について—現代経営学の課題—」，日本経営学会編『環境変

化と企業経営』（経営学論集第 68 集）所収，千倉書房。
酒井　甫〔1974〕「フォレット」，車戸　實編『経営管理の思想家たち』ダイヤモンド社所収。
榊原清則〔1996〕『美しい企業醜い企業』講談社。
桜井哲夫〔1983〕『知識人の運命』三一書房。
──〔1984〕『「近代」の意味─制度としての学校・工場─』NHK ブックス。
桜井信行〔1968〕『新版人間関係と経営者』経林書房。
佐々木　聡〔1998〕『科学的管理法の日本的展開』有斐閣。
佐々木恒男編著〔1999〕『現代経営学の基本問題』文眞堂。
佐藤慶幸〔1991〕『官僚制の社会学〔新版〕』文眞堂。
塩見治人〔1978〕『現代大量生産体制論─その成立史的研究─』森山書店。
進藤勝美〔1979〕「レスリスバーガーの "knowledge Enterprise" 論」（滋賀大学経済学会『彦根論叢』第 198・199 号）。
妹尾　大・阿久津聡・野中郁次郎〔2001〕『知識経営実践論』白桃書房。
組織学会編〔2000〕「特集　組織における美と倫理」，『組織科学』（Vol.33 No.3）所収，白桃書房。
杉田　敦〔2005〕『境界線の政治学』岩波書店。
杉田　博〔2001〕「M.P.フォレット経営思想の射程─プロフェッションの概念をめぐって─」，石巻専修大学『経営学研究』（第 12 巻第 2 号）。
髙　巌〔1995〕『H・A・サイモン研究─認知科学的意思決定論の構築─』文眞堂。
高橋俊夫〔2006〕『組織とマネジメントの成立─経営学の奔流─』中央経済社。
高橋正泰〔1998〕『組織シンボリズム─メタファーの組織論─』同文舘。
田中　裕〔1998〕『ホワイトヘッド─有機体の哲学─』講談社。
土屋守章〔1966a〕「米国経営管理論の生成 (1)」，『経済学論集（東京大学）』（第 31 巻第 4 号）。
──〔1966b〕「米国経営管理論の生成 (2)」，『経済学論集（東京大学）』（第 32 巻第 1 号）。
──〔1967〕「米国経営管理論の生成 (3・完)」，『経済学論集（東京大学）』（第 33 巻第 1 号）。
谷口照三〔2000〕「環境志向経営の基礎」，南龍久・亀田速穂編著『21 世紀型企業の経営・組織・人間』文眞堂。
──〔2007〕『戦後日本の企業社会と経営思想─CSR 経営を語る一つの文脈─』文眞堂。
友野典男〔2006〕『行動経済学─経済は「感情」で動いている─』光文社新書。
中岡哲朗〔1971a〕『技術の論理・人間の立場』筑摩書房。
──〔1971b〕『工場の哲学─組織と人間─』平凡社。
──〔1979〕『科学文明の曲がりかど』朝日選書。
──〔1987〕『技術と人間の哲学のために』農山漁村文化協会。
──〔2006〕『日本近代技術の形成─＜伝統＞と＜近代＞のダイナミズム─』朝日新聞社。
中川誠士〔1992〕『テイラー主義生成史論』森山書店。
中村　昇〔2007〕『ホワイトヘッドの哲学』講談社選書メチエ。
中村雄二郎〔1979〕『共通感覚論─知の組みかえのために─』岩波現代選書。
──〔1993〕『共通感覚（中村雄二郎著作集Ⅴ）』岩波書店。
庭本佳和〔1991〕「組織と知識─バーナードの知識論─」，大阪商業大学商経学会『大阪商業大学論集』（第 90 号）。
──〔2006〕『バーナード経営学の展開─意味と生命を求めて─』文眞堂。
野家啓一〔1993〕『言語行為の現象学』勁草書房。
──〔1993〕『無根拠からの出発』勁草書房。
──〔1993〕『科学の解釈学』新曜社。
──〔1996〕『物語の哲学─柳田国男と歴史の発見─』岩波書店。

野口建彦〔2011〕『K・ポラニー―市場自由主義の根源的批判者―』文眞堂。
野口祐二〔2005〕『ナラティヴの臨床社会学』勁草書房。
野村達朗〔1967〕「移民労働者の流入とアメリカ労働運動―19 世紀末・20 世紀初における―」,『外国語学部紀要（愛知県立大学）』（第 2 号）。
―――〔1978〕「アメリカ労働史研究の新しい潮流」,『歴史評論』（No.341）。
野村達朗編著〔1998〕『アメリカ合衆国の歴史』ミネルヴァ書房。
野中郁次郎〔1985〕『企業進化論―情報創造のマネジメント―』日本経済新聞社。
―――〔1990〕『知識創造の経営―日本企業のエピステモロジー―』日本経済新聞社。
―――〔1997〕「ポスト・コンティンジェンシー理論―回顧と展望―」, 経営学史学会編『アメリカ経営学の潮流』（第 4 輯）所収, 文眞堂。
野中郁次郎・竹内弘高〔1996〕『知識創造企業』東洋経済新報社。
野中郁次郎・紺野　登〔1999〕『知識経営のすすめ―ナレッジマネジメントとその時代―』ちくま新書。
―――〔2003〕『知識創造の方法論』東洋経済新報社。
野中郁次郎・勝見　明〔2004〕『イノベーションの本質』日経 BP 社。
―――〔2007a〕『イノベーションの作法―リーダーに学ぶ革新の人間学―』日本経済新聞社。
野中郁次郎・紺野登〔2007b〕『美徳の経営』NTT 出版。
野中郁次郎・嶋口充輝・価値創造フォーラム 21 編〔2007c〕『経営の美学―日本企業の新しい型と理を求めて―』日本経済新聞社。
P.L.バーガー〔1979〕『聖なる天蓋―神聖世界の社会学―』薗田　稔訳, 新曜社。
橋本毅彦・栗山茂久編著〔2001〕『遅刻の誕生―近代日本における時間意識の形成―』三元社。
橋本毅彦〔2002〕『〈標準〉の哲学―スタンダード・テクノロジーの 300 年―』講談社選書メチエ。
馬場敬治〔1954〕『経営学と人間組織の問題』有斐閣。
―――〔1988〕『馬場敬治博士遺作集（組織学会編）』東京大学出版会。
林　正樹〔1973〕「技術・労働・管理の経営学―内部請負制度を中心として―」,『商学論纂（中央大学）』（第 15 巻第 3 号）。
原　輝史編〔1990〕『科学的管理法の導入とその展開―その歴史的国際比較―』昭和堂。
日髙敏隆〔2003〕『動物と人間の世界認識―イリュージョンなしに世界は見えない―』筑摩書房。
平尾武久〔1995〕『増補アメリカ労務管理の史的構造―鉄鋼業を中心として―』千倉書房。
福島真人〔2001〕『暗黙知の解剖―認知と社会のインターフェイス―』金子書房。
二村敏子〔1967〕「サイモンの管理論とその現代的意義」, 組織学会編『組織科学』（Vol.1, No.1）所収, 白桃書房。
W.ブランケンブルク〔1978〕『自明性の喪失―分裂病の現象学―』木村敏・岡本進・島弘嗣共訳, みすず書房。
H.ベルグソン〔1953〕『哲学的直観』河野与一訳, 岩波文庫。
本間長世編〔1988〕『現代アメリカの出現』東京大学出版会。
K.マルクス＝F.エンゲルス〔1951〕『共産党宣言』大内兵衛・向坂逸郎訳, 岩波文庫。
丸山圭三郎〔1981〕『ソシュールの思想』岩波書店。
丸山圭三郎編〔1985〕『ソシュール小事典』大修館書店。
三井　泉〔1995〕「アメリカ経営学史の方法論的考察―ネオ・プラグマティズムとマネジメント思想―」, 経営学史学会編『経営学の巨人』（第 2 輯）所収, 文眞堂。
―――〔2001a〕「アメリカ経営学における『プラグマティズム』と『論理実証主義』」, 経営学史学会編『組織・管理研究の百年』（第 8 輯）所収, 文眞堂。
―――〔2001b〕「バーナード理論の方法的基盤」, 河野大機・吉原正彦編『経営学パラダイムの探求―

人間協働　この未知なるものへの挑戦―(加藤勝康博士喜寿記念論文集)』所収，文眞堂。
三戸　公〔1973〕『官僚制―現代における論理と倫理―』未來社。
――〔1988〕「フォレットとバーナード」，飯野春樹編『人間協働―経営学の巨人，バーナードに学ぶ―』所収，文眞堂。
――〔1994〕『随伴的結果―管理の革命―』文眞堂。
――〔1997a〕『現代の学としての経営学（文眞堂版）』文眞堂。
――〔1997b〕「科学的管理の現在―三つの科学的管理とその射程―」，『中京経営研究』（第 7 巻第 1 号）。
――〔2000〕『科学的管理の未来―マルクス，ウェーバーを超えて―』未來社。
――〔2002〕『管理とは何か―テイラー，フォレット，バーナード，ドラッカーを超えて―』文眞堂。
三戸　公・榎本世彦〔1986〕『フォレット―経営学：人と学説―』同文舘。
村上伸一〔1999, 2003〕『価値創造の経営管理論（改訂 3 版）』創成社。
村上陽一郎〔1971, 2002〕『西欧近代科学―その自然観の歴史と構造―＜新版＞』新曜社。
――〔1976, 2002〕『近代科学と聖俗革命＜新版＞』新曜社。
――〔1979〕『科学と日常性の文脈』海鳴社。
――〔1994〕『文明のなかの科学』青土社。
――〔2006〕『文明の死／文化の再生』岩波書店。
村田晴夫〔1984〕『管理の哲学―全体と個・その方法と意味―』文眞堂。
――〔1990〕『情報とシステムの哲学―現代批判の視点―』文眞堂。
――〔1995a〕「バーナード理論と有機体の論理」，経営学史学会編『経営学の巨人』（第 2 輯）所収，文眞堂。
――〔1995b〕「転機に立つ現代文明」，プロセス研究シンポジウム編『ホワイトヘッドと文明論』所収，行路社。
――〔1999a〕「企業倫理と経営哲学」，佐々木恒男編著『現代経営学の基本問題』所収，文眞堂。
――〔1999b〕「『組織と倫理』の方法論的基礎―生成の階層性論を中心に―」，龍谷大学経営学会『経営学論集』（第 39 巻第 1 号）。
――〔2000〕「意味の文明論的階層性と現代文明」，『武蔵大学論集』（第 48 巻第 2 号）。
――〔2002〕「システム論（事項）」，経営学史学会編『経営学史事典』所収，文眞堂。
――〔2007〕「人間協働と自由―人間の創造的自由をめぐる一考察―」『武蔵大学人文学会雑誌』第 38 巻第 4 号。
村田康常〔2013〕「経営哲学としてのホワイトヘッド文明論―共感の絆に基づく説得的メンタリティー」，経営哲学学会『経営哲学論集―市場の生成と経営哲学―』（第 29 集）所収。
藻利重隆〔1962〕『経営学の基礎改訂版』森山書店。
――〔1963〕「フォレットの経営管理論」，M.P.フォレット『自由と調整―フォレット経営管理の基礎―』（L.H.アーウィック編，斎藤守生訳）所収，ダイヤモンド社。
――〔1964〕『労務管理の経営学（増補版）』千倉書房。
森　昶〔1996〕『アメリカ職人の仕事史：マス・プロダクションへの軌跡』中公新書。
森　博・矢澤修次郎編〔1981〕『官僚制の支配―組織の時代をどう生きるか―』有斐閣選書。
レオ 13 世〔1961〕『レールム・ノヴァルム―労働者の境遇―』岳野慶作訳，中央出版社。
山之内靖〔1982〕『現代社会の歴史的位相―疎外論の再構成を目指して―』日本評論社。
――〔1993〕『ニーチェとヴェーバー』未来社。
――〔1997〕『マックス・ウェーバー入門』岩波新書。
山本純一〔1974〕『科学的管理の体系と本質』未來社。
山本誠作〔1985〕『ホワイトヘッドと西田哲学』行路社。

―――〔1991〕『ホワイトヘッドと現代―有機体的世界観の構想―』法藏館。
―――〔1995〕「ホワイトヘッドの文明論と科学的唯物論」，プロセス研究シンポジウム『ホワイトヘッドと文明論』所収，行路社。
山本安次郎〔1961〕『経営学本質論』森山書店。
―――〔1967〕『経営学の基礎理論』ミネルヴァ書房。
―――〔1975〕『経営学研究方法論』丸善株式会社。
山本安次郎編著〔1970〕『経営学説』ダイヤモンド社。
山本安次郎・加藤勝康編著〔1982〕『経営学原論』文眞堂。
―――〔1997〕『経営発展論』文眞堂。
吉原正彦〔1978〕「バーナード理論の方法的基礎を求めて」，『千葉商大論叢』（第16巻第2号）。
―――〔1987〕「知のスパイラルと公式組織」，加藤勝康・飯野春樹編『バーナード』所収，文眞堂。
―――〔2006〕『経営学の新紀元を拓いた思想家たち―1930年代のハーバードを舞台に―』文眞堂。
吉原正彦編著〔2013〕『メイヨー＝レスリスバーガー――人間関係論―（経営学史叢書Ⅲ）』経営学史学会監修，文眞堂。

事項索引

ア行

悪　123, 163
アクチュアル・エンティティ actual entity　118-121, 147, 163
悪魔のひき臼 Satanic Mill　186
art　130, 163, 179, 180
──としての管理　117, 122-124, 129, 132-134, 164, 181, 183-186, 188
アメリカ経営学　55
新たな道徳準則の創造　115, 116
新たな道徳性の創造　123, 133, 148, 163-164, 166, 173, 183, 184-185
暗黙知　149, 170, 172, 174
意　11-12, 196
移行 transition　119
意思決定 decision-making　24, 29, 43, 75-76, 78-81, 83-84, 86-87, 90-91, 93, 96, 152, 167, 171
意思決定前提　80, 83, 85, 90
1日の公正な課業 task　24
意図せざる結果　100, 173
意味の一元化　59, 62, 71, 140-141, 144, 146
──問題　81
意味の創造としての自由　195
移民　32
intelligent management　73
営利組織体　v, 7
大きな形の美 the major form of beauty　123, 163-164
オーソリティ authority　86, 96, 150-151, 159, 166, 189-190
──（権威）の配分　159-160, 162, 166, 168, 190
──（権限）の委任　159-160, 162, 166, 169, 190-191
──のジレンマ　158-160, 166, 168, 189, 190

カ行

下位請負制度　20
階層的相互性　102
外的影響力　86
概念 concepts　57-59, 72, 76, 78
──の《生》からの乖離　59
科学　25, 52, 56, 66, 72-73, 78, 80, 90, 92, 95, 125, 138-139, 174, 193
──技術 technology　10, 65
──主義　80
──的管理　iv, 3, 9-12, 16, 18, 22-36, 38-39, 41, 47-51, 74, 87, 131, 136-139, 147, 160-161, 170, 175
──的管理の哲学　12, 33, 41, 45, 49-51, 72, 74, 89-90, 94
──的経営学研究　iii-vi
──的精緻化　13
──的知識　10-11, 59
課業 task　54, 160
──管理 task management　26
確立された社会 established society　63-65, 67-68, 71
仮構 fiction　152, 154, 157, 158
価値前提　80, 83, 86, 90
価値的 value 要素　79-80, 90, 92, 94, 112, 170-171, 180
活性─活動─行為　125
活動─行為─所行　125
金儲けの学　ii
可謬主義 fallibilism　61
株式会社　7
株主満足　2
環境　vi
──経営論　v
──問題　1-2, 142, 172, 189
観察（現実）の理論負荷性　2, 94
環世界 Umwelt　82, 83, 94-95, 155-156

事項索引　　211

完全合理性　76, 80
寛容 tolerance　97-98, 117, 142, 144, 146, 148, 151, 161-163, 166, 180, 191-192
　――の確保の問題　8
　――論　97, 98
管理　77
　――科学 administrative science　75, 78, 80, 87
　――過程学派 management process school　77-78, 95
　――過程論　77-78
　――原則論　77-78
　――全般の科学化　12-13, 16, 28-29, 33, 39, 41, 44, 54, 62-63, 65, 67, 69, 71-72, 74-75, 89-90, 93-94, 98-99, 122, 131, 135, 139, 142, 147-148, 150-151, 163, 170
　――人 administrative man 仮説　77, 80-82, 84, 88, 91, 93-95
　――の科学化　iv
　――の"技"　125
官僚　52
官僚制 bureaucracy　34-35, 43-46, 51
　――化　34, 36, 43, 48, 50, 52, 136-137, 147
　――組織　18
　――的支配　35, 51
　――的生産（bureaucratic production）　51
　――的組織　50
　――の原理　43-44, 48-49
　――問題　45-47
　――論　35, 52
官僚の権威　44
機会主義的意思決定　62
機械論的管理　50, 92
企業経営の学　ii
　――としての経営学　v
企業文明　177
技芸 art　77, 121
技術的技能 technical skill　63-69, 71, 73
技術的能力 technical capacity　64
擬制　186-187
　――商品 fictitious commodity　186-187
起動力 powers　7, 104-106, 108-109, 111-112, 116-117, 119, 122, 124, 129, 163, 178, 180-181, 187-188

――の革新　105, 116, 184
技能　9-10, 21, 59, 61, 63, 66-68, 105
機能化　41-42, 46, 50, 52, 148, 184, 193
　――即再主体化　36, 41-45, 49-50, 89, 92-93, 148, 160
機能性　52
逆機能 dysfunction　46
客体化　119, 121, 156-158, 165, 184, 191
客観的権威　151-152, 154, 159, 180, 190
　――（権限）　158
客観的状況 the objective situation　83
狭義ナレッジマネジメント　143
狭義の支配　167
共通感覚　154-158, 168
　――論　152, 157
共通の問題性　2-3, 12
共通目的　107-108, 111-112, 123, 132, 141, 154, 159, 168, 181, 183
協働　iii
　――意志　107-108
　――意思　152
　――行為という社会活動を調整する必要性 the necessities for a coördination of social activities　185
　――システム coöperative system　102-106, 108-112, 114, 116-117, 119, 121-122, 125, 129, 131-132, 142, 153, 169, 178, 181-183, 187-188, 191, 194-195
　――システムの開放機能　70
　――する世界　iv
　――「生活」体　161, 191
　――「生活」体の部分化　161, 191
　――的技能 collaborative skill　63
　――の科学　33
　――の学としての経営学　v, 131, 177, 181, 192, 194
　――の〈現在〉に対する責任　142, 164
　　＜――の現在＞への固執　185
　――の〈未来〉に対する責任　142, 164-165
恐怖（fear）と強制（force）による協働　188
教養としての知識　10, 15
近代化過程　iv
近代経営 modern management　13, 47-48, 75, 137-139, 161, 191

212　事項索引

　　──学　2-3, 8, 12-13, 74-75, 90, 92-94, 97, 135, 171-172, 174
近代社会　iv
近代的機械文明　64
近代的工場労働　iv
近代文明　53
空間的拡がり　111, 117, 140, 145-147, 183
具体性置き違いの誤謬 fallacy of misplaced concreteness　3, 72, 187, 189
具体性を置き違えて　iv
具体的知識 knowledge of acquaintance　55, 58-62, 65-69, 71, 73, 135, 138-141, 144, 149, 174
　　──の抽象的知識への徹底的転換　68
クラフト生産制度　20
クラフト的生産 craft production　51
経営　iv, vi
　　──科学　170-173, 175-176, 194
　　──科学としての経営学　170
　　──学　i-iv, 2, 7, 12, 16-17, 27-28, 31, 33, 46, 48, 54-55, 71, 74, 76-77, 87-88, 90, 93-94, 97-99, 121, 128, 130-131, 139, 141, 144, 148, 159-162, 165-166, 170, 172-173, 175-177, 190-192, 194
　　──学体系　171
　　──学的経営哲学研究　ⅲ-ⅳ
　　──学の科学的アプローチ　175, 194
　　──学の科学的精緻化　75
　　──学の基本問題　97
　　──学の主潮流　ⅲ, v, 12-13, 29, 74, 93-94, 100, 119, 122, 133, 135, 148, 163, 170-171, 177, 189, 192
　　──学の哲学的アプローチ　175, 194
　　──思想　12
　　──実践　iv, 2, 12, 33, 71, 99, 139, 161-162, 165, 170, 189, 191-192
　　──人　95
　　──する　iv-v
　　──体の開放性　70
　　──哲学　171, 173, 175-176, 194
　　──哲学研究　1
　　──の発展　184, 192
計画室　25, 30, 34, 54, 160
計画と執行との再結合　27-28, 160
計画と執行との分離　25-28, 30, 32, 34, 52, 160
計画と執行との統合　32
経験から科学へ　12, 22, 25-28, 31-32, 34, 38, 42, 54, 74, 90
経験的知識　21, 25
経済　181, 189
　　──学　ⅰ-ⅱ, 75-76, 80, 94, 195
　　──活動　i
　　──人 economic man 仮説　76-77, 80-81, 93
　　──的権威　160-161, 187-188, 190, 192
　　──的人間協働　v
形式知　143, 149, 170, 172, 174
芸術 art　12, 119-120, 122, 175
権威　151, 159-161, 163-164, 167, 180, 190
　　──の革新　190
　　──の確立と維持の問題　8
　　──（命令権力と服従義務）による支配　167
権限　150-152, 154, 159-162, 164-165, 167-168, 190-192
健康な適応的社会　68-69, 72
建設的コンフリクト　36
現代経営　3, 13, 50
　　──学　1-3, 8, 12-13, 33, 45, 49-50, 67, 97, 120, 134-135, 166, 171, 173-174, 176, 185, 191
　　──学の主潮流　170
　　──学の文明論的諸課題　119, 133, 142, 164, 165, 172, 189
現代哲学　55
行為主体　v
行為準則　59-60, 68, 70, 140
広義ナレッジマネジメント　143
広義の支配　167
工業社会　71, 175
工業的労働者　32
公式制度 formal institution　111, 157
公式組織 formal organization　99, 102-103, 106-108, 110-111, 125, 136, 140, 147, 149, 151, 157, 188
　　──の科学化　140
　　──の基本要素　14
　　──の「構成部分」　108
　　──の「構成部分」と「基本要素」　107
合生 concrescence　118-119

行動知　16
行動の原理　39
合法的支配　34
合理性の非合理性　46-47
合理的・認知的モデル　87-88
五感の特定の統合パタン　155
顧客満足　2
個々の作業の科学化　12, 26-27
個人準則　113-115, 153, 168, 185
個人人格　114, 164
個人「生活」の部分化　161, 191
個人的知識　149
個人の特定組織への包摂　137
個人の部分化　v
個性　40
コミュニケーション communication　86, 96, 107-108, 188
　——技能　63-64
コモン・センス common sense　152, 154-157
コンフリクト　36-37, 114-117, 123, 169, 173, 183, 185, 189
根本的経験論 radical empiricism　57

サ行

最広義の管理　49
再主体化　36, 39, 41-42, 49, 184, 193
再人格化 repersonalizing　39
最適解　80
最適基準 optimal standard　80, 84
作業の科学化　11-12, 16, 33-34, 38-39, 41, 54, 71, 74, 131, 135, 139, 170
産業革命　10, 55-56
産業社会　64
強いられた協働　188
時間研究　25-26, 30
時間的拡がり　111-112, 117, 141, 146-148, 183-184
刺激—反応型 the stimulus-response pattern　95
自己調整的市場　195
仕事 work　10, 41-42, 45, 47-48, 52, 64
　——の再魔術化　48, 139
　——の脱魔術化 divorce magic from work　47-48, 52, 137-139, 147

示唆 suggest　86
事実前提　80, 83, 86, 90
事実的命題 factual propositions　79
事実的 factual 要素　79-80, 83, 90, 93
事実の理論負荷性　95
四重経済　169, 181, 187
　——の原則　189, 196
　——論　194
市場経済 market economy（自己調整的市場 the self-regulating market）　186-188, 195
システム　102
　——論　102
自然　4, 121, 130, 187
　——環境　v, 129, 181, 185
　——性　121, 128, 163, 180
　——性と人為性との不調和　123
　——的怠業　19
　——に対する攻撃性　5-6
　——の人為化　6-7, 129
　——の徹底的人為化　4-5, 128
実験室 laboratory　66
実行プログラム performance programs　83, 84
実践　56
　——共同体　149
実存主義　55-56
私的道徳準則　113-115, 153, 168
支配　37, 166
自発的協働　188
資本主義　51-52, 127
社会環境　vi, 129, 181
社会主義　51
社会状況　50
社会的技能 social skill　63-69, 71, 73
社会的道徳準則　113, 115, 153, 168
社会の常識　158
社会の非常識　158
自由　128-129, 133, 179-180, 182-183, 190
習慣　59-60, 68, 70
従業員満足　2
重厚さ Massiveness　122-123
主観的権威　8, 98, 151, 154, 158-159, 180, 190
主体化　119
主体性の強度　103, 114-115, 123, 125, 169

主体的形式 subjective form　118-119, 122-123, 129, 132, 147-148, 157, 163
主体的行為　iv
主体的指向 subjective aim　118-119, 122, 129, 132, 157, 163
手段化（機能化）　36
手段的能率　164
手段としての知識　10-12, 15, 29, 34
受動的・機械モデル　87
受容説　152, 167
受容の4条件　167
主流　31
循環的相互作用　40
準拠枠　84, 95
純粋経験 pure experience　57-61, 71, 95
情　11-12, 196
上位権限説・法定説　167
上位説・法定説　152
常軌化された反応 routinized response　83, 96
常軌的な活動　83
商業 Commerce　186-187
状況定義 the definition of the situation　82-85, 88, 90, 92-93, 96
状況の人為化　129, 132-133, 180, 183
状況の法則 the law of the situation　38-40, 49, 50, 53, 88-90, 92-93, 173
常識 common sense　111, 154-155
食物や暖かさ，住居などの自然的な必要性 the natural necessities　185
諸力の〈協働の現在〉への包摂　192
諸力の結合因　106
諸力の三様態　107-108
諸力の組織化能力　8
諸力の特定の統合パタン　157-158
自律的な道徳的制度 autonomous moral institutions　111
ジレンマ　7-8, 14, 36, 97-98, 103, 108, 116, 133, 135, 159, 180-181, 190, 192
真　11-14, 59-61, 69, 120, 148, 163-164, 173-174
人為　4, 13, 120
──性　121, 128, 133-134, 163, 179-180, 186-187
──的　130, 158, 162, 189
──による自然への介入　4

新移民　18, 21
真的美 truthful beauty　120-125, 163
信念　11, 22, 48, 59-61, 72, 111, 127, 138, 158
真理 truth　12, 59, 60, 62, 69, 119-120, 122, 163, 172-173, 175
──化 verification　3, 59, 61, 70-72, 82, 84, 96, 163
垂直同型性　101, 103, 109
垂直同型的　114, 116, 168, 169
随伴的結果　29, 31
水平同型性　101, 157
斉一な心的状態 uniform states of mind　110-111
西欧的客観性　56
生活　iv-v, 161, 187, 191
──世界　iv
──の全体化　v
──の全体性　v
──の部分化　v
生産過程全体の科学化　26
生産性革命　10
青春的平安　121
精神革命論　22, 26-28, 31, 34, 38, 90
精神文化　5
制度 institution　103, 124, 132, 156-158, 165, 168, 183
生物的道徳準則　113, 168
生命の art　179-180, 183
制約された合理性 bounded rationality　75, 80-82, 84-85, 87-89, 91-93
責任 responsibility　142, 150, 152, 159, 165-167, 182-183, 188, 190, 194
──（能力）創造の経営　164
──能力の創造　164
──の受容の仕方　153-154
──優先説　153
説得 persuade　86
──persuasion　186
──的な作用者 persuasive agencies　127, 186, 195
善　11-14, 61, 69, 80, 120, 123-124, 148, 163-164, 173-174
潜在する多様な意味　140-141, 144, 147, 165, 170
潜在的な意味の多様性　57, 60, 62, 71, 81, 89, 91,

93
全人 164, 169
——仮説 99
全体と個のバランスの問題 8
全体の中での自分の占める位置を発見すること finding my place in the whole 40
全体の中での私の占める位置 42, 40
専門家（experts） 23
専門化社会 193
相互作用 interacting 37, 40, 110, 123, 157
創造的管理 163
——論 52, 124, 133, 144, 148, 163, 165-166, 173
創造能率 164, 169, 182-183
創発性 emergence 37
組織 iii, vi, 84-85, 99, 110, 115, 122
——影響力 organizational influence 86
——化能力 105
——化能力の革新 163
——貢献者 36, 50, 151, 154, 159, 164, 166, 169, 190
——貢献者の満足 2
——社会 33, 35-36, 41-42, 44-45, 50, 74, 89, 93, 193
——準則 111, 115, 132, 141-142, 146, 153, 183, 185, 188-190
——状況 48-49, 93
——状況における私の占める位置（組織への個人の一体化 49, 92
——人格 164
——生成史観 7
——体 1-2
——体の不寛容 166
——知の創造 139, 141, 145, 165, 170
——（中心）社会 7
——的意思決定 85, 87, 92-94
——的怠業 10, 19-20, 22, 25
——的知識 149
——的知識創造 organizational knowledge creation 143, 149
——的認識枠組 149
——に対する責任 153-154, 159-162, 164, 168, 190-191
——の意味 70, 89, 91, 94, 97, 100, 123, 131-133, 140-142, 144, 146-148, 165, 170-

172
——の意味の優越 172
——の意味の優越に伴う多様な意味の排除 148
——の意味の優越に伴う多様な意味の包摂 148
——の寛容 172
——の基本要素 107-108
——の個人への影響 85
——の時代 33, 35
——の状況定義 92
——の常識 158-162, 165
——の責任 153-154, 159-161, 163-164, 190
——の責任の受容 159, 163, 166, 190
——の善 173
——の存続 the conservation of the organization への一体化 87
——の道徳的基盤 123
——の美 173
——の非合理性 100
——の非常識 158
——の不寛容 97, 133, 142, 144-145, 148, 171-172, 176, 189
——場 the organization field 107-109, 123
——文化 149
——への一体化 87, 96
——への個人の一体化 89, 91-93
——目的 the organization objective への一体化 87
——要因 102-103, 106, 109, 115, 132-133, 153, 181
——力 organization forces 107-108
——倫理学 ii

タ行

第一次非公式組織 primary informal organization 110, 136, 187
——の細分化 137
——の文化 137
第1世代工場労働者 32
怠業 21, 32
第二次非公式組織 secondary informal organization 110, 136, 140, 149, 188
——の文化 137

対立から協調へ　12, 22, 25, 27, 28, 31-32, 34, 38, 42, 54, 74, 90
妥協　37
脱工業社会　9, 15, 71
多様な＜生＞の＜組織の意味＞への包摂　146
単眼的管理　31-32
単純化された「モデル」　82
単純化したモデル　81
知　11-12, 59, 69, 120, 196
小さい形の美 the minor form of beauty　123, 163
知覚 percepts　57-59, 81, 83, 95
　――の概念への転換・翻訳　58-59
力から説得へ　186-187, 195
力強さ Strength　122
知識　9-11, 15-17, 22, 56, 58, 61-62, 67, 71, 73, 83, 105
　――観　10, 61
　――管理　143
　――経営 intelligent management　33, 54, 62-63, 65, 67-72, 75, 98, 122-123, 131-133, 135, 140-146, 148, 169-172, 174-175, 188-189, 191, 195
　――経営の問題性　69, 72, 75, 88-89, 91, 93-94, 97, 100, 119, 124, 140-141, 144-148, 170-171
　――経営論　i, vi
　――社会　9-12, 15-16, 18, 26, 29-31, 47, 67, 71, 99, 119, 122, 170, 173, 176
　――(真理)の創造　124
　――スパイラル　144
　――創造経営　143-146, 148, 164-165, 169, 172
　――創造の経営　15, 73
　――創造論　10
　――による支配　43
　――の仕事への適用　31
　――の生産性　9, 15, 29-31, 47
　――の知識への適用　10-12, 31, 64, 68, 99, 119, 122, 163, 170, 172
　――文明史　10
　――労働　15, 52
　――論　172-173
知(真)の創造　143, 148
知性偏重経営 intelligent management　195

「秩序の下にある自由」あるいは「ノモスとしての自由」　190
知の創造　163
抽象化の高度化に伴う＜生＞からの乖離問題　81
抽象的知識 knowledge about　55, 58-61, 64-67, 69, 69, 71, 135, 138-141, 144, 149, 174
　――の《生》からの乖離　62
忠誠心と組織への一体化 loyalties and organizational identification　86
躊躇―選択型 the hesitation-choice pattern　95
調和　61, 69-71, 105-106, 116, 118, 121-123, 125, 129-130, 132-134, 140-142, 162-164, 166, 173, 178-179, 183-185, 187, 192
　――の破れ　131, 133, 147, 151, 173, 189
テイラー・システム　13, 26-27, 34
テイラーの3S　32
テイラーの文明論　23
テイラリズム　26-27
適応的社会 adaptive society　63-65, 67-68, 71
適切な強度 intensity proper　122-123
出来高払制度　19
テクネー　9-10
テクノロジー　9
哲学的経営学研究　iii
伝達　151-152
伝統的社会　iv, 175
　――関係の解体・変容　137
伝統的労働慣行　iv
統一化 (unifying)　37
同型性　124
動機的・態度的モデル　87
動機―目的―行動　125
＜動機―目的―行動＞図式　109
統合　37, 52
　――の原理　41
道徳準則 moral code　69, 113-114, 116-117, 121, 123, 125, 132, 134, 154, 156-157, 162-163, 168, 183, 188
道徳性　116-117, 121
道徳的意思決定　62
道徳的基盤　111-112, 117, 119, 122-123, 129, 137, 140-141, 146-147, 157-158, 183

事項索引　　217

──の狭窄化　140-142, 145
──の動揺　68, 70
──の広さ the breadth of moral foundations　116-117, 163, 183
「道徳的創造としての自由」あるいは「意味の創造としての自由」　190
道徳的基盤への科学の侵蝕　140, 147-148, 150
道徳的抱負の高さ the height of moral aspirations　116-117, 163, 183
閉じられた経営学　172
閉じられた権威　150-151, 162, 165-167
閉じられた人間協働　70, 92, 94, 140-141, 170
閉じられたプロフェッショナル　49-50
徒弟制度 apprenticeship system　9, 64-65, 68
トランス・サイエンス trans-sience　193

ナ行

内的影響力　86
内部請負制度　20
成行管理　25, 175
ナレッジマネジメント knowledge management　73, 143
なんとかやっていく　iv
二項対立　5-6, 66
2種類の強制 compulsion　185
人間仮説　ii, 76-77
人間観　ii, 40, 99
人間環境　vi, 129, 181
人間関係論　87, 170
人間協働　iv, vi, 7, 9, 12, 14, 31, 68-69, 89, 97, 99, 110-111, 113, 116, 120, 122-124, 129, 131, 133-135, 140-142, 147-148, 153, 157, 161, 163, 165-166, 168, 171, 180, 191-192, 194
──の科学としての経営学　194
──の学としての経営学　iv
──の矮小化　162
人間性 person　102-103, 109, 113
──の問題　1-2, 142, 189
人間的＜生＞の充実の問題　172
人間の art　8, 105, 116, 129, 133, 178, 180-181, 190
人間の＜技芸 art＞　105, 117, 122
人間論　iii, 129

認知バイアス　ii
能動性の3段階　109-110, 125
能率　112, 119, 141, 159, 164, 181, 184-185, 189-190
──の基準 the criterion of efficiency　86

ハ行

発展　114-116, 123
バーナード理論　ii-iii, vi
万能職長制　20
美 beauty　11-14, 61, 69, 80, 119-120, 122-123, 148, 163-164, 173-175
非営利組織体　7
悲劇的平安　121, 164
非公式制度 informal institution　111, 157
非公式組織 informal organization　70, 99, 109-111, 125, 136-137, 147, 152, 154, 157
──の分裂・崩壊　136
非常軌的な活動　83
美・徳（美・善）の経営　143
ピュリタニズムの世俗化　56
開かれた経営学　173, 175
開かれた権威　150-151, 166
開かれた人間協働　70-72
フォード・システム　26-27
不寛容　146, 162, 165, 172, 192
複眼的管理　32
不調和　148, 150
物質文明　5
物的・生物的道徳準則　115, 153
物的道徳準則　113, 168
部分能率　164, 182
普遍化へ向かう攻撃性　5-6
プラグマティズム　55-56, 60-62, 67-69, 71-72, 82, 95-96, 173-174
「Plan―Do―See」（計画―執行―統制）　78
プロフェッショナル　50, 52, 92
──の官僚制原理への包摂　45, 49, 53
──の権威　44
──の原理　43-44, 49
プロフェッション profession　41-43, 49-50
文化　4-5, 111, 137, 157
文化多元性の問題　1-2, 142, 172, 189
分析的ないし科学的知識　73

分析哲学　55-56
分析の原理　39, 41
文明　3-6, 13, 16, 104-105, 116-117, 121-122, 127-128, 133, 140, 185-186
——化　12, 119-120, 122, 129-130, 175, 178-180, 185-186, 188
——論　3, 12, 23, 25, 30, 52, 54-55, 75, 93-94, 103, 106, 118-120, 129, 135, 170, 174, 188
——論的課題　1-2
——論的諸課題　8, 12-13, 134, 163, 173, 176, 192
平安 peace　12, 119, 121-123, 175
ベルトコンベア・システム　26
抱握 prehension　118-120, 122, 148, 157, 159, 163, 166, 182
冒険 adventure　12, 119, 121-124, 133, 164, 175, 186
補助工制度　20
本来的商品 real commodity　186
本流　31

マ行

マネジメント革命　10, 122, 163
マルクス主義　55-56
満足 satisfaction　119, 142, 164, 184
——解　80, 82, 84
——基準 satisfactory standard　80, 82, 84, 95
無感覚的な作用者 senseless agencies　127, 186, 195
無関心圏 zone of indifference　152, 157-158, 165
メイヨー文明論　62-63, 67, 71, 88
命令の非人格化 depersonalizing　39, 41, 49
目的性　116-117, 119, 121-122, 129
目的的結果　29
目的の実行可能性 the practicability of purpose　128-129, 132-134, 179, 181, 183-184, 189
目的の先行性　90-91
目標管理 management by objective, MBO　27-28, 46, 160, 191
問題解決的反応 problem-solving response　83

ヤ行

役割葛藤 role conflict　44
病める適応的社会　68
有機体　82, 102, 124
——の哲学　12, 102, 118, 175
——論的管理　50, 92
——論的システム論　102-103
有効性　40, 112, 119, 122, 132, 138, 141-142, 144-146, 148, 159-160, 162, 164, 166, 172-173, 184, 189, 190-192
より単純な社会　vi, 63

ラ行

ランガージュ—ラングー—パロール　125
理解（understanding）と強制とは異なる意志（will）に基づく協働　188
利害状況による支配　167
理性 reason　179-180, 186
理論　2-3, 56, 72
＜理論的＞知識の中心性　15
臨床 clinic　66
——的知識　73
倫理的命題 ethical propositions　79
類比 analogie　124
歴史観　23, 25, 30, 124
レスポンシビリティ　159, 189-190
労働者統制　20-21, 26, 30, 34
労働の資本の下への実質的包摂　20
労働の人間化　27, 45, 48, 171
労働の非人間化　27, 48, 123
——・機械化　45
論理実証主義 logical positivism　78-80, 90-96

ワ行

矮小化　v
ワーク・ライフ・バランス　191

人名索引

ア行

青柳哲也　36,68
アルベッソン, M.=ウィルモット, H.　138-139
アレン, L. A.　95
アロー, K. J.　95
飯田隆　80
飯野春樹　107,151-153,168
伊東俊太郎　4-5
稲垣保弘　81,85,90-92,95-96
稲葉元吉　81
今井斉　51
ウェーバー, M.　34-35,43,47,51-52,67,138,166
植村省三　78,95
上山春平　55-56,95
魚津郁夫　82,95
ウォルフ, W. B.　152,168
榎本世彦　34
小笠原英司　i, iii-v, 13, 34-35, 45-48, 51-52, 70, 144-145, 161, 165-166, 169, 176, 191

カ行

ガットマン, H. G.　31-32
加藤勝康　194
川勝平太　5-6,13-14
北野利信　124-125
木村敏　155,168
クロースン, D.　20-21,34,51
クーンツ, H.　77
クーンツ, H.=オドンネル, C.　95

サ行

齋藤貞之　9-10
サイモン, H. A.　3,13,74-96,150,170-171,174
酒井甫　38
桜井信行　195
佐々木恒男　v,16
佐藤慶幸　35,43-44,52

サミュエルソン, P. A.　95
ジェイムズ, W.　55-61, 71-72, 95-96, 118, 120, 174
ジャネ, P.　72
進藤勝美　73
杉田博　52
セルズニック, P.　103,124
ソシュール, F.=丸山圭三郎　125

タ行

高巌　81,95
高橋俊夫　v,32
田中裕　119
谷口照三　iii,164
デイヴィス, R. C.　95
テイラー, F. W.　iv, 3, 9-13, 16, 18-27, 29-34, 38, 41-42, 45, 54, 71, 74, 87, 90, 93, 131, 136, 138-139, 160-161, 170, 175
デューイ, J.　55,96,118
友野典男　76,95
ドラッカー, P. F.　9-12, 15-16, 18, 26-27, 29, 30, 32, 39, 47-48, 52, 160

ナ行

中川誠士　20-21,23-24
中村昇　72,118
中村雄二郎　154-155,157,168
ニューマン, W. H.　95
庭本佳和　59,143,149,190,195
野中郁次郎　143-144,148,169,172
野中郁次郎=紺野登　143

ハ行

パース, C. S.　55,82,95
バーナード, C. I.　ii, iv, 3, 7-8, 12-14, 29, 52, 72, 90, 94, 96-118, 122-125, 129, 133, 135-137, 140-141, 147-148, 151-152, 157-159, 161-168, 171, 173, 177-184, 187-

190, 194-195
日高敏隆　95
ヒックス, J. R.　95
ファヨール, H.　77, 166
フォード, H.　45
フォレット, M. P.　3, 12-13, 29, 33-34, 36-43, 45, 47, 49-50, 52-53, 74-75, 88-89, 91-93, 148, 171, 173
藤井一弘　vi, 169
ブランケンブルク, W　168
ブレイヴァマン, H.　27, 32
ベル, D.　9, 15-16
ベルグソン, H.　60, 118
ベルタランフィ, L.　102
ヘンダーソン, L. J.　72
ホフステード, G.　53
ポラニー, K　186-187, 195
ホワイトヘッド, A. N.　3, 12, 15-16, 60, 72, 102, 118-123, 125-128, 130, 157, 163, 174-175, 179, 185-186, 195

マ行

桝田啓三郎　72
マーチ, J. G.　82
マーチ, J. G.＝サイモン, H. A.　82, 84, 87-88, 90, 96
松本芳男　53
マルクス, K.＝エンゲルス, F.　137
三井泉　55, 95
三戸公　26-27, 29, 31-32, 34-35, 52, 146, 167
村上伸一　169
村上陽一郎　4-6, 13
村田晴夫　ii - iii, v - vi, 1, 49-50, 53, 55-56, 72, 92, 101-103, 109, 112, 114, 118-119, 121, 124-125, 162, 169, 186, 189
村田康常　186
メイヨー, G. E.　3, 13, 33, 54-55, 60, 62-68, 71-75, 81, 88-89, 91, 93-94, 120, 131-132, 140, 143, 147, 169-171, 174, 188, 191, 195

ヤ行

山本誠作　119-121, 125
ユクスキュル, J.＝クリサート, G.　95

吉原正彦　v, 72, 194

ラ行

リッツァ, G.　47
ル・プレイ, F.　63
レオ13世　137
レスリスバーガー, F. J.　47-48, 66, 69, 73, 137-138, 161

著者紹介

藤沼　司（ふじぬま　つかさ）
1969 年　栃木県生まれ
1994 年　武蔵大学経済学部経済学科卒業
1996 年　桃山学院大学大学院経営学研究科修士課程修了
2001 年　明治大学大学院経営学研究科博士後期課程単位取得退学
2004 年　愛知産業大学経営学部専任講師
2008 年　青森公立大学准教授
現在　青森公立大学教授・博士（経営学）（明治大学）
　　　経営学史学会理事，日本ホワイトヘッド・プロセス学会会計監事
専攻分野　経営学史，経営哲学研究，経営管理論
主要業績　「『知識経営』の現代的意義―メーヨー文明論の思想基盤であるプラグマティズムの観点から―」，経営哲学学会編『経営哲学論集』（第 17 集），2001 年。経営哲学学会・研究奨励賞受賞。
吉原正彦編著『メイヨー＝レスリスバーガー―人間関係論―（経営学史叢書　第Ⅲ巻）』（共著），文眞堂，2013 年。
小笠原英司・藤沼司共編著『原子力発電企業と事業経営―東日本大震災と福島原発事故から学ぶ―（青森公立大学研究叢書第 22 巻）』文眞堂，2016 年。
「経営学の『概念』を問う―現代的課題への学史からの挑戦―」，経営学史学会編『経営学の「概念」を問う―現代的課題への学史からの挑戦―』（第 27 輯），文眞堂，2020 年。
渡辺敏雄編著『社会の中の企業（経営学史叢書第Ⅱ期　第 6 巻）』（共著），文眞堂，2021 年。

　　　　　　文眞堂現代経営学選集
　　　　　　　　第Ⅱ期第 9 巻
　　　　　　経営学と文明の転換
　　　　―知識経営論の系譜とその批判的研究―

2015 年 10 月 31 日　第 1 版第 1 刷発行　　　　　　検印省略
2023 年 9 月 1 日　　第 1 版第 2 刷発行

　　　著　　者　　藤　沼　　　司
　　　発 行 者　　前　野　　　隆
　　　　　　　　東京都新宿区早稲田鶴巻町 533
　　　発 行 所　　株式会社 文眞堂
　　　　　　　電　話　0 3（3 2 0 2）8 4 8 0
　　　　　　　Ｆ Ａ Ｘ　0 3（3 2 0 3）2 6 3 8
　　　　　　　https://www.bunshin-do.co.jp
　　　　　　　郵便番号(162-0041) 振替00120-2-96437番

組版・モリモト印刷　印刷・モリモト印刷　製本・高地製本所
　　　　　　　　　　Ⓒ 2015
　　　　定価はカバー裏に表示してあります
　　　　ISBN978-4-8309-4880-0　C3034